ヒップホップ・モンゴリア

韻がつむぐ人類学

島村一平

HIP HOP MONGOLIA

青土社

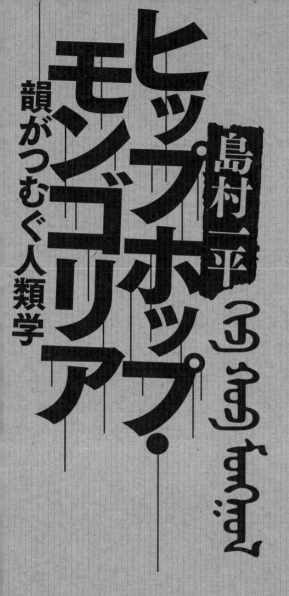

ヒップホップ・モンゴリア　目次

ヒップホップ・モンゴリア　韻がつむぐ人類学

プロローグ

映画『モンゴリアン・ブリング』のポスター。ベンジ・ビンクス氏提供。© Flying Fish Films & Binks Inc

「ヒップホップの起源は、モンゴルなんだよ」

不遜な笑みを浮かべながら、民族衣装で身を固めた中年の男が大真面目にそう語る。男の名はバヤルマグナイ。れっきとした伝統的な口承文芸の担い手、ユルールチ（祝詞の語り部）である。モンゴルでは、「ユルール」と呼ばれる祭や宴の場で韻を踏んだ早口の祝詞を唱える伝統芸能がある。男が語るところによると、モンゴルの民族スポーツの祭典『ナーダム』の競馬競技では、馬が走る前に馬を褒め称える祝詞をとなえる習慣がある。「例えばだ、」と言って男は早口で競走馬の祝詞をまくしたてはじめた。「ゼー！♯※△○※……ってな感じだ。こんな感じでどんどん続くのさ」そして語り部は言い放った。「これにドラムでリズムをつければ、もうヒップホップだろう。だからヒップホップの起源は、モンゴルなんだよ」

実はこれはモンゴルのヒップホップを扱ったドキュメンタリー映画の冒頭シーンである。どこかの国のとんでも起源説みたいだと切って捨てるのはたやすい。しかしそう思わせるような文化的背景がモンゴルにあるのは事実だ。語り部の男の「ヒップホップ・モンゴル起源説」については、後に詳しく検討するとして、まずはヒップホップがモンゴルという国の「固有の文化」と呼べるくらい進化をとげている、という事実は確認しておこう。そのライムのテクニックにおいても、歌われる内容においても、びっくりするくらいクールで個性的だ。それに加えて時には民族音楽のテイストすら含有している。レゲエがジャマイカという国の代名詞であるように、ヒップホップがモンゴルの代名詞だと言われる日も近いのではないか、と思えるくらいだ。もはやチンギス・ハーンや遊牧民、モンゴル相撲だけが「モンゴル文化」ではない。——そう、この国は、ヒップホップ・モンゴリアなのである。

そんなモンゴル・ヒップホップの今を世界に向けて初めて発信したのが、オーストラリア人のベンジ・ビンクス監督によるドキュメンタリー映画『モンゴリアン・ブリング』[1]（二〇一二）である。このタイトルは「モンゴル語の／モンゴルスタイルの韻踏み」を意味する。韻を踏みながら、モンゴルのラッパーたちは、貧富の格差や環境問題、政治腐敗といったローカルかつグローバルなイシューにするどく切り込む。

映画の主な登場人物は四名のラッパーたちだ。まずはモンゴルのヒップホップの帝王《ハーン》と呼ばれるGee。最近では、BIG Geeと名乗っている。本名、T・ムンフエルデネ。一九八三年生まれ。彼はまさに首都ウランバートルのゲル地区で育ったモンゴルのゲットーの申し子である。二〇〇五年にラジオ・テレビ大学のジャーナリズム学科を卒業している。熱烈なシャーマニスト（シャーマン信者）。Geeは、そのMCネームについて、インタビューの中で「*Gaikhaltai*（モンゴル語で「スゲエ」の意）の頭文字からとってつけたんだ」と答えている。しかしウランバートルのスラム街であるゲル地区は、G地区（*G-khoroolol*）と略されることも少なくない。GeeというMCネームが「ゲル地区」を強烈に想起させるのは間違いない。彼は二〇〇〇年代中頃から、するどい社会批判や強烈な反中思想をラップでかますことで注目を浴びるようになった。

もうひとりの主人公は、Geeの強力なライバルであるQuiza（クイザ）である。本名、B・バットツェンゲ

1　Mongolian Bling trailer https://www.youtube.com/watch?v=VxoM6K-NKo4 この映画は、日本では二〇一八年六月NPO 5thELEMNT の主催でアップリンク渋谷で公開された。

ル。一九八〇年ウランバートル生まれ。実は彼はウランバートルでも富裕層が暮らすハンオール区（南部）の出身である。名門のモンゴル国立大の社会学部に入学するも中退、チェコに留学、メトロポリタン大学で国際経済学を学んだ（映画では、農学を学んだと答えている）。天才的な韻踏みテクニックに加えて、ヒップホップにホーミーや馬頭琴といった伝統音楽を初めて融合させたラッパーである。社会批判はするものの、モンゴル最大の酒造会社APU（アポー）社のCMに出演するなど、ビジネス上手でもある。「ボンボン」育ちに加えて、こうしたビジネススタイルがGeeからすると鼻持ちならないらしい。QuizaというMCネームは、クイズの出題者（*QUIZ Asuugch*）を縮めてつくったのだという。Quizaは、Geeとは異なり敬虔な仏教徒である。

三人目の登場人物、女性ラッパーのGennie（ジェニー）。実は彼女こそがこの映画の本当の主人公かもしれない。本名、B・ドラムスレン。一九八七年生まれ。GennieというMCネームは、彼女のラップの師匠であるMCITエンフタイワンが、彼女の才能を称えて天才geniusからとってつけてくれた名前だ。モンゴル初の女性ラッパーである。

そして最後にモンゴリアン・ヒップホップのオリジネーターD・エンフタイワン。MCネームはMCIT。一九七六年生まれ。才能に溢れながらも夭折した悲劇のアーティストである。エンフタイワンは、一九九七年、ヒップホップ・グループ、ダイン・バ・エンヘ（Dain ba Enkh、戦争と平和の意）のラッパーとして、モンゴルで初めて頭韻でラップを歌った男である。プロデューサーとして、ジェニーやGeeなどを見出し、育てたことでも知られる。『モンゴリアン・ブリング』のウランバートル公開直後の二〇一二年一二月、逝去。

そのほか、この映画には若いヒップホップのアーティストたちのほか、前出のユルールチ（祝詞詩人）のバヤルマグナイや濃いキャラクターで知られる髭面のシャーマンのゾリグトバートルなども登場している。

映画に登場するラッパーのGeeやQuiza、ジェニーやエンフタイワンたちは、社会問題に対して非常にコンシャスだ。映画に登場するラッパーを目指す少年たちも、驚くほど、クリアに社会の矛盾を見つめている。彼らの声に耳を澄ますことで、グローバル経済や政治腐敗に翻弄されながらも逞しく生きていくウランバートルの人々の姿が生き生きと伝わってくる。そうしたヒップホップが語る生の声は、時として数値データなどより社会の実態を掴む上で役に立つのではないだろうか。

筆者の専門は文化人類学で、とりわけシャーマニズムを中心としたモンゴル文化の研究をおこなってきた。そうした中でシャーマニズムや口承文芸といった伝統文化に通ずる性格を持つモンゴルのヒップホップに注目してきた（島村 2009、2016、2018など）。本書はこうしたヒップホップ・カルチャーがざわめく国としてのモンゴル、つまりヒップホップ・モンゴリアを描き出す試みである。

文化人類学とヒップホップ

文化人類学の聞き取り調査の手法には、「非構造インタビュー」というものがある。その社会や現場を知るのに、予め用意したアンケート的な質問を相手に投げかける「構造インタビュー」と異なり、ふとした日常会話や、相手が何気なく語っていることからその社会の文脈を理解するという手法だ。実はヒップホップを聞くことは、最も良質な非構造化インタビューかもしれない。彼らの歌詞や歌われている現場にもっと注目することで、よりリアルな社会認識が可能になることだろう。貧富の格差の実態を知るのにジニ係数は重要だが、その数値を知る以上にヒップホップの歌詞は雄弁に「現実」を伝えてくれる。

こうした貧富の格差は、人々に「格差」が認識され語られ、歌われたとき、ある種の「リアル」として語られることで現象化していく。つまり「現実構築」にラッパーが介在していることは留意しておく必要がある。簡単に言えば、「歌は世につれ、世は歌につれ」なのである。

そもそもアカデミズムの文脈の中で言及されるヒップホップのほとんどは欧米のものであった。しかし近年、非欧米圏のヒップホップに関する研究も少しずつ増えてきてはいる。中でも鈴木裕之の『ストリートの歌――現代アフリカの若者文化』(鈴木 1999) は日本の文化人類学における嚆矢となる作品であろう。鈴木はコートジヴォワールの大都市アビジャンに住み込んでストリートボーイたちと彼らの生み出したレゲエやラップの世界を描き出した。

文化人類学者で日本のヒップホップに最初に喰いついたのが、アメリカのイアン・コンドリーだ (コンドリー 2009 [2006])。コンドリーは九〇年代の日本のクラブシーンを歩き、ライムスターやキングギドラといった日本のヒップホップの黎明期を支えたグループのアーティストたちと対話する。彼は、「現場」すなわちアンダーグラウンドなクラブシーンに注目し、そこがグローバルなものと日本とのダイナミックな結合が形成される場であるとした。

日本のヒップホップは、アメリカのアーティストから着想を得ながら、そこに日本の若者たちの言葉遣いや日常的な次元での解釈を織り交ぜていく。それはディズニーやマクドナルド、ウォールマートといったメジャー企業から垂れ流される文化のスタイルの広がり方とは明らかに異なったグローバリゼーションの「オルタナティブな通り道」なのである (コンドリー 2009[2006]:4-6)。

一方、音楽社会学者の安田昌弘は、グローバルな文化アイデンティティ(グローバルなヒップホップ文化の一員だという意識) とローカルな文化アイデンティティ(母語のラップにナショナリスティックな誇りを持つという意識) の混在、拮抗状況こそが、一連の近代化制度の産物なのだ、と論じた。さらにローカルなるものは、均一なる空間ではあり得ず、その内部には、さまざまな階層集団やその間のヒエラルキーと対立関係があるとした (安田 2003:85)。

これに対してモンゴルを研究する民族音楽学者のピーター・マーシュは、モンゴルのラッパーたちは、アメリカのギャングスタ・ラップの方法を流用しているが、制度化された人種主義や貧困に対して闘うという道を求めていない。と語る。マーシュによると、モンゴル・ヒップホップは、「若者の主張」的なものに過ぎないのだという（Marsh 2006）。

フランスの人類学者グレゴリー・デラプラスもマーシュに同意する。デラプラスは、ヒップホップの歌詞でチンギス・ハーンの血統を受け継ぐとみなす民族アイデンティティを語るなど、モンゴルのラッパーたちは、少数派による対抗的なサブカルチャーというより、むしろ「モンゴル人の総意」として合意されるモンゴル文化を主張しているのだと論じている（デラプラス 2014:301）。

果たしてモンゴル・ヒップホップは、マーシュのいう「若者の主張」程度のものなのだろうか。あるいはデラプラスのいうようにラッパーたちは、対抗的なサブカルチャーではなく、モンゴル人の総意を歌っているのだろうか。安田の言うような内部の階層集団とその対立関係はモンゴルには本当にないのだろうか。

予め答えをいうならば、モンゴル・ヒップホップは、内部の階層集団とその対立関係の中で生まれている。残念ながらマーシュやデラプラスは、どうやらゲル地区のヒップホップ・カルチャーに気づいていないようだが、後に語るようにゲル地区の貧困層から出てきたラッパーたちは、明らかに抵抗の姿勢を示している。彼らはやがてクラブで歌いはじめる。

ちなみに私自身はかつて、モンゴルのヒップホップが生成されるストリート的な場としてクラブやディスコを考えてきた（島村 2009）。ここでいうストリートとは、ヒト・モノ・コトバのグローバリゼーションないしトランスナショナルなネットワーク的な通路まで多層的な場（関根 2008、2009）のことである。

モンゴルにおけるロックやヒップホップの揺籃の地は、実は開かれた公共空間としてのストリートではなく、高層アパートの入り口や空間的に閉鎖されたディスコやクラブだった。それはモンゴルの寒冷な気候と関係している。首都ウランバートルでも、真冬ともなれば、マイナス三〇度以下に達する。都市の路面は凍結し滑って転ぶこともまれでなく、遊歩するには全く向いていない。すなわちモンゴルにおいては街路が「ストリート」として機能するのは、短い夏の間に限られるのである。寒冷地のモンゴルでは、フリースタイルのラップバトルも二〇〇〇年代中頃から、PCや携帯を通じてウェブ上でも行われてきた。まるでウィズ・コロナを先取りしたかのようなカルチャーだ。携帯によるラップバトルは参加場所を選ばず、後にアメリカ留学中の若者が優勝しプロデビューするということも起きた。

そうしたストリートからの叫び声としてのヒップホップは、モンゴル語という言語で歌われているので外の世界に伝わりづらいが、世界の周縁からの危機を訴える悲痛な叫び声に耳を貸すべきではないかと論じた（島村 2009:454）。

一方、自らがヒップホップの実践者（ビート・メーカー）でもある人類学者の矢野原佑史は、アフリカはカメルーンのラッパーたちと音楽を共同制作しながら、彼らが「リアル」だとされる場が演出されていく様をゴフマンのフレーム分析を通して抽出した。こうした状況を矢野原は「日常生活の演劇空間化」と捉えている（矢野原 2018）。

矢野原が指摘した日常生活の中でラッパーたちが「リアル」を演じていくことは留意する必要があろう。その一方でヒップホップのリリックが逆に「リアル」を生み出すこともある。メディア論を専攻する岩下朋世は、日本のMCバトルで「刺す」という言葉を「リアル」にするために実際に襲撃事件を起こしたラッパーの事例から、キャラクターとしてのラッパーがむしろ「リアル」を生み出すことを指摘する。そして虚構と現実との緊張関係に身を投じ続けることで、ラッパーは「リアル」になると論じている（岩下 2020:164-

176)。

であるならば、現実の世界とラッパーたちが歌う「リアル」の相互交渉の中で生み出される世界に我々は注目すべきであろう。そもそもヒップホップ・カルチャーがざわめく国といった場合、ただの文化現象として盛り上がっているということを意味しない。ヒップホップが支持されるには、それだけ貧富の格差などの社会問題が前景化していることを意味している。そしてそのヒップホップで歌われる世界は、そこで暮らす人々にとって共有されたリアルな世界となる。したがって本書が描き出すのは、ヒップホップと現代モンゴルにおける政治・経済・社会的状況、そしてラッパー個人の経験が複雑に絡み合う緊張関係の中で生み出された世界――「ヒップホップ・モンゴリア」だといってよい。

注目されるモンゴル・ヒップホップ

もうひとつ、注目しておきたいのは、文学としてラップを理解しようとする動きである。例えばブラッドレー（Bradley 2009、2017）によるラップの詩学に関する研究や、ドリスコール、ピン、ミラー編によるケンドリック・ラマーのラップの文学批評論集（Driscoll, Pinn, and Millar (eds.) 2020）などがその代表であろう。これにはケンドリック・ラマーの活躍と詩人としての彼に対する文学的関心の高まりが大きく関わっている。

モンゴルのラップも明らかに前近代からの文学的営為との連続性が確認できる。大事なのは、モンゴル人自身がその連続性を認識しているということだ。モンゴル的には、ラップは文学、とりわけ口承文芸の一ジャンルだといっても過言ではない。彼らがそういった認識を持っているという意味においてもモンゴルは、ヒップホップ・モンゴリアなのである。これに関しては、三章の「伝統」、四章の「憑依」で見ていこう。

モンゴルのヒップホップに対する関心は今や国際的な高まりを見せている。イギリスのBBCラジオが二〇一九年二月に「The Politics of Mongolian HipHop」を制作した。二〇二〇年の五月にはロンドンの写真家アレックス・デ・モラがモンゴルのラッパーたちの写真集 *Straight Outta Ulaanbaatar* を出版している（Mora 2020）。また欧米のウェブ誌でモンゴルのヒップホップについて取り上げられることも増えてきた。アメリカでは、アフリカン・アメリカンの大学院生がモンゴルのヒップホップで博士論文を執筆中である。

モンゴルのラッパーたちは、ナショナリズムや排外主義的な歌詞を歌ったりする一方で、腐敗した政治家やカネのための開発や環境破壊を糾弾する。こういった問題は、グローバルに共通しており、彼らがかますラップも日本の九〇年代初頭のライムスターやキングギドラの先鋭性を彷彿とさせる。欧米の文化をローカライズしてきたという点も日本と共通しているだろう。きっとひとごとだとは思えない世界がそこには広がっているに違いない。まずは映画『モンゴリアン・ブリング』のストーリーの舞台となったウランバートルという「現場」とモンゴル・ヒップホップの震源地であるゲル地区やヒップホップの歴史、シャーマニズムや口承文芸との「文化的連続性」などを簡単に紹介していこう。そうすることでヒップホップ・モンゴリアへいざなうイントロとしておきたい。

ところでヒップホップというと、ラップミュージックのほかにブレイクダンスやＤＪ、グラフィティといった四つのエレメント（要素）で構成されるといわれる。しかし本書では中でもラップ・ミュージックを中心に扱うということを予め断っておきたい。というのもモンゴルでは、単純にラップというとテクノ系のラップを意味し、いわゆるヒップホップのラップを「Hip Hop」と区別してきたという歴史的経緯があるからだ。

なお本書で紹介するヒップホップの曲は註で YouTube のリンクを貼っている。ぜひ実際のモンゴル・ヒップホップを聴きながら、本書を読み進めていただきたい。よりリアルにヒップホップ・モンゴリアが感じられるはずだ。

グローバル都市ウランバートルの光と影

物語の舞台は、モンゴルの首都ウランバートル。人口一四六万人（二〇一九）。この国の人口三二三万人の約半分が首都に集中している。モンゴルといえば、大草原と遊牧民のイメージで語られることが多いが、二〇二〇年現在、遊牧民はもはや総人口の一〇パーセントにも満たない。急激な人口流入とグローバル化が進むこの都市では、高層ビルの建設が進み、街の中心部には高級ホテルや高級レストランが立ち並ぶ。ブランド品に身を固めたおしゃれな女子たちがGUCCIやLouis Vuittonの専門店で新作を物色する。フランス料理やイタリアン、インド料理や中華はもちろん和牛ステーキや寿司だって食べられる。

二〇〇〇年代以降、豊富な鉱山資源の開発が進み、この国の経済は急速に成長した。その結果、煌びやかな都市文化が花開いていった。その陰で貧富の格差は拡大し、明日のパンにも困りゴミを漁って暮らす人々も出てきたのである。

ウランバートルの高層ビル、2016年、著者撮影。

ウランバートルは、政府庁舎のあるスフバータル区を中心に東西に細長く広がる街である。周囲を四つの〝聖なる山〟に囲まれた盆地に位置する。政府庁舎のある街の中心部周辺は、高層ビルが立ち並ぶ。

社会主義時代に作られたソ連式の集合住宅（日本の昭和の公団住宅と似た様式の建物）の合間にタワーマンションも林立しはじめた。

　タワーマンションや集合住宅にはセントラルヒーティング[2]が完備されており、マイナス三〇度を超える真冬でも室内は常に二〇度ほどに保たれている。しかしこうした快適な暮らしを享受するのは、この都市の市民の半分弱に過ぎない。残りは、「ゲル地区」と呼ばれる暖房や上下水道の整備されていないスラムで暮らしている。

　そんなウランバートルを悩ますもう一つの大きな問題は、世界最悪レベルの大気汚染である。そもそもウランバートルとは「赤い英雄」という意味をもつ。社会主義時代、共産主義のシンボルカラーから名づけられた。しかし今や「オターンバートル（煙の英雄）」だと皮肉られるようになった。冬季の大気汚染は、なんとＷＨＯ（世界保健機関）が定めた国際安全基準値の一三三倍（PM2.5が3320μg／m^3）（UNICEF 2018）。

　とある海外のニュースサイトは「もはやディストピア・レベル」と表現したが、残念ながらその通りだと思う。その一方で政治家や会社経営者といったモンゴルの金持ちは、大気汚染の影響が少ないウランバートル南部のボグド山麓に豪邸を建てて暮らしている。

　そんな高まる貧富の格差と社会不安の中、二〇〇〇年代中頃よりカルト的なシャーマニズムがウランバートルを跳梁しはじめた。二〇二〇年現在、状況は落ち着いたものの、二〇一〇年代前半には、ウランバートルの人口の一パーセントがシャーマンになるほど、現代モンゴル人はシャーマニズムに傾倒した。歌手や有名なラッパーたちの中にもシャーマンになる者も出てきた。

モンゴルのゲットー、ゲル地区

そんなウランバートルでヒップホップの震源地となっているのが、「ゲル地区（*Ger Khoroolol*）」と呼ばれるスラム街である。そもそもゲル地区は行政区域ではない。第二次大戦後に都市中心部に集合住宅が建設されるようになった結果、都市周縁部に残った従来のゲルや木造家屋の地域を「ゲル地区」と暫定的に呼んだのが始まりである。したがって市の六つの行政区に跨ってゲル地区は存在する（滝口・八尾 2018:6-7）。

現在、ゲル地区は、ウランバートルの中心部から東西および北に向かってスプロール化している。煙の来ない南部は金持ち地区なのでゲル地区がない。ロサンゼルスや川崎と違ってウランバートルではノースサイドがやばい地域だというわけだ。ゲルとは遊牧民の移動式のテントのことだが、自然災害で家畜を失って食い詰めた遊牧民たちや仕事のない地方都市や村の出身者が都市へ次々と流入しているのである。

治安が悪く、近所づきあいのないゲル地区は「ハシャー」とよばれる二メートル以上の高い柵で区切られており、路地は細く、昼間からアル中のおじさんがたむろする。未舗装の道路には汚水が流れ出していることも少なくない。上下水道が整備されていないからだ。

電気はかろうじて来ているが、セントラルヒーティング[2]も来ていない。したがって暖をとるためにゲルの中でストーブの燃料として石炭を使うので、その排煙がウランバートルの大気汚染の大きな一因となっている。中には石炭が手に入らないので、廃タイヤを燃やす家庭もある。ダイオキシンが発生する。しかし廃タイヤは熱効率が良く、ただ同然で手に入るのでなかなかやめられない。ここ数年、ゲル地区のインフラ整備も行われはじめたが、その膨張に追いついていない状況だ。

2　火力発電所で発生した熱で温水を作り、都市の集合住宅に温水菅で分配することで部屋を暖める暖房のシステム。

市の中心に住むウランバートル市民たちは、地方から流入してきたゲル地区の住民を見下す。かれらは、大気汚染や車の渋滞、都市の犯罪の増加やモラルの低下といったウランバートルの社会問題の原因をすべてゲル地区の地方出身者のせいにする傾向が強い。そんな地方出身者は「オルク（*ork*）」と呼ばれる。これは、モンゴル語で地方出身者を意味するオロン・ノタギーンハン（*oron nutgiinkhan*）の短縮形からきた語だそうだが、同時にハリウッド映画「ロード・オブ・ザ・リング（指輪物語）」に登場する「オーク（ork）」（ゴブリン、醜く残虐な人間とは異なる種族）からつけられたとも言われている。おそらく掛詞であろう。

確かに草原の遊牧民の暮らしは一三世紀にマルコポーロが「東方見聞録」で報告した頃からさして変わっていない。その一方でグローバルな現代都市としてのウランバートルがある。しかし、それを人間以外の種族として呼ぶのは、あまりに浅ましい。さらに「地方出身者」の名誉のために言っておくと、ここ二〇年、ウランバートルは地方の遊牧民から税金を取り立てるばかりで、地方のインフラなどほとんど構ってこなかった。

ゲル地区、2014年、著者撮影。

筆者も二〇〇〇年代の初頭、延べ一年以上、地方の草原で暮らした経験があるが、政治家たちは選挙のときにだけ自分の名前入りのカレンダーや茶椀を配るくらいだった。またウランバートルからやってきた商売人は、牧民たちに生活必需品を高く売りつけ、ヒツジや牛を安く買いたたいていた。当時、牧民たちは現金をもっていなかったので、ヒツジ一頭と粗悪な中国製の合成皮革の靴一足（実際の相場ではヒツジ一頭の一〇分の二）が交換されるなんてことが当たり前のように横行していた。だからウランバートル市民は地方を搾取しつづけてきたことを忘れてはいけない。

ともあれ、この「ゲル地区」こそが、モンゴリアン・ヒップホップの揺籃の地の一つだと言っても過言ではない。モンゴル・ヒップホップ界の帝王、Geeは、ゲル地区について以下のようにラップする。日本語に訳すとモンゴル語ラップのライミングのクールさは伝わらないので、ぜひ曲も聞いてほしい。

Geeのすみか、ゲル地区について話そう
本物のラッパーたちだらけの俺のすみか
洋服じゃなくて知恵でおしゃれをする俺たちのことをおまえらは理解できるか？
泥棒たちだって誰が隣人かは知っている　泥棒にだって人情があるのさ
戦争映画じゃねえが、俺たちの現実の暮らしの中で、経験したこともいっぱいある
俺たち日焼けした者たちの地区に招かれずに行って、あわてんなよ
木の板の塀で囲われた細い通り道で拳を握って見張っているぞ

（Gee “G-Khoroolol”（2009）より）

ゲル地区には、ウランバートルの中心部からは想像がつかない、荒涼とした、そして都市富裕層に対するルサンチマンが充満した世界が広がっている。ここは、モンゴルのゲットーなのである。

ポスト社会主義とモンゴル・ヒップホップ

さて、そのヒップホップがいつモンゴルで始まったのか。そもそもモンゴルのポピュラー音楽の歴史は浅い。一九二四年からおよそ七〇年の間、モンゴルはソ連の衛星国として社会主義体制下にあったので、言論や表現の自由が厳しく制限されていた。しかし一九八九年一一月、ベルリンの壁が崩壊すると、モンゴルにおいても民主化を要求するデモやストライキがあちこちで組織されるようになった。映画でも触れられているとおり、ポピュラー音楽は、モンゴルの民主化運動で重要な役割を果たしている。

ロック・バンドのホンホ（Honh、鐘の意）は、「鐘の音よ、我々を目覚めさしてくれ（hamtlag）」と歌ってソ連の軛《くびき》からの解放を呼びかけ、東ドイツに留学していた学生たちが結成したバンド「チンギス・ハーン」は、社会主義時代、その名を語ることできなかった民族の英雄の名を称賛した。ロックが民主化と新しい時代の始まりを告げたのである。このとき、ほとんどのモンゴル市民はヒップホップの存在を知らなかった。

ともあれ一九九〇年七月、自由選挙が行われ、一九九二年二月にモンゴル人民共和国は社会主義を放棄した。国名も「モンゴル国」と改め、市場経済・自由選挙を導入した民主主義国家として再出発することなった。この頃、モンゴルにロック、ポップス、ヒップホップ、といった「西側の音楽」が洪水のごとく流入してくるようになった。それに呼応する形で、様々なジャンルのバンドが結成されるようになったのである。

こうした「西側のポップス」の流入は、一九九五年、FMラジオ局の開局とケーブルテレビの放送開始によって加速した。安価なケーブルテレビが普及し、モンゴルの人々が海外の数百チャンネルを視聴できるようになったことは特に重要だ。その結果、MTVに代表される音楽チャンネルが毎日降るかのごとく放送されるようになり、FMでも欧米のポップスが常に流れるようになった。

九〇年代のおわりには、アメリカのいわゆるブラック・ミュージックとしてのヒップホップの影響を受けたグループが登場しはじめる。最初にヒップホップスタイルのラップを確立したのは、九〇年代末に登場したダイン・バ・エンヘ（戦争と平和）とLumino（ルミノ）というグループだ。Luminoはもともと Quiza が所属していたグループである。上記のグループに加えて Mon-Ta-Rap とエルフチョロー（Erkh chölöö、自由の意）というグループが続いた。

ゼロ年代

ゼロ年代になると、伝説のヒップホップ・グループ ICE TOP が登場する。ICE TOP は、メンバー全員が社会主義末期の新興住宅地である1地区の出身である。彼らはゲル地区出身ではないが、切れ味の良いポリティカル・ラップを展開する。例えば、「76」（二〇〇四）では、腐敗した国会議員を「**実行はしないくせに、口約束ばかりの七六人**」「**国民は見ているぞ／おまえらが、議論して議論して、私利私欲のために利権を分け合って解散していくのを！**」と強烈に批判した。七六とは、モンゴルの国会議員の定数である。

またウランバートルのアノミー的状況を風刺した「哀しきわが首都（Minii muu niislel khot）」（二〇〇二）など、鋭い批判性を持ったラップで市民から絶大な支持を受けた。ポリティカル・ラップだけでなく恋愛や友情などもテーマにするのが彼らの特徴である。さらにダイン・バ・エンヘから出たユニット、「ホヨル・フー」（2khun、二人の子の意）、ICE TOP から分かれて結成された DIGITAL や S&I といったグループが登場し、当時のモンゴルの音楽シーンを席捲した。DIGITAL は、感傷的《エモ》なメロディアス・ラップ「君に（Chamdaa）」（二〇〇二）が大ヒットした。この曲で彼らはあのボーン・サグズン・ハーモニーのようなラップでハモるという難度の高い技を披露している。

ゼロ年代中盤になると、韻踏みの天才ザヤー（本名 D. Batzaya、一九八四〜）を擁する TATAR（タタール）が登場する。リーダーのザヤーはフランスのラッパーJoeyStarrに影響を受けたという。TATARは、坂本龍一が作曲した映画『ラストエンペラー』の劇中曲をRemixして作った大ヒット曲「他人に敬意を示せ（Khairiig Khündel）」（二〇〇四）でデビューを果たす。さらに珠玉の泣き歌「雨（Boroo）」（二〇〇七）の大ヒットで、ラブソングで名を馳せたLuminoの後継者としての地位を確立した。「雨」は、アコースティックギター一本のアルペジオにメランコリックなラップがかぶさっていく感傷的《エモ》な名曲だ。

ゼロ年代後半には、鉱山開発バブルが始まり、モンゴルはGDPが急速に成長する一方で、貧富の差が拡大していく。こうした中、二〇〇四年に団地の不良少年たちがつくったユニットVanquishが結成された。彼らの代表曲「Hood」（二〇〇七）では、GeeやDesant（デサント）といったラッパーたちも参加して、順番にウランバートル市内のそれぞれの地区をレペゼンしてラップをかましていく。

食い詰めた地方出身者が首都に移住してゲル地区が膨張していく中、モンゴル・ヒップホップの帝王Geeが登場する。同じ頃、ゲル地区のギャングスタ、Desantとパウンドが組んだユニット「ギャングスタ・セルヴィス（Gangsta-Service）」がデビューした。軍人の息子でゲル地区が一時的な住まいだったGeeに対して、Desantはリアルに田舎生まれゲル地区育ちの不良だった。ギャングスタ・セルヴィスは「G地区（G-khoroolol）」（二〇〇九）や「D-thousand（デンジン・ミャンガ）」（二〇〇九）といった曲でゲル地区の現実を抉り出していくが、詳しくは五章の「憤激」に譲ろう。

二〇一〇年以降のモンゴルのラップ

一方で、インターネットの急速な発展に伴い、二〇〇〇年代後半からウェブ上のラップ・バトルを楽しむネットラッパーたちが生まれる。二〇〇八年、オンライン・ラップバトル「アソールト・バトル」で優勝し、その卓越したラップの技術がネットで話題となっていたアメリカ留学中の大学生がいた。ラッパー、ロキット・ベイ（Rokit-Bay、本名O. Bayarsaikhan、一九八四〜）である。ロキット・ベイは、端正なルックスと高速ラップで瞬く間にスターダムへと上り詰める。代表曲にコミカルなアップビート・ナンバー「茶色の肌をしたガンプ（*Bor arist Gaamp*）」やしっとりとした泣き歌ラップ「俺たち（Bid 2）」など[3]がある。彼同様にアソールト・バトルで優勝して登場したのが女性ラッパーのNMNだ。

　またポップス色が強いラッパー、エネレル（本名J. Enerel、一九八八〜）を中心とするOPOZITやVanquishからソロデビューしたアメリカ帰りのラッパー、ツェツェー（Tsetse）もYouTubeで一〇〇万回以上再生される曲を連発した。

　二〇一〇年代後半になると、モンゴルのラップミュージックは、チルアウト系やトラップ系、ジャズ系、ホラー・ラップなどへとジャンルの広がりを見せるようになった。また他の分野の音楽とのクロスオーバーも起きていった。例えば、チルアウト系の代表格、男性ラップデュオのヴァンデボ（Vandebo）は、ポップスの歌手とのコラボを積極的に進めることで、人口三四〇万人のモンゴルでは驚きのYoutubeの動画再生数、数百万回以上という大ヒットを連発している。二〇一九年六月にラッパーのエネレル（Enerel）とコラボしてリリースしたパーティーチューン「ウナナ（Unana）」[4]に至っては、Youtube動画再生一四〇〇万回という驚異的な数字をたたき出した（二〇二〇年一〇月現在）。あるいは二〇二〇年二月リリースの「ドゥングン・ダンガン（Dungun Dangan）」のPVでは、ヴァンデボの二人がブリヤート（ロシアのモンゴル系民族）の歌姫サリューナ

3　Rokit Bay - Бид 2　https://www.youtube.com/watch?v=D7PrtlBT5JU
4　Vandebo ft. Enerel - Unana (Official Music Video)　https://www.youtube.com/watch?v=jdls43MzDTw

と氷のバイカル湖上で楽しく遊ぶ姿が描かれている。美しい映像を通して〝極寒なのにチルい〟シベリアの空気感が伝わってくる。[5] このような系統のラッパーとして Lil Thug E や OUTLAW もあげられる。とりわけ Lil Thug E は、チル系のラブソング「今（Odoo）」[6]（二〇一七）で Youtube 再生回数一〇〇〇万回越えを記録したことで有名である。

またロシア人との〝ミックス〟のラッパー Seryoja のブルージーなラップも一〇年代後半の音楽シーンをざわつかせた。ロシアン・ブルーズのようなダミ声にロシア語なまりのモンゴル語ラップ。これらが紡ぎだすメローなフローに揺さぶられたモンゴル人も少なくなかった。[7] ちなみに社会主義時代、モンゴルには一〇万人のソ連軍に加えて、多くのロシア人専門家が滞在していたため、今でもウランバートルには、ロシア人〝ミックス〟のモンゴル人が少なからず暮らしている。そのような意味においてウランバートルは少し沖縄と状況が似ている。

ジェニーの後に登場したＮＭＮや Mrs M といった女性ラッパーたちの活躍も目覚ましい。ＮＭＮは、アンニュイなラブソングを得意とするチルホップ系のラッパーだ。ＮＭＮがラッパーのツェツェーとコラボした「With You」[8]（二〇一六）では、「君と一緒にいるときは、ゴヨ！　ゴヨ！（chamtai khamt baikhad goyo, goyo）」というフックの音の響きが心をくすぐる。「ゴヨ（*goyo*）」とは、素敵とか、最高を意味する語だ。

ライブでの Desant とタンデル Z（Thunder Z）、2020 年 10 月 23 日、TOONOT レコード提供。

常にサングラスをかけ決して素顔を見せない「覆面女性ラッパー」Mrs Mは、「Bang」（二〇一六）で男に媚びてブランドを欲しがる女たちを皮肉る。「あたしに頂戴！　グッチ、グッチ！　ルイ、ルイ！　フェンディ、フェンディ！　プラダ、プラダ！」[9] ブランド名をリピートする衝撃的なパンチラインだ。一度聞くと耳から離れない。

また最近の女性ラッパーで言えばＡＫＯのハイパー高速ラップが半端ない。トラップのWOLFIZMやTHUNDERZと組んだ「LALALA」（二〇一七）[10]での彼女のラップの疾走感は一見の価値がある。

二〇一〇年代中頃から活動を始めたトラップの雄、WOLFISMは、従来の体格の良い筋肉質なモンゴル・ラッパーたちと異なり、スリムでスラッとした現代の若者である。何よりも首（喉元）にガッツリと狼のタトゥーを入れた容姿が印象的だ。狼の遠吠えをしながら紡ぎだすWOLFISMのラップは、モンゴル国内の貧富の格差を訴えるに留まらない。とりわけグローバル資本主義に対して激しく攻撃した「LUCY」は話題となった。[11]

このような鋭い社会批判をするハードコア・ラップがこの国の人口と変わらない動画再生回数を果たして

5 Vandebo - Dungun Dangan ft. Saryuna（Official Music Video）　https://www.youtube.com/watch?v=gSWMZ7ep_n0
6 Lil Thug E - Odoo（Official Music Video）　https://www.youtube.com/watch?v=DKnDV9--C9c
7 Seryoja - Echo（Official Video）　https://www.youtube.com/watch?v=1AhIKHCP51U
8 Tsetse ft NMN - With You（MV）　https://www.youtube.com/watch?v=8XYInijU7Ac
9 Mrs.M-Bang [LYRICS]　https://www.youtube.com/watch?v=gU4lhl1U6-s
10 WOLFIZM, AKO, THUNDER – LALALA　https://www.youtube.com/watch?v=wqmxBkY5Ekc&feature=emb_title
11 WOLFISM ｜ LUCY　https://www.youtube.com/watch?v=VNe7XAliAFk

いるのは、日本では考えられない現象である。日本でヒップホップのPVが1億回以上の動画再生を連発しているという話は寡聞にして聞かない。モンゴル社会において、いかにヒップホップが深く浸透しているかがよくわかる数字である。[12]

Desant の所属するTOONOTレコードはゲル地区派ラッパーの拠点である。そのTOONOTの秘蔵っ子ThunderZ（タンデルZ、本名G. Ölzii-uchral、一九九五〜）の活躍も目覚ましい。タンデルZも、やはりゲル地区出身でストリートのラップ・バトル「ラップ・デンベー」から出てきた叩き上げだ。Desant とユニットを組んだ交通事故防止ラップ「死ぬのは一度だけ（Neg l ükhne）」（二〇一九）[13]は、Youtube 三〇〇万回超再生の大ヒットとなったが、他の曲も数百万回再生を連発している。こうしたポリティカルなリリックを書く一方で「君の彼氏になってもいいかな（Bi chinii naiz baij bolokh uu）」[14]といったコミカルなラブソングを歌ったりする。そんな二面性がモンゴルの少年少女たちに受けているようだ。

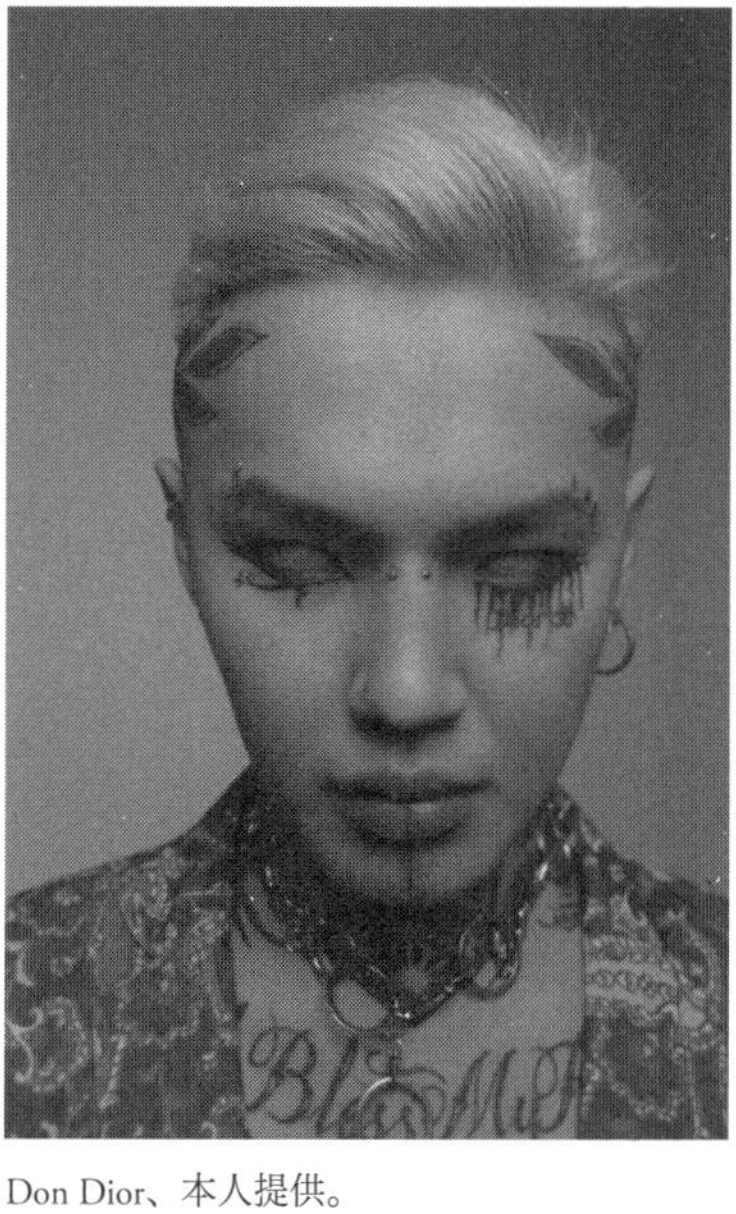
Don Dior、本人提供。

このようなゲル地区の系譜のヒップホップが健在な一方で、病み系トラップも登場してきた。デーモニッシュなタトゥーを全身に施したDon Dior（本名G. Mönkhulga、一九九六〜）は、従来のステレオタイプなモンゴルイメージを裏切るアーティストだ。二〇一九年にリリースしたセカンドアルバムの表題曲でもあるDevil Insideでは、韓国の夜の街を舞台に自身の心の中の虚無的な世界をつぶやくようにラップしている。[15]「人の心の中には悪魔も神も潜んでいるんだ」と語るDon Dior。アメリカのラッパーXXXテンタシオン（一九九八～二〇一八）や韓国系オーストラリア人ラッパーのDPRIan（一九九〇～）の影響を受けたのだという。

ヒップホップと韻踏み合いの伝統

モンゴルのヒップホップは、歌われている内容もさることながら、ラップの技術においても際立っている。意外なことだがモンゴル語ラップは、英語ラップに匹敵するような速さとリズム感をもっている。例えば日本語の場合、ラップしようとすると、どうしても英語風に発音しないと様にならない。日本語では「ど・れ・に・し・よ・う・か・な　て・ん・の・か・み・さ・ま・の・い・う・と・お・り」という数え歌からもわかる通り、一つの子音と一つの母音のセット（音節）を一文字として発音していく。つまり子音と母音がセットで拍（モーラ）を構成するので、高速でリズム感あふれる凝ったフロー（音の上下や韻で生み出すラップの節回し）がつくりづらいのである。こうした母音で終わる音節を「開音節（open syllable）」というが、日本語はほとんどの単語が開音節で作られる開音節言語だ。一方、英語は日本語と異なり、ほとんどの単語が、音節が子音で終わる閉音節（closed syllable）」である「閉音節言語」である（川越 2014:55）。

さらに英語やフランス語の場合、リエゾン（リンキング）といって単語と単語をつなげて発音されることが

12 WOLFISM-Underrated Emcees ft. D.Joker Gezeg　https://www.youtube.com/watch?v=FGp-z8s1PqU
13 ThunderZ, Desant - Neg l Uhne (Official Music Video)　https://www.youtube.com/watch?v=QrA5Eoy8ecI
14 ThunderZ, Bilgang - Bi Chinii Naiz Zaluu Baij Bolhuu ? (Official Music Video)　https://www.youtube.com/watch?v=d4bklmTHcvs
15 Don Dior - Devil Inside (Official Music Video)　https://www.youtube.com/watch?v=_7RZetAWxnw

多い。Check it out,yo! が「チェケラッチョ」Put your hands up! が「プッチョハンザ」と聞こえるのは、そのためだ。したがってシカゴのラッパー、トゥイスタが一秒間に一二音節を発声したり、エミネムが六分四秒の間に一五六〇語を発したりしてギネス記録を達成できたのは、彼らの才能もさることながら、英語という言語の持つ音韻論的特徴に依るものが大きい。英語では子音を重ねて発音することは当たり前で、これがリズム感あふれるラップを作り出す。

一方、日本語の場合、撥音（ンの音）や促音（小さい「っ」の音）を除くと、子音を重ねることがほとんど出来ない。そこで日本語ラッパーたちは、日本語のありのままの母音＋子音で一拍のフラットなラップをするか、ラップ用に人工的に英語化した日本語をつくるか、の二択を迫られる。例えば、日本語ラップの草分けの一人であるいとうせいこうやスチャダラパーは、前者のタイプだ。スネアドラムに合わせて二拍と四拍に強弱をつけることでアメリカのラップの聞こえに近いものを生み出したという（いとう／磯部 2017:22）。前者の、スチャダラパーは英語のラップを聞いてタモリの「空耳アワー」よろしく日本語を当てはめていた（宇多丸 2016:50）というが、基本的に譜面に母音—子音ワンセットの日本語を落とし込む方法論だったといってよい。

事実、日本のラッパーたちの間では、今でもトラックにひらがなで音をあてはめていく「譜割り」という方法がよくとられている。[16]「譜割り」では、あいうえお、すなわち母音と子音のセットを一つの音符に落としていくという点で日本独自の方法論であるといっていい。実際、「譜割り」に相当する概念や用語は、英語に存在しない可能性が高い。[17]

一方、今をざわめく BAD HOP のラッパー、T-Pablow や YZERR は、後者の英語化タイプである。彼は例えば「あ・こ・が・れ（akogare）」という四音節の単語を「アッ・ガーレ（akkgare）」と発音することで二音節にすると同時に、母音をそぎ落とすことで子音重ねを実現している。この母音落としのテクニックと類まれなる韻踏みの才能で、彼らは英語ラップに匹敵する〝やばい〟フローを生み出している。あるいは、ＭＣバトルで名を馳せたMU-TONのように日本語に英語を混ぜたり、ディリディリといった擬音を挟んだりすることで、何を言っているのか意味不明だが独特のグルーブ感を出す方法も出てきている。

　これに対してモンゴル語ラップの場合、日本語ラップのような英語化や母音落としといったテクニックを開発する必要がほとんどなかった。というのもモンゴル語は、子音が二重や三重に重なる語が当たり前のように存在しているからだ。加えてモンゴル語では第二音節以降の母音が短く発音されることが多い（植田 2019）。これを母音弱化という。母音をはっきりと発音しなくなるので、母音が圧縮され子音が限りなく重なっていくように聞こえる。その結果、モンゴル語子音の発声の特徴とあいまってラップが非常にパーカッシブになるのである。

　子音が二重にはわかるけど、子音が三重に重なるってどういうこと？　と思われた方もいるかもしれない。身近な例を挙げると、「ありがとう」に相当するモンゴル語が、すでに子音三重の発音難関語だ。Bayarlalaaという。あえてカタカナで表記するとバヤルララーとでもなろうか。このBayarlalaaは、実際は最初のLの後のaの音がぬけてBayarllaaに近い発音となる。モンゴル語では、上述のとおり第二音節以降の母音が圧縮されることが多いからである。その結果、この単語の真ん中あたりでRとLとLを連続して発音すること

16 日本の初期のヒップホップＭＣ、Zeebraによるラップの教科書にも譜割りの説明がなされており、巻末には譜割り表がついている（Zeebra 2018:238-239）。

17 同僚の民族音楽学者岡田恵美とのパーソナルコミュニケーションから。

になる。RとLを続けて発音？　日本語を母語にする者にとっては悪夢のような子音クラスタ（連結）である。実際は、タングトリル（巻き舌）にして発音するのだが、RとLを続けて巻き舌というのはさらに難しい。したがってモンゴル語を習い始めた日本人は初っ端で「ありがとう」が正しく発音できないという試練に直面する。

このような音韻論上のアドバンテージに加えてモンゴル人は韻踏みにも慣れていた。ラップミュージックといえば、ライム（韻）が重要である。残念ながら日本語の韻文は五、七、五のリズムが主流で、韻を踏む伝統がほぼなかったといってよい。[18]だから日本では韻と言えば、単にだじゃれのことだと思われてしまうくらい、韻踏みに対する評価が低い。しかし韻踏みは立派な文化である。シェークスピアのような英文学も李白や杜甫のような漢詩も押韻なしでは語れない。そして実はモンゴルも、韻踏みの文化が高度に発達している国なのである。

本来、遊牧民であったモンゴル人は、書いて残す文学よりも口で語る口承文芸を発達させてきた。例えば、現在でもモンゴルでは正月や子供の断髪式、結婚式といった通過儀礼でユルールと呼ばれる祝詞が滔々と謳われる。映画の冒頭で登場したユルールチ（祝詞の語り部）が歌った競馬馬の祝詞も見事な頭韻が踏まれていた。あるいはその反対にハラールと呼ばれる呪い言葉もある。このユルール・ハラールは、頭韻を中心に脚韻も使われる。

また馬頭琴などの伴奏で歌われる叙事詩や昔話もやはり韻文で構成される。さらにシャーマンが神を讃える祈祷歌や、精霊を呼び憑依させるために歌い唱える召喚歌も韻が踏まれる。実は、シャーマンたちの「精霊の憑依」は、本質的にはフリースタイルのラップと同じ身体技法なのではないだろうか。これについては後ほど、四章「憑依」で詳しく見ていきたい。

もうひとつモンゴル語の伝統の持つ「高速性」の極め付けは、早口言葉である。中でもジョロー・ウグと呼ばれる早口言葉の技法は、頭韻と脚韻をループさせるという、次から次へと韻が韻を呼んでいくことで韻があふれ出す、恐るべき韻踏み合いのテクニックだ。

このような口承文芸は、ある程度のパターンはあるものの即興で韻を踏みながら歌われる。いわば、フリースタイルのラップである。九〇年代、モンゴルのラッパーたちは、「近代モンゴル文学の父」と言われるD・ナッツァグドルジ（一九〇六〜一九三七）の詩やソ連に媚びる体制を批判した〝反逆の詩人〟チョイノム（一九三六〜一九七九）の詩をラップにして歌ったのも象徴的だ。実はモンゴルでは現代詩も韻がしっかりと踏まれており、即ラップ化が可能だったのである。すなわちモンゴルでは、前近代の祝詞や叙事詩といった口承文芸と現代詩そしてヒップホップは、修辞上の連続性を持つといえるだろう。

ラップの起源は西アフリカの叙事詩の語り手「グリオ」に遡るという説があるが、西アフリカとモンゴルを含む中央ユーラシア草原の遊牧世界は、口承文芸が非常に発達した地域という点で共通している。こう考えてくると「ラップの起源はモンゴル」は行きすぎだとしても、そう考えてしまうモンゴル人がいるのも理解はできるだろう。韻を踏みなれているモンゴル人にとって、ヒップホップは、そもそも親しみやすい音楽だといえる。

ただし、ひとつだけ問題点があった。モンゴル語では、単語の先頭の母音をはっきり発音するという規則

18　日本でも一九四二年、ヨーロッパの定型詩ソネットを日本語の詩に取り入れようとする「マチネ・ポエティック運動」が始まったが数年で終息した。その後、谷川俊太郎や飯島耕一などに引き継がれるが、日本では韻詩運動は失敗に終わったという意見もある（cf. 大野 1973）。

に対応するかのように文頭で韻を踏んでいく、つまり頭韻が伝統的な韻踏みの基本形であった。ところが本場アメリカのラップにおけるライムとは、脚韻が中心だ。「どうやったら正しいライムができるのか？」彼らも悩んだ。自分たち流のフローと本場アメリカのフローの違いにモンゴルのラッパーたちは、どう対処したのか。続きは三章「伝統」と四章「憑依」だ。

ヒップホップを「モンゴル化」させる

もうひとつ注目しておきたいのは、モンゴルのアーティストたちはヒップホップの曲に馬頭琴などの伝統楽器の演奏やホーミーなどの歌唱法を取り入れた曲を頻繁につくっていることだ。ホーミーとは、同時に濁声のような低い声と天に届くような高い声を同時に発声する内陸アジアの伝統的な歌唱法である。ホーミーの濁声はラップに相性がいい。伝統音楽と融合した彼らのヒップホップは、エスニック・ヒップホップといえるものとなっている。

日本においても沖縄のウチナーポップなど、伝統音楽とポピュラー音楽の融合がなされている事例もあるが、一般的に本州では一部の演歌や和楽器を使ったロック・バンド「和楽器バンド」のような特殊な例を除くと、伝統楽器や伝統的な歌唱法などがポピュラー音楽と融合した曲が日常で聞かれることはほとんどなかったといってよい。

ところがモンゴルでは、かなりの頻度で馬頭琴やホーミーといった伝統楽器や伝統的な歌唱法がロックやヒップホップの中で融合している。ヒップホップのジャンルで最初に民族音楽と融合したのはQuizaの「ラクダの隊商（Jingiin tsuvaa）」（二〇〇六）という曲だったが、ヒップホップ・グループLuminoもほぼ同時期に民謡や民族音楽との融合を始めている。そしてこのエスノラップの文化は新世代のラッパーにも継承されている。例えば、NMN ft. Jononの「ツァヒルバー（Tsakhilbaa）」（二〇一六）[19]は、女性の一途な恋心を歌ったチルアウト系の曲だが、女性ラッパーNMNのささやくようなラップが馬頭琴や横笛リンベといった伝統楽器に心地よくクロスオーバーしている。

その一方で、アメリカだけでなくロシアや韓国、日本といった様々な海外の曲をサンプリングして流用するなど、単なる「伝統音楽」に回収されないのもかれらの音楽の魅力だ。そもそもモンゴル人は物事を区別したり差異化したりするよりも、混ぜたり融合させたりする方向に知性を働かせる傾向が強いように思われる。まさにRe-mix cultureだといえよう。

しかも驚いたことに、モンゴルの人々はヒップホップという「外来の文化」に対して、ある種の文化的連続性を見出している。言い換えるならば、ヒップホップをモンゴルの文化、とりわけ伝統文化とつながるものと捉えているということだ。音楽社会学者の南田勝也が指摘するように、日本のポピュラー音楽の世界では「洋楽においつかなければならない」「日本の音楽は遅れている」と嘆く「洋楽コンプレックス」が長く支配的な意識だった（南田 2019:12-17）。音楽ライターの磯辺涼も「『日本語ラップは聴くに値する音楽なのか』と15年近く考え続けてきた」と告白している（磯辺 2012:178）。こうした「洋楽コンプレックス」は、欧米にあこがれる一方で自国の現状に嘆く「西洋コンプレクス」に相応している（南田 2019:14）のだが、それにしてもモンゴル人たちの自意識の強さには圧倒される。

とはいえ、彼らは単純に自意識が強いわけでもないようだ。例えば、BIG Geeは、「モンゴル人ラッパー（Mongol Rapper）」（二〇〇九）という曲で**「俺はモンゴルで生まれたモンゴル人ラッパーだ／俺には呪われた外**

19　NMN ft. Jonon "Tsahilbaa"　https://www.youtube.com/watch?v=Kz55wcGzw8M

国の文化は関係ねえ」と言う一方で「G-unitのモンゴル支部をつくったんだぜTNN／50セントが双子だなんて報道はしなかったよなCNN」とアメリカのギャングスタ・ラップのMCの名を挙げて「支部」だという。このリリックでは、アメリカ黒人のラッパーに対して、リスペクトだけではなく自らの劣位性も自覚していることがわかる。つまりGeeのモンゴル人意識は、優位と劣位のはざまで揺れ動きながらも叫ぶ自意識だといっていい。

矛盾する優越感と劣等感が織り交ざった二重意識。そんな中で形成される強い自意識は、レゲエという音楽文化を持つジャマイカ人の自意識と少し似ているのかもしれない。レゲエという音楽は、アメリカのR&Bなどの強い影響の下で生まれ様々な外来の要素を流用しながら発展してきたが、ジャマイカのミュージシャンたちは、自身の文化や楽曲を「オリジナル」だと胸を張って主張する。モンゴル人もこの「オリジナル」（モンゴル語の口語では「オリグ（*orig*）」）という言葉が大好きだ。

ただし彼らは、カリブ海の島々に連れてこられた黒人たちのようなアフリカの言語を失うほどの文化的切断やディアスポラを経験しておらず、むしろ「口承文芸」というヒップホップとの文化的連続性を主張するような「根拠」がある。あるいは彼らが「ヒップホップはモンゴルの文化だ」と主張するとき、彼らは外来の文化をあたかも馬を乗りこなすかのように飼いならしているかのようにも見える。

実はモンゴルではヒップホップに限らず、さまざまな分野でこうした「外来文化の飼いならし」[20]が展開されている。モンゴル人自身は、「モンゴル化する（*mongolchlokh*）」と呼んでいる。とはいえ、彼らにも強烈な劣等感がある。二〇世紀、社会主義的近代化という文化的な切断も経験した。社会主義による近代化を通じて、多くの口承文芸の作品は、文化は書き言葉へと変換され、日常生活から姿を消していったのである。そんなかれらの「外来文化」と「自文化」を巡る意識の政治学は、第三章「伝統」を通じて描き出されるだろう。

ヒップホップと女性

ところで女性が力強く生きる姿もモンゴル・ヒップホップの魅力である。チンギス・ハーンや相撲取りといったマッチョなイメージとは裏腹に、実はモンゴルは女性の社会的地位が非常に高い。わかりやすい話をすると、モンゴルでは、男女共働きが当たり前で主婦がほとんどいない。そして驚くべきことに医者・弁護士・学校教員の約七割が女性である。こうした女性の社会的地位の高さはラップにも反映されている。男が振られる歌詞が多いのである。

そもそもモンゴル語では、日本のポップスの歌詞で多用される「君を守りたい」という言い方／表現が存在しない。したがってモンゴル語の歌詞にも「君を守りたい」は存在しない。男女の労働機会が均等なモンゴル社会において男たちは女性に対して「君を守りたい」と思わないし、女性たちも別に男に「守られたい」とも思わない。さらに言うと日本で女性歌手がよく歌う「幸せになりたい」という定型表現は「結婚したい」を意味することが多いが、この発想もモンゴル語のポピュラー音楽の歌詞には存在しない。

いずれにせよ性差別や女性蔑視的な傾向のあるとされるヒップホップ・カルチャーにあって、モンゴル・ラップは異彩を放っているといえよう。例えば、女性ラッパーのジェニーは映画『モンゴリアン・ブリング』の冒頭で「自分で好きなようにぜんぶ、自分で決めよう！」「これは、確かに本当のことだって言える／自分の力だけで、自分の力だけで、自分の力だけで／自分自身を解き放つのさ」と高らかに女性の自立を

---

20 「飼い慣らし（domestification）」とは、そもそも文化人類学の牧畜研究で使われてきた用語である。ただしこれに「家畜化」ではなく「飼い慣らし」という刺激的な訳語を与えたのは、松田素二である（松田 1996）。

歌いあげている。

この曲の全訳は第六章「変成」で紹介するが、「あえて空気を読みません」感が漂うリリックだ。この曲に限らず、モンゴルの女性ラッパーの音楽には、エロさや強さだけに回収されないスマートで毅然とした女性像が詠われている。それはジェニーの後に続いたMrs MやNMNといった女性ラッパーたちにも継承されている。

とはいえ、モンゴルでは、男性によるDV（家庭内暴力）が問題となっている。連れ子同士の再婚が多い中で、相手の子どもに暴力をふるうといった問題が多発している。

こうした中、再離婚になるといったケースも少なくない。モンゴルで女性が一人で生きていくのは簡単なことではない。映画では夫と幸せな結婚生活を送っていたジェニーは、現在シングルマザーとなって子どもたちを食べさせるために格闘している。映画に登場する彼女に歌を最初に教えた祖母も亡くなっていた。ジェニーやその後に続くMrs MやNMNといった女性ラッパーのライフストーリーを通して、現代モンゴル社会を生きる女性たちの姿を第六章で垣間見てみよう。

国境を超えるヒップホップ

モンゴル・ヒップホップを理解する上でもうひとつ知っておかなくてはならないのは、モンゴル人と呼ばれる人々が民族的に分断状況にあるという事実である。いわゆるモンゴル人は人口三二〇万人のモンゴル国以外にも中国内モンゴル自治区や・新疆ウィグル自治区・青海省にも居住している。その数は実はモンゴル国より多い五〇〇万人以上だといわれている。またロシアのバイカル湖周辺にはモンゴル系のブリヤート人（あるいはブリヤート・モンゴル人）が三〇万人ほど居住している。さらにロシアのカスピ海沿岸部にはモンゴル系のカルムィク人が一六万人ほど暮らしている。要するに民族がロシア、モンゴル、中国の三カ国に分断されているというわけだ。

民族が分断しているという点において、モンゴルは韓国と北朝鮮、あるいはイラク・イラン・トルコなどに跨って暮らすクルド人などと似ているかもしれない。故郷を喪失した人々のことをディアスポラという。もともとはユダヤ人に対して使われた言葉だが、モンゴル人もディアスポラだといってよい。

ヨルダン川西岸のパレスチナ自治区・イスラエル領内・ガザの三つの地域に分断されているパレスチナ人の状況もディアスポラだといえるだろう。ドキュメンタリー映画『自由と壁とヒップホップ（原題 Slingshot Hip Hop）』（二〇〇九）は、パレスチナ人の置かれている状況の困難性をリアルに描き出した作品だ。この作品は、イスラエル領内のパレスチナ人地区で生まれた史上初のパレスチナ人ヒップホップ・グループ「DAM」を通してみた現代パレスチナの群像である。ヒップホップは、ディアスポラの民の苦しみや悲しみ、怒りを代弁する。

近年、モンゴル人たちも、国境を越えてインターネットを通じてヒップホップで連帯しはじめている。インド出身のアメリカの文化人類学者アルジュン・アパデュライが唱えた「ディアスポラの公共圏」が形成されている状況だといってもいいだろう（アパデュライ 2004[1996]）。ただし国境で分断された「モンゴル人」たちの状況は一筋縄ではいかない。例えば、中国領内のモンゴル人たちの「モンゴル国」に対する感情は複雑である。中国の支配下にあって唯一の民族の独立国であるモンゴル国に憧れに近い気持ちを抱いている。ところがモンゴル国の人々は、「内モンゴル人」のことを「中国化したモンゴル人」あるいは単純に中国人とみなしており（Bulag 1998、島村 2011）、それを内モンゴル人自身もよく知っている。

ロシアのブリヤート人たちは、バイカル湖周辺に住むモンゴル語系の言語を話す民族だ。一七世紀初頭に西から毛皮や地下資源を求めてやってきたロシア人と半世紀以上に及ぶ戦いを挑んだ誇り高き人々である。一七世紀末、戦いに敗れ帝政ロシアの臣民となるが、かれらは、言語のほかに牧畜、チベット仏教やシャーマニズムといったモンゴルと共有する文化をもっている。しかし二〇世紀以降、自らのことを「ソ連によって文明化・近代化された結果、モンゴルより高い文化水準を持つ固有の民族となった」と考えるようになった（渡邊 1997、1999; 島村 2011）。その一方で現在もロシア人による支配を快く思っていない人が多い。ともあれ、中国やロシアにおける「少数民族」としてのモンゴル人の置かれている立場は厳しい。

こうした内モンゴルの置かれた状況をケンブリッジ大学の社会人類学者オラディン・ボラグは、「故郷にいながらのディアスポラ（diaspora in home）」と形容する（Bulag1998）。故郷に住み続けているが主権を喪失してしまっている。そしてモンゴル国に理想の故郷像を見出す。そんな彼らの心情を見事に言い当てた言葉である。ちなみに彼自身も内モンゴル出身で現在は英国籍のディアスポラでもある。こうした矛盾をはらみながらもヒップホップを通じた公共圏が築かれつつある様を第七章「越境」で伝えていきたい。

ウランバートルで暮らす

最後にこの長めのプロローグを終えるにあたり、シャーマニズムを研究してきた私がなぜヒップホップに興味を持ったかということに触れておきたい。そもそもテレビの制作会社で勤めていた私が会社を辞めてモンゴルに留学したのは、一九九五年秋のことである。

前の年に取材で訪れたモンゴルの民族音楽に魅せられたのがきっかけである。ジャズミュージシャンの坂田明が盟友ビル・ラズウェルとともに国際的な混成バンド「微塵子空艇楽団」をつくってモンゴル・中央アジアを旅しながら現地の民族音楽の奏者とセッションをするという夢のような企画にＮＨＫが同行取材することとなったのである。そこで私は番組制作会社のスタッフの一人としてロケに参加していた。

最初は首都ウランバートルで語学を学びながら、ドキュメンタリーを撮ろうと思っていた。そうした中、シャーマニズムの情報を小耳にはさんだ。モンゴル北部のロシア国境に近い辺境に住むダルハド族（人）の間では、森の中で古代から連綿とつづくシャーマンの儀礼を行っているのだという。〝神秘的な古代の呪術師〟のイメージは、私を虜にするのに十分だった。一年が過ぎ、興味に誘われるがまま、大学院を受験しモンゴル国立大学の大学院に進学した。専攻は民族学である。そこで多くの友人が出来たし、恋もした。

九〇年代半ばのウランバートルは、人口六〇万人ほどの静かな町だった。その後人口は、二五年ほどの間に二倍以上に膨れ上がったが、当時はこぢんまりとしていた。そして街路樹の少ない荒涼とした町だった。町の中心部を占める官庁や大学、劇場や銀行といった大きな建物はロシア風建築（ソ連風）である。それを囲むかのように日本の昭和三〇〜四〇年代に造られた公団住宅に似た無機質な団地群が広がっている。

正直、アジア的な風情があまり感じられない。商店の看板もすべてロシアのキリル文字。しかも少し前まで社会主義だったので、どこへ行ってもスーパーやドラッグストアの看板には「食料品店」、「薬局」としか書かれていない。おまけに看板のレタリングまで同じである。まるで初期のファミコンの解像度の低いドラクエの街の中を歩く気分になる。これは、少し前まで店という店はすべて国営商店だったからだ。こうした商店は、私の留学した九五年当時はすでに民営化してはいた。ただ店に「AEON」「マツモトキヨシ」といった固有名をつけるという発想がまだなかったのである。

また建物の外壁の塗装がひび割れや剝がれが目立ち、道路のマンホールは空いたまんま。マンホールの中はかつてマンホール・チルドレンと呼ばれたストリート・チルドレンたちの世界だ。どこかしら廃墟感のある町、それがウランバートルだった。ただし関西のとある巨大な公団団地で育った私にとって、こうした無機質な団地の世界は、地元《フッド》を感じるほど居心地がよかった。団地の子は、長じても団地の風景にノスタルジーを抱いてしまうのである。それに団地の住民にある種の連帯感があるのはモンゴルも同じだった。ロシアから来た留学生たちは、この町はまるでロシアの地方都市みたいだ、とよく言っていた。とにかくウランバートルは「モンゴルらしさ」が感じられない町であることは確かだった。団地群の周囲に広がるゲル地区を除けば、の話なのであるが。

一方、ひとたびウランバートルを出ると緑の大草原が広がっている。そこは悠久の昔から変わらぬであろう（実際は違うのだが）、草原に白い天幕（ゲル）が浮かぶ遊牧民たちの世界だった。民族衣装に身を包んだ遊牧民たちが馬に乗って羊を放牧していた。夏に当時、ウランバートルで暮らす日本人たちの間では「ウランバートルはモンゴルではない。本物のモンゴルは草原にある」という語りがよくなされていた。

都市人類学者の松田素二は一九七九年、留学先のケニアのナイロビで人類学者の仲間から「ナイロビにいては本物のアフリカは見えないよ」と忠告された（松田 1996:16）というが、私も同じようなことを在留邦人の先輩から言われた。ウランバートルにいては本物のモンゴルは見えないよ、と。

松田は、「本物のアフリカはジャングルの中にある」などといったロマンティックな信念や「本物のアフリカ」という本質主義的な理解に対する疑問から、都市研究へと進んでいったのだという。これに対して一九九六年の私の場合、草原の遊牧世界というエキゾチズムの誘惑に何とも抗えなかった。ウランバートルの団地に居心地よさを感じながらも、結果的に草原や森での「冒険」を選んだ。そこで北の辺境、フブスグル県でダルハドのシャーマニズムに関するフィールドワークを始めることにしたのである。そしてモンゴルの大学院で民族学の修士号をとって、帰国したのは一九九八年の一二月。三年半のモンゴル暮らしだった。

そして一九九九年、大阪の国立民族学博物館に併設された総合研究大学院大学の博士課程に入学する。

テーマは、迷わずシャーマニズム研究を選んだ。二〇〇〇年四月、助成金を得てモンゴルに渡ると本格的なフィールドワークを開始した。一年間、ウランバートルを基地にして六〇〇キロメートル離れたシャーマニズム文化が色濃いドルノド県の調査地で一～二ヶ月滞在して調査をしてはウランバートルに戻る。ウランバートルでは、一ヶ月かけて草原で得た調査データを整理し、調査計画を練り直し、またドルノド県へと調査へと向かう。これを数回、繰り返していく。結果的に私のモンゴル滞在は、留学の三年半と合わせると六年に及んだ。そして街と草原の往還を繰り返していく中で、奇妙なことに気がついた。

ヒップホップとシャーマニズムを架橋する

二〇〇〇年当時、ウランバートルではヒップホップが爆発的に流行っていた。ラジオをつければ、英語のヒップホップに混ざってモンゴル語のヒップホップがいつも流れていた。中には、アメリカのヒップホップを彷彿とさせるようなビートもあったが、小気味よくモンゴル語で頭韻を踏んでいくスタイルは確かにモンゴル・オリジナルだった。

ところが、ひとたびドルノド県に戻ると、草原でシャーマンたちがシャーマンドラム（革張りの手太鼓）を打ち鳴らしながら民謡調の祈祷歌を歌っている。やはり悔しいくらい韻を踏みまくっている。草原でシャーマニズムの祈祷歌、街に帰るとヒップホップ。つまり草原にいても都市にいても、モンゴルの韻踏み合うサウンドスケープの中に私は全身を浸していたのだった。こうした環境は、私にとってシャーマニズムとヒップホップという全くジャンルの異なる文化実践の中に文化的連続性を想起させるに十分であった。

一見するとモンゴルの草原と都市は、別世界である。そしてメディアなどで紹介されるのは、草原の遊牧民の世界が圧倒的に多い。大草原の遊牧民にモンゴル相撲に馬頭琴。それに加えてチンギス・ハーンといった具合だ。近年、学術的には都市社会への注目は高まってきたものの、メディアでウランバートルという都市を生きるモンゴル人が描き出されることは非常に少なかった。ところがいまやモンゴルの人口の半分がウランバートルに居住し、現代的な都市生活をおくっている。それに対して、我々日本人は、モンゴルの都市生活についていったい何を知っているのだろう。

日本で「モンゴルに留学していた」と話すと、「あの草原のパオみたいなところに住んでいたのですか」とびっくりされることが多い。多くの人が表現も含めて同じリアクションだったりする。ちなみに遊牧民の天幕は「ゲル」であって「パオ」ではない。そもそも、パオは「包子《パオズ》(丸い蒸餃子)」に似ているといって中国人が名づけた蔑称だ。それにウランバートルは神戸や京都なみの人口規模の大都市だって誰も知らないのか。あれだけモンゴル人の相撲取りが日本に来ていて、しかもほとんどがウランバートル出身者なのに、彼らの故郷には何も関心を示さない。そして横綱の「品格」がどうのこうのといった日本社会への同化度ばかりが話題になる。あまりに切ないではないか。

近年、ウランバートルの人々はグローバル経済に巻き込まれ、貧富の格差や環境汚染といった問題に悩まされてきた。モンゴル・ヒップホップは、そんなグローバルな経済格差によって、世界の片隅で咲いたあだ花かもしれない。いずれによ、ウランバートルでは、ブルックリンやコンプトン、川崎や西成同様にヒップホップが社会をざわつかせている。ヒップホップ・モンゴリアを知るということは、我々の世界の「リアル」を知るということでもある。モンゴルのラッパーたちが歌い生み出す世界は、我々が今ここで生きている世界とも確実につながっているからだ。

本書の構成

さて本書の構成を簡単に紹介しておこう。本書は、現代モンゴル社会がヒップホップのラッパーたちとの関係の中で織りなされてきた世界――ヒップホップ・モンゴリアを描き出していく。基本的に時系列ではなく、それぞれ個別の次元のテーマで書かれている。例えば、伝統文化とヒップホップの文化的連続性（三章、四章）、ジェンダーと女性ラッパー（六章）ヒップホップとディアスポラ問題（七章）といった具合に、それぞれがパラレルな時系列を持ちながら描かれていく。ただし最初の第一章と第二章は、社会主義崩壊前後の歴史とヒップホップの歴史なのでほぼ時系列で書かれているといってよい。では、簡単に内容を紹介しておこう。

第一章の「創世記」は社会主義末期にあたる八〇年代からその崩壊とポスト社会主義の混乱の中でモンゴルのポピュラー音楽がいかに成立してきたかが描かれる。第二章の「群像」では、モンゴルでヒップホップが誕生した一九九〇年代後半を舞台に第一世代のラッパーたちの格闘する姿が描写される。

第三章「伝統」では、まずモンゴルの人々が、ヒップホップを含む外来の文化をいかに「飼いならしてきたのか、その一方で自らの伝統文化をいかに西洋化＝「発展」させてきたのか、という点に焦点が当てられる。続いて彼らの伝統文化である口承文芸とヒップホップの文化的連続性が詳らかにされていく。第四章「憑依」では、モンゴルのラッパーたちのライムの技法が分析された後に、シャーマニズムの精霊の憑依とラップのフリースタイルとの不思議な類縁性が明らかにされていく。

第五章「憤激」では、ゲル地区で育ったラッパーたちに焦点を当ててナショナリズムや排外主義、格差との戦いがラップのリリックとともに描き出されていく。

第六章「変成」は、現代モンゴル社会を生きる女性ラッパーたちのライフストーリーである。モンゴル初の女性ラッパー、ジェニーやそれに続くラッパーたちの人生や彼女たちの生み出すリリックから、現代モンゴルを生きる女性たちの姿を描いていく。第七章「越境」は、モンゴル国で生まれたモンゴル・ヒップホップが国境を越えロシアや中国のモンゴル・ディアスポラたちの間で受け入れられていく様を詳らかにしていく。従来のナショナリズムやパン・モンゴリズムとは異なるヒップホップを通じて生まれたディアスポラの公共圏の未来はどうなっていくのか。そしてエピローグへと進んでいく。

　長い前振りは以上だ。*Za, Hip Hopiin oron Mongold tavtai morilno uu!*（さあ、ヒップホップ・モンゴリアへようこそ！）

ThunderZ、2020年10月 Crocus event hall @ウランバートル。TOONOT レコード提供。

ウランバートルのの高層アパートとグラフティ。2019年、著者撮影。

第一章　創世記

ポスト社会主義という混沌

グラフィティと高層ビル。ウランバートル市、2018年3月著者撮影。

イントロ

モンゴルでヒップホップがいつ、どのようにして始まったのか。グローバル化といえば、それまでなのだが、世界中どこの国に行ってもラップ・ミュージックは聞かれているし、歌われている。ブレイクダンスも踊られているし、街にはグラフィティが描かれている。モンゴルの場合、ヒップホップを含む「欧米の文化」の流入は、突然始まった。きっかけは社会主義体制の崩壊である。

一九九一年一二月、ソビエト連邦が崩壊した。その衛星国であったモンゴルも翌年二月、社会主義を放棄する。国名も「モンゴル人民共和国」から「モンゴル国」へと変わった。こうして民主化・市場経済化を急速に推し進めていくことになる。

社会主義崩壊によるもっとも大きな生活の変化のひとつは、それまで情報を閉ざされていた西側諸国の文化や情報が急激に流入してきたことである。マクドナルドにケンタッキー、コカコーラにマルボロ、ブルージーンズ。ハリウッド映画にロックやポップス、そしてヒップホップ。モンゴルを含む旧社会主義圏の人々にとってのグローバル化とは、まずは欧米文化の一方向的な流入であったといってよい。モンゴルにはマクドナルドやケンタッキーは進出しなかったが、似たような店が九〇年代末から登場しはじめる。

社会主義の崩壊とは、ある意味、モンゴルを含めた旧ソ連圏で暮らす人々にとって、欧米の映画や音楽、ファッションや嗜好品の不可逆的な流入を意味した。文化のフローは、明らかに欧米という中心から周縁たる旧社会主義圏へと向いていたといってよい。

文化人類学のグローバリゼーション論でもっとも参照されているアルジュン・アパデュライは、グローバリゼーションはこうした中心―周縁モデルだけでは捉えきれない複合的で、重層的、かつ乖離的な秩序だとする（アパデュライ 2004:68-69）。つまりグローバル経済は複合的で、アメリカがもはや人形遣いのようにイメージの世界システムを操ってはおらず、ただ結節点の一つとしてのみ、想像上のランドスケープの複雑でトランスナショナルな構築にかかわっているということだ（アパデュライ 2004:66）。

しかしこのような多方向的なグローバル化は九〇年代初頭、旧社会主義圏では現象化していない。インド発祥のヨガが欧米で流行り、またインドに逆輸入されるような文化の環流（三尾 2015）も、少なくとも旧社会主義圏では起きていなかった。グローバル化のタイムラグとでも言おうか。むしろ彼らは、エドワード・サイードが言うように「ほんの一握りの多国籍企業によって牛耳られているマスメディアの巨大なシステムが、国境をかいくぐり、世界中ほとんど至るところに出没し、ローカルな日常を呑み込む」（サイード 1998）文化帝国主義の周縁に配置されていたといってよい。コメコン体制と社会主義体制崩壊によってロシアやモンゴルは、アメリカに対峙するもう一つの世界の中心からアメリカ中心の世界の最周縁へと引きずり下ろされたのである。

かつてモンゴルの人々は世界で第二番目の社会主義国の国民であることを誇った。ソ連との「友好関係」の中で、一九八一年にはベトナムに続いてアジア人として二番目の宇宙飛行に成功するという記録もつくった。そうしたソ連を中心とした世界の枠組みが崩壊し、日常生活の中で今まで見たこともなかった欧米の商品や文化（コカコーラ、リーバイスのジーンズにハリウッド映画、そしてポピュラー音楽）の大波に洗われることになった。

おそらくグローバリゼーションは、アパデュライが予言したとおり、確かに多中心的で重層的かつ乖離的に進行していったといえる。ただし九〇年代初頭の旧社会主義国圏は、ポピュラー音楽文化という領域において、二重の意味で周縁に置かれていた。まずは旧社会主義国という地政学的な周縁配置である。もうひとつは、ポピュラー音楽という領域自体が、アパデュライが言う意味での多中心的な「グローバル化」が非常に遅れており、それゆえに非西欧地域は一九世紀の植民地時代と比べてさほど変わらない周縁に置かれているということである。

かつてはＭＴＶ（ミュージックテレビジョン）によって世界の音楽市場の寡占したアメリカ[21]は、デジタル化された音楽配信の時代になっても今なおその中心性を全く失っていない。今も昔も欧米のポピュラー音楽は世界中で消費されるがその逆はほとんどない。もちろん八〇年代のワールドミュージック・ブームの中で、アフリカのポピュラー音楽がパリやロンドンを結節点にして西側諸国に拡散していくという動きもあった。

近年では、韓国のミュージシャンが欧米や日本で確固たる地位を築きつつある。しかしニューヨークやロス、そしてロンドンやパリといった欧米の都市以外にポピュラー音楽のグローバルな中心といえる都市がどれだけあるのだろうか。かつてゴア・トランスというジャンルを生み出したレイヴパーティーの都、南インドのゴアの〝繁栄〟にしても、一過性のものだった。しかもワールドミュージックというマーケットの誕生は、第三世界出身のアーティストの独自性が国際マーケット側の要求するスタイルへと平準化させるプロセスでもあった（鈴木 2014:483）。

皮肉なことに流行に敏感なはずのポピュラー音楽の世界ほど、グローバルな文化や経済のフローの中でもっとも時代遅れの文化帝国主義的な構造を維持している業界もない。[22]深センがＩＴの中心地のひとつとなり、ボリウッド映画を擁するムンバイが世界の映画の一大拠点になろうと、欧米中心のポピュラー音楽帝国主義はゆるぎない。ある意味、ポピュラー音楽産業は一九世紀型の産業だ。

こうした二重の周縁である旧社会主義圏の音楽が八〇〜九〇年代のワールドミュージックの流行にのることもなかった。例外的に一部の民族音楽好きによって馬頭琴やホーミーが消費されるようになっても、サリフ・ケイタやユッスー・ンドゥールのようなスーパースターがソ連や中央アジアから生まれることはなかったといえる。ポピュラー音楽に関しては、朝鮮系（いわゆる高麗人）のロシア人ロック歌手ビクトル・ツォイが民主化以降に西側の「共産趣味」の人たちの間で少し話題になった程度だった。

つまりグローバルなポピュラー音楽の市場において、鉄のカーテンの向こう側のロシアや東欧、モンゴルといった国々は、中南米やアフリカ以上に周縁に配置されていたといえよう。[23]なぜなら旧植民地は宗主国とネットワークがあるが、「旧敵国」にはネットワークがないからだ。こうした文化帝国主義／グローバル資本主義に対してモンゴルは、時間的に最も遅れて巻き込まれていった「周縁」であった。しかし中心から放射される文化を時には誤解もしながら自分流に解釈しなおしていく。そうした中でローカルな文化が生まれていく。

21　かつて社会学者のジャック・バンクスは、アメリカの〝ローカルな〟音楽チャンネルだったMTV（Music Televison）が、MTVヨーロッパ、MTVアジア、MTVラティーノといったようにグローバルな放送を展開していった結果、世界的に音楽を寡占していく歴史を「モノポリー・テレビジョン」（略すとMTV）と題して論じた（Banks 1997）。

22　念のためにいっておくがポピュラー音楽のコンテンツが遅れているのではない。産業構造が時代遅れなのである。

23　例えば、昭和のポピュラー音楽の名著である中村とうようの『大衆音楽の真実』においても、キューバを除くとロシアやモンゴルといった当時の社会主義国のポピュラー音楽は一切触れられていない（中村 1986）またピーター・マニュエルの『非西欧世界のポピュラー音楽』（原著一九八九年）にもキューバとユーゴスラビアを除くと、社会主義国は扱われていない（マニュエル 1992）。

そんなローカルな文化としてのモンゴル・ヒップホップは九〇年代の中ごろ、産声をあげる。その話に入る前に、まずは社会主義時代、鉄のカーテンの向こう側でどのようなポピュラー音楽がいかにつくられていったのか、追ってみたい。

そして社会主義崩壊以降、どのようにグローバルなポピュラー音楽の世界と接続していったのか。またどのような音楽が生み出されていったのだろうか。ここでは社会主義時代から遡ってヒップホップ・モンゴリアの〝創世記〟を覗いてみることにする。

ところでモンゴルを含めた「周縁」におけるミュージシャンたちは、欧米の文化的ヘゲモニーに対する「自己表現する受け手」であるといえる。彼らは情報を受信する側としては、グローバルな受信者であるが、自己表現、つまり情報の発信者としては、ローカルに留まる。この点においては、グローバルには「声なきもの」である。そうした状況はモンゴル語という言語による制約や発表機会あるいはグローバルな生産手段のなさ、経済的不均衡などによって作り出されている。ここでは、グローバルな「声なき」彼らが音楽を通じて何を訴えているのかも歌詞を紹介しながら考えていきたい。

知られざるモンゴルの近現代

社会主義末期からポスト社会主義の音楽について語る前に、モンゴルにおける社会主義崩壊にいたるまでの歴史と社会背景を簡単にふりかえっておこう。

そもそもモンゴル研究者かよほどのモンゴル好きでない限り、二〇世紀初頭のモンゴルがどのような国だったか、イメージできる人はあまりいないのではないだろうか。世界史の教科書を見てもモンゴルはチンギス・ハーンが築いた大モンゴル帝国が瓦解すると、姿を消してしまう。再登場するのは一九三二年のノモンハン事件で数行程度である。

それもそのはずだ。歴史の教科書では、世界的な影響力がなかったり、自国にあまり関係のなかったりする国の記述は省かれてしまうからである。そこで日本とモンゴルの歴史の教科書を比較してみると、興味深い事実が浮かび上がる。両国の教科書を比較研究した私のゼミ生によると、日本の高校の「日本史」の教科書では、モンゴル帝国の成立から「元寇」、つまりフビライ・ハーンによる日本侵攻までのいきさつが一〜二ページにわたって詳細に記されていた。ところが逆にモンゴル国で出版された「モンゴル史」の教科書に元寇は三行程度に記述しかない。一方、日本の教科書では三行程度しか記述がない「ノモンハン事件」が、モンゴルの教科書では一ページ近い紙幅を費やして詳細に書かれている（樗木 2017）。

理由は簡単である。元寇は日本にとっては国家の存亡をかけた大事件であったが、世界征服を進めていた大モンゴル帝国にとって、日本侵攻は小さな局地戦に過ぎなかったからだ。これに対して「ノモンハン事件」は、日本にとっては一局地戦だったが、当時のモンゴル人民共和国にとっては、国の存亡をかけた戦いだった。ちなみにモンゴルでは「ハルハ河戦争」と呼んでいる。この戦争は、「国境」という概念をめぐる異文化誤解から武力衝突に発展した。詳しくは田中克彦の『ノモンハン戦争』を参照されたし（田中 2009）。

おそらく我々がモンゴルの近現代を知らないのは、教科書が「元寇」を引き起こしたモンゴルは重要だが、近現代に日本が侵攻した「ノモンハン戦争」の相手国「モンゴル」が重要ではない、と意識しているからであろう。そこで世界史の教科書の中で空白地帯となったりする北アジアの歴史に少しだけつきあっていただきたい。こうした歴史背景もモンゴルのヒップホップを理解する上で必要だからだ。

「一三六八年、中国に明朝が成立しモンゴル人の元朝は滅亡した」。いまだにこうした説を信じている人もいるが、当時の大ハーン、トゴンテムルは大都（現在の北京）を放棄して北に退いただけで、チンギスの皇統はモンゴル高原で二〇世紀まで存続することになる。明朝は北の遊牧民におびえ続けた。そのチンギスの血筋を引くモンゴル王侯たちが現在の中国の東北地方から出てきた満洲人の王朝である清の支配下に入ったのは一七世紀末のことである。最初にゴビ砂漠の南側のモンゴル王侯が清朝に帰順し、非チンギス系の遊牧王朝ジュンガル帝国に追われてゴビ砂漠の北側のモンゴル王侯が帰属したのが一六九一年である。

そのときゴビ砂漠をはさんで南側を「内モンゴル」北側を「外モンゴル」と呼ぶ名称が出来た（フフバートル 1999)。これは北京から見て内側か外側かという名づけなのだが、モンゴル人自身はこの名称を現在に至るまで使っていない。彼らは、内モンゴルを「南《ウブル》モンゴル」、外モンゴル、すなわち現在のモンゴル国に相当する地域を「北《アル》モンゴル」と呼んできた。実は、中国の「内モンゴル自治区」をモンゴル語から直訳すると「南モンゴル自治国」という名称となっている。

清朝の二代目の皇帝ホンタイジは、元朝の玉璽をモンゴル王侯から受け取ることで大ハーンに即位した。また二代皇帝ホンタイジ、三代目の皇帝の順治帝はモンゴル人の正妻を娶ったので順治帝や次の第四代皇帝の康熙帝はモンゴル人との〝ミックス〟であった。つまり清朝とは、簡単にいうと満洲人とモンゴル人が共同で中国を支配した征服王朝だったといってよい。清朝時代でもっとも大きな文化的変容は、チベット仏教が広まったことである。ダライ・ラマ制度は、一六世紀末にモンゴル王侯が始めた制度で、その称号であるダライもモンゴル語で「海」を意味する。ラサのポタラ宮殿は、グシ・ハーンというモンゴル王侯の財力で建設された。

このように政治・経済的な面でチベット仏教はモンゴル王侯に依存しており、そういう意味ではチベット・モンゴル仏教と呼んだ方が正しいのかもしれない。そしてダライ・ラマのような生まれ変わる転生活仏が、モンゴルでも登場するようになる。二〇世紀初頭には、北モンゴル地域のモンゴル人の男性人口の三分の一がラマ僧になるほど、モンゴル人たちはチベット仏教に心酔した。チベット仏教は、前近代的における言語教育（チベット語、モンゴル語）、医療（チベット医学）、心理カウンセリング（呪術など）、社会の様々な分野でサービスを提供していた。寺院は膨大な家畜群を所有しており、それが貧困化した牧民を救うフードバンクのような機能も果たしていた。当時の仏教教団は、現在の「宗教」の範疇にとどまらない、社会制度そのものだった。それを担うエリート層がラマ僧であったが、二〇世紀初頭、ソ連の影響下で彼らは強制的に還俗させられていくこととなる。

社会主義の光と影

辛亥革命の混乱をチャンスと捉えた北モンゴル地域（外モンゴル）は、一九一一年、北モンゴル最大の化身ラマ（転生活仏）、ジェプツンダンバ・ホトクト八世を皇帝に推戴し清朝から独立する。ボグド・ハーン政権である。ボグド・ハーンとは聖なる皇帝という意味である。

しかしその後、中華民国の介入によって独立は取り消されてしまう。そうした中、モンゴル人たちが頼ったのがロシアの赤軍であった。一九二四年、ジェプツンダンバ・ホトクト八世が死去するとモンゴル人民政府は君主制を廃止し、ソ連に続いて世界で二番目の社会主義国「モンゴル人民共和国」となった。

ところで社会主義というと、現代の日本では暗い全体主義のイメージがつきまとう。だが、実際の社会主義世界は光と影の両面があったことは覚えておきたい。そもそも社会主義は、世の中の貧富の差や不平等をなくすために考案されたものだった。簡単に言うと、社会で財産や生産手段を共有しようというシステムや思想のことだ。その思想的源流はドイツの哲学者カール・マルクスである。

社会主義国家を標榜するソ連やモンゴルなどの場合、財産を引き継げるような身分は否定された。また土地などの私有財産は国有とされ、住居も政府から支給された。会社の代わりに国営企業や協同組合が農作物や畜産物、工業製品を生産する。教育や医療は無償化され、同一労働同一賃金が保証され、身分や男女による差別もない。基本的には正しい方向性だといえる。ところがソ連型の社会主義国家は、自分たちの「正しさ」に逆らうものは許さないという黒い側面もあった。政党は、社会主義政党の一党独裁で、言論や信教の自由は厳しく制限された。そして現実は、飢えや失業こそないものの、共産党員（モンゴルでは人民革命党員）であるかないかなどで身分や生活レベルに格差があった。

後にラッパーたちがモンゴル・ヒップホップのルーツだとしてあがめる〝反逆の詩人〟R・チョイノム（一九三六〜一九七九）も、詩の中で当時の政権の無能さや社会の矛盾をするどく抉り出したことで知られている。「ぼくは腹が立ってしょうがない」という詩では、「国の愚かさを見れば見るほど／ぼくの怒りはますます燃え上がる」と叫ぶ。彼はこの詩の中で「亭主が死んだ翌日にほかの男と交わる／あばずれ女のようなわれらが国よ／いにしえの国　チンギスの名を思い起こせば／恐れおののき　ロシア人のおみ足を舐めるばかり[24]」とかつてロシアを支配したモンゴル帝国の末裔がソ連の「衛星国」と成り果てた状況を痛烈に批判する（岡田 2003:285）。

さらに無題の詩においてもチョイノムは「反逆者といって三〇年代に／学者たちを皆殺しにしてしまった後／家畜の数は飛躍的に増加した／わが政府も賢明なものだ」と辛らつに社会主義政権を皮肉る。こうした若い詩人の詩句は、当然にして公安警察の目に留まり、逮捕され厳しい尋問を受ける。その結果、チョイノムは反国家扇動罪で禁固四年（後に一年に減刑）の刑を受けている（岡田 1991,2003）。

確かに社会主義は、言論の自由が保障されていなかったなど抑圧的な側面をもっていたが、その反面人々の心に安定をもたらす「明るい未来」を常に提供しつづけた明るい側面もあった。社会主義とは、ある意味

「未来志向性」社会であったといってよい。

モンゴルにとって社会主義化とは、近代国家建設への道でもあった。清朝の支配の下にあった頃は、王侯貴族を除けば、人々のほとんどが遊牧民と僧侶であった。モンゴル遊牧研究の第一人者の小長谷有紀によると、モンゴルにおける社会主義化＝近代化とは、三つの「産業化革命」だったのだという。三つの産業化革命とは、第一に遊牧民の社会主義的集団化による「牧畜化革命」、第二に大規模農場の建設による「農業化革命」、第三に首都における工場の建設による「工業化革命」である。そしてこれらの三つの大きな産業上の変化は、遊牧民の定着化というベクトルを共有しながら、発展をめざす一本の網に編みこまれていったのだという（小長谷 2004:13-18）。

要するに「牧畜革命」により、個人経営者だった遊牧民たちは、家畜を没収されてネグデルと呼ばれる牧畜協同組合所属となった。そして給料をもらって家畜を放牧するサラリーマン牧民となったのである。またモンゴル人たちは本来、野菜も食べてこなければ、ほとんど農業もしてこなかったが、「農業化革命」によって小麦やじゃがいも、にんじんといった野菜を育てて食べるようになった。夏は馬乳酒や乳製品のみで冬は羊肉の水煮というのが、モンゴル人の伝統的な食のスタイルだった。それがポテトサラダやキャベツサラダを食べるようになったり、パンをつくって食べるようになったりしたというわけである。留学中に、老人たちが生まれて初めてじゃがいもやトマトを食べた時の衝撃を語ってくれたのを覚えている。こうした社会主義的近代化の経験については、モンゴル人のライフストーリーを収録した小長谷有紀の『モンゴルの二十世紀』が詳しい（小長谷 2004）。

24　詩の訳はモンゴル文学者の岡田和行の訳によった（チョイノム 2003:30-35）。

「首都の建設」で大事なのは、ウランバートルという町が、ソ連など外国の主導で建設されたということだ。ウランバートルの前身であるイヒフレーは、チベット仏教の活仏の寺院と門前町で構成されており、その人口は二〇世紀初頭、三万人程度だった。当時のモンゴル（外モンゴル）の人口は六〇万人ほどであったが、王侯貴族とラマ僧を除くと、ほとんどが遊牧民であった。そしてウランバートルは、ソ連のロシア人を中心とした外国人によって基礎が作られたといってよい。社会主義時代の笑い話にこんな話がある。

社会主義圏から視察団がモンゴルを訪問してきた。モンゴル側は「これはソ連の援助で建てられた〇〇工場です。これはチェコスロバキアの援助で建てられた△△工場です。これはポーランドの援助で建てられた××工場です……」。延々と続く解説に業を煮やした視察団から「それではモンゴル人はいったいなにを建設したのですか？」という質問が出た。そこでモンゴル人は大いに胸を張って答えた。「社会主義をです」と（小長谷 2002:38）。

ウランバートルの街が今も旧ソ連風のロシアの地方都市のように見えるのは、こうした事情による。ただし忘れてはいけないのは、北モンゴルには、チベット・モンゴル仏教の寺院が九〇〇以上存在したが、そのほとんどが一九三〇年代に爆破・破壊されたことだ。

このような三つの産業革命に加えて、学校教育・近代医療・法制度・社会福祉といった近代諸制度が築かれたのがこの時代だった。教育や医療が遊牧民の世界にまったくなかったわけではない。伝統的なモンゴル文字による歴史や文学、チベット仏教が提供した諸サービスがソ連型のものへと切り替えられたのが、「社会主義化」だったともいえる。ある種の伝統知との切断が行われたわけである。モンゴル文字は、一九四一年、ロシアのキリル文字へと変えられた。チベット語の代わりにロシア語が「第一外国語」となった。チベット医学は、正しくない偽医学だと否定されソ連から「科学的」な医学がもたらされた。

そもそもマルクスは社会主義社会へ移行すれば、宗教は自然に消えていくとする「宗教の自然死」を想定していた。しかしソ連の指導者レーニンはそれを信じず「近代化のために宗教を無くさなければならない」と読み替えていった。したがって一九三〇年代、教会や寺院は破壊され、僧侶たちは還俗させられていった。さらに寺院の持っていた家畜群などの財産は国家に没収され仏像は破壊された。とりわけ化身ラマ（転生活仏）のような高僧たちは、社会主義建設の敵である「黄色い貴族」と呼ばれ、粛清の対象となった。要するに裁判なしの銃殺刑である。黄色い貴族とは、チベット仏教ゲルク派（黄帽派）からつけられた呼び名である。

仏教が社会主義の標的となった理由は、「宗教」だからという理由だけではない。社会主義同様、仏教はイデオロギーを持ち、教育・医療・社会福祉を担っていた。つまり社会主義にとって、仏教は「競合他社」だったといえる。ソビエト共産党とモンゴル人民革命党にとって競合するがゆえに仏教教団は、徹底的に抑圧された。さらに、チンギス・ハーンを称賛する言説は、共産主義というよりロシア人のルサンチマンから言論統制の対象となった。かつてロシアを征服したチンギスとその子孫たちは、ロシア人たちにとって鼻もちならない存在だった。したがって社会主義期のモンゴルでは、「氏族名」＝姓の使用が禁じられた。姓は、チンギスや配下の将軍たちの血筋を示す指標であるからだ。

一方、シャーマニズムも「迷信」「偽医学」「前近代の残滓」であるとされその活動は禁じられたが、寺院や組織がない分、生き残りやすかった。

ただし社会主義時代を通して宗教は均質的に弾圧されていたわけではない。宗教抑圧政策は、第二次大戦中から緩和されるようになる。かれらの信仰するチベット仏教は、その活動に厳しい制限がかけられたが、サンガ（僧侶の組織）、ラマ僧、経典といった宗教の制度的部分を社会から隔離しようとした結果、むしろ宗教の制度的側面から漏れる部分は強化されていった。つまりモンゴルの人々は、寺院がなくても呪術的なものは信じ続けた（島村 2019）。

やがて八〇年代になると、社会主義の国々は軍事費の負担の重さや官僚制度の腐敗などから、経済的に停滞していく。社会主義経済は、計画経済なので市場メカニズムが働かない。国がすべての商品の生産量を決定し、計画に基づいて生産していく。また国営企業は、一業種一社なので競争がない。その上、必要性から商品を生産するので商品のイノベーションが生まれない。例えば、鉛筆を作るのは一社なので、同じような鉛筆しか作らない。したがってシャープペンシルというイノベーションは生まれない。アニメとタイアップしたキャラ鉛筆も「必要性」がないので作られることはない。皮肉にもソ連で最も技術革新が進んだのは軍事技術だった。それはアメリカというライバルとの競争があったからに他ならない。

しかしソ連とアメリカの軍拡競争に勝ったのは、アメリカだった。負けたソ連とそれに従う国々は、体制崩壊への道筋を進んでいく。

国家統制されたポピュラー音楽

社会主義圏という鉄のカーテンの向こう側。そこには欧米のポピュラー音楽が届かない世界があったことは前述のとおりである。そんなモンゴルでポピュラー音楽は、どのようにして成立したのだろうか。現在の欧米のポピュラー音楽は、当然にして西洋のクラシック音楽を基礎にして成立している。社会主義国だったモンゴルではソ連／ロシアの文化がもたらした影響は計り知れないものだった。そして何よりも重要なのは、この時期、モンゴルの音楽は国家によって統制されていたということである。コンサートホールや劇場、クラブといった公共空間には、人民革命党の検閲のない音楽が流れることはなかったのである。

モンゴルでは、いわゆるポピュラー音楽のことを「エストラード歌謡（*estrad duu*）」あるいは「エストラード音楽（*estrad khögjim*）」と呼びならわしてきた。エストラードとは、ロシア語の estrada が訛った語である。そもそもロシア語でオーケストラや朗読、軽演劇などのステージやバラエティー・ショーそのものを意味する語だ。かつて帝政ロシアの時代では、見世物小屋などで披露される大衆音楽のことも指した。やがてエストラードは社会主義以降、ソ連では、いわゆるクラシックといった上位文化の音楽ではなく、ポピュラー音楽全般のことを指すようになる。

モンゴルのエストラード音楽に関する研究は、国外はおろかモンゴル国内においてもほとんどなかったといっても過言ではない。社会主義時代に出版された『モンゴル人民共和国文化史』においても、エストラードに関する記述は皆無である（Natsagdod1981;1986）。しかし民主化以降の一九九九年にモンゴル国立文化芸術大学が編集した『モンゴル文化史』の第三巻には、音楽史の一端としてエストラード音楽についてその簡史が記されている（Bira and Tsedev1999:228-231）。

モンゴル研究者の上村明（2001）によると、モンゴルにおける芸能は、「ラジオ」の時代が始まる以前から、社会主義国家の建設と深く結びついていた。すなわち一九二一年の人民革命当時、モンゴル語の識字率が、〇・七パーセントだったモンゴルでは、文字媒体によって革命思想を宣伝することはできなかった。そのため古くからの民謡の歌詞とメロディーをもとに、革命歌が人民軍の中で作られた。革命歌は革命の目的を周知させ、軍の規律と意気を高めるために重要な役割を果たした。また人民軍を指揮するスフバータルは、モンゴルに駐留していたソ連赤軍での演劇鑑賞に感銘を受け、人民軍の内部にアマチュア演劇集団を組織することを命じた。さらに一九二四年には党中央委員会の直接の指導の下、ウランバートルに民衆の文化・啓蒙活動のための「スフバートル中央クラブ」が作られ、演劇・舞踊・スポーツのグループが組織され、翌年には五つの県に「クラブ」が新たに作られた。

一九二六年六月には、党中央委員会、スフバートル中央クラブ、人民啓蒙省などの組織が合同で、地方に芸能者を派遣し、巡回させた。彼らは行った先々で「演劇と音楽の公演を行い、民衆に書籍や新聞雑誌を読んで聞かせ解説し、人民革命の意義と党政府の方針や議定について、また医学と獣医学の利点、人民の生活と学校教育・文化の発展、外国情勢などについて講義し、地方クラブの設置と運営、アマチュア芸能者の活動について支援を行った」(Natsagdorj 1981:131; 上村 2001:105)。革命はまさに「芸能」とともにあったのである(上村 2001:105)。

社会主義崩壊以降に編まれた『モンゴル文化史』(以下『文化史』)によると、一九二六年、ロシア人カリツォフの指導の下に、師範学校に吹奏楽団が創設され、陸軍劇場で吹奏楽が演奏されるようになった。また一九三七年には芸術学校が創設され、第二次世界大戦を経て一九四七年にはシンフォニー交響楽団が組織された。ここに職業音楽家が誕生することとなる。

少し遡ること一九四一年、国立サーカスの設立に伴い、サーカス楽団がL・ムルドルジの指導の下に誕生した。この楽団には、アコーディオン、サックス、バイオリン、トロンボーン、バンジョー、ギターといった楽器が入っており、ロシア人専門家ガリペーリンが「ガンデイーの木」という民謡を編曲して、歌手ツォグゾルマーに歌わせたのが、エストラード音楽の始まりだと『文化史』はみなしている。

そして「サーカス音楽をジャズの形式で演奏する西側の伝統の枠で、作曲するのは適切だったのであり、モンゴル音楽の新しい潮流が到来し、才能の豊かなバンドが登場し、エストラード音楽の基礎が築かれた」(Bira and Tsedev 1999:229)とエストラードの誕生を『文化史』は高らかに歌い上げている。

一九四五年には、国家エストラード・コンサート局が設立され、映画館や劇場でジャズが演奏されるようになった。サーカス音楽に始まった西側のジャズのほか、モンゴル民謡なども演奏されるようになった。社会主義も安定期を迎える一九六四年、エストラード音楽の大きなコンサートがL・ワンダンによって企画された。

この頃、エストラード音楽の発展に政府も注目し、チェコスロバキアからカルル・ドバギーン、ポーランドのラジオ・テレビ局からビトベンド、トゥルワドル・ビット、東ドイツのラジオ局の「ビット・エンド」というグループが招かれ、エストラード音楽が紹介された。一九六八年には、モンゴル・ラジオ局専属のジャズ・バンドが設立されたが、彼らはその三年後、「バヤン・モンゴル（豊かなモンゴル）」と名乗るようになった。

その一年前の一九六七年、ポップの父と呼ばれるバンド「ソヨル・エルデネ（文化の宝）」が結成された。このバンドは、音楽舞踏中学校をヤトガ（琴）専門で卒業した四人の若者が結成し、民謡や創作歌謡を四人のバンドで弾けるようにアレンジして歌った。このような国家によって活動を認められたバンドのほかに、自主的に活動していたグループもいたが、自主グループに対しては、テレビ・ラジオ放送や、劇場でのコンサート演奏などは認められていなかった（Bira and Tsedev 1999:230）。

そのような自主グループ、すなわちアマチュアバンドの一つに、B・ドルギオン（Balchinjyayn Dolgion、一九五五〜）ら第四八学校の同窓生が中心になって結成された「イネームスゲル（微笑み）」があった。ドルギオンは、幼少期をモスクワで過ごしており、本職はモンツァメ通信の記者だった。メンバーには後にウランバートル市民のアンセムとなる「ウランバートルの夕べ（Ulaanbaataryn Üdesh）」を作曲したプージェーことG・プレブドルジやその曲を歌ったB・バダル・オーガン[25]などがいたが、多くがソ連や東欧への留学経験者だった（Dolgion 2019）。

後にモンゴルのグラミー賞である「ペンタトニック賞」を設立したB・ドルギオンは興味深いことを語ってくれた。「当時は政府がすべてポピュラー音楽を統制、つまりプロデュースをしていたので、プロデューサーという職種がなかったんだよ」。その結果、社会主義が崩壊したとき、ポピュラー音楽を仕切るべきプロデュースする人間がいなくなり、一時期空白状態が生まれたのだという。実は、後に九〇年代後半、こうしたプロデューサー不在の間隙を縫って登場したのが、モンゴル・ヒップホップのオリジネーターであると同時に総合プロデューサーであったMCITエンフタイワンだった。

「密輸入」されたポピュラー音楽

一九六〇年代末から七〇年代にかけてソビエト連邦や東ヨーロッパに留学していた学生によりカセットテープがモンゴル国内に持ち込まれ、モンゴルの若者たちは、西側のロックやポップの存在を知ることになる。こうした「密輸入」によって、当時のモンゴルの若者たちは、ビートルズを聴き、ギターを弾きながら歌を歌うことを夢見るようになった。

ヒップホップに関しても、実はこうした海外留学組の子女の中から初期のアーティストたちが出てくる。当時、海外に留学できたのは人民革命党のエリートたちに限られていた。例えば、モンゴル初のヒップホップDJであるDJ OG（本名Odongiin Ganbold、一九七六〜）の父親はルーマニアやフランスで学位を取った建築設計師だった。彼自身も幼少期はヨーロッパで過ごし、帰国後はウランバートルの国立第三中等学校で学んだ。第三学校はモンゴル語以外の科目のすべてがロシア語で教えられるロシア人の子女と党幹部の子女が学ぶエリート学校だ。家には当時のモンゴル人一般家庭には珍しいレコードプレーヤーと西側のポップスのレコードがたくさんあった。OGはビートルズをはじめとする西側の音楽を小学生の頃から楽しんできたという。

そんな彼がヒップホップに出会ったのは八九年、家族旅行でモスクワへ行ったときのことだ。当時のモスクワは、すでに社会主義の箍《くびき》が外れかけていた。市場では西側の音楽のカセットやジーンズが売られはじめていた。その中にグランドマスター・フラッシュやアフリカ・バンバータといったアメリカのヒップホップのカセットやCDがあり、OGは偶然それらを手に取った。一二歳の時のことである。少年は、ヒップホップというジャンルの名も知らず、西側の音楽だとだけ理解した。「スクラッチは、ちょうどカンフー映画の効果音のように聞こえてかっこよかったんだよ」とOGは語る。

彼の感性は正鵠を射ている。事実、アメリカの初期のヒップホップのアーティストたちはカンフー映画に心酔していた。グランドマスター・フラッシュのMC名は映画『少林寺』の「師匠」の訳語だし、ウータン・クランは、「ウータン（武當＝武当派の意味）」の名前はもちろん、カンフー映画のイメージをPVに入れるほど香港映画に傾倒していた。こうした黒人文化とアジア文化の融合をアメリカ音楽研究の大和田俊之は「アフロ・アジア的想像力」と呼んでいる（大和田 2011:240-241、長谷川・大和田 2011:82-84）。ちなみに社会主義崩壊前後（八〇年代末～九〇年代初頭）のソ連やモンゴルでも香港のカンフー映画は大人気だった。もっともカンフーとブラックネスをミックスすることでアメリカ黒人の民族的・人種的ステレオタイプを嗤う凝った笑いは、当時のモンゴル人は共有していなかったと思われる。しかしアフロ・アジア的想像力は、皮膚感覚のレベルで社会主義圏のモンゴル人にまで響く何かをもっていたようだ。

モンゴル初のビートメーカーである[26]アナル・ビーツ（本名 Ser-odyn Anar、一九八五～）もエリート階級の出身

25 バダル・オーガンは、モンゴル民俗音楽研究の第一人者J・バドラー（一九二六～一九九三）の息子である。

だ。彼は社会主義時代、大臣たちの地区（*said naryn khoroolol*）と呼ばれたサンサル地区で育っている。社会主義期、ロシア人とモンゴル人の高級官僚たちが暮らしていた地域だ。彼の父親はロシア語の教師で、祖父は陸軍の将軍だった。ポーランドに留学していた従兄弟が買って来たヒップホップのカセットを聴きはじめたのが、ヒップホップにはまるきっかけだったと言う。アナルが七歳のときだった。

ちなみにモンゴルでは「頭をよく休ませよ　よく寝かせよ（*Tarkh n'sain amrag Sain untag*）」と言う表現があるように小さい子をとにかくよく寝かせる。アナルの場合、両親が彼を寝かせるとき、カセットで静かに音楽をかけていたという。が、その子守唄がドイツの Modern Talking などの当時流行っていたポップスだった。「そのおかげで耳がよくなったんじゃないかな」そう言って彼は屈託のない笑顔を見せた。こうした素朴とイルの同居は、モンゴルのアーティストたちの魅力のひとつだ。

八〇年代初頭に話を戻すと、ソヨンボというグループや、G・アルタンホヤグ、Z・ハンガル、S・ブッテドといったエスラード歌手が登場した（Marsh 1999:10–14）が、いずれも人民革命党のお墨付きで歌う、上から与えられたポップスであることには変わりはなかった。そして劇場や「クラブ」といった公共空間において、政府や党の許可なしに自主結成されたバンドや歌手が演奏することは不可能であった。こうした状況は、ソ連におけるペレストロイカを契機に民主化運動が高まる八〇年代後半まで続くこととなる。

サブカルチャーとしての「オルツの歌」

しかし社会主義期のモンゴルにおいて、政府や党の監督下にないサブカルチャーが全く存在しなかったわけではない。首都ウランバートルの中心地には、日本の団地のような集合住宅や高層アパート群が立ち並んでいる。これらの集合住宅の一階の共用玄関口のことをモンゴル語で「オルツ（*orts*）」という。入り口という意味だ。オルツは、アパートの住民が出入りするが、党の許可なしで自由に音楽を奏でることができる唯一の公共空間だった。そこは公的空間が監視下にあった社会主義時代において、唯一、自由な〝ストリート的空間〟であったといっていい。そんなオルツでモンゴル初のサブカルチャーは産声を上げることになる。

モンゴルのアパートのオルツは狭く、裸電球一個で照らされるだけの薄暗い空間である。私がウランバートルで暮らしていた九〇年代後期、オルツといえば小便くさい空間だった。それは「家の中」で用を足すことに慣れていなかった草原のゲルから引っ越してきて間もない家庭の子供の仕業か。近代的なアパート暮らしをうらやむゲル地区の子供たちの仕業か。理由はいろいろあったようだ。

おそらく八〇年代のモンゴルの高層アパートは、もっとこぎれいな空間であったに違いない。日本の団地と異なり、党のエリートなど比較的裕福な人々が暮らす空間だったからだ。いずれにせよ八〇年代頃より、このオルツのあたりに腰をかけギターを弾き語りする若者たちが出てきた。彼らのつくる歌は「オルツの歌(*ortsyn duu*)」と呼ばれ、作詞・作曲者の名がわからない、詠み人知らずの歌として人口に膾炙していった。このオルツの歌が国家の統制を免れた最初のポピュラー音楽であるといってよい。

中でも「ラシャーント町一八番地 (Rashaantyn arvan naim)」という曲[27]は非常に有名だ。ラシャーント町とは、ゲル地区の中でも当時、一番の辺縁に位置した町の地名である。日本の七〇年代フォークを彷彿とさせる切ないメロディー。そこで歌われているのは、ゲル地区の少年が裕福な家の娘に抱いた恋心、そして失恋の物語である。何よりもこの歌は、平等な社会を標榜した社会主義の裏で生じたリアルな格差を映し出している。

---

26 ヒップホップの曲《トラック》を作るアーティストのこと。
27 民主化のロックスター、ツォグトサイハンが歌ったバージョンが Youtube にアップロードされている。

心の底から真実の愛を　裕福な家庭の女の子に捧げた
真白で純朴な気持ちで　彼女を家に招いたんだ
あぁ　僕の住所はラシャーント町一八番地
あぁ　僕の住所はラシャーント町一八番地
かなり低い座り机の上に置かれた食べ物は
僕を育ててくれたボールツォグ[28]だった
それと硬いんだけどおいしいアーロール[29]
大事に　大事にとっておいたとっておきを君にあげたんだ
小学校に入ったばかりの弟／妹は、四〇リットル入りのバケツで水を運んでくれた
何よりも悪行《ヌゲル》を恐れるばあちゃんが、石炭背負って夜中に帰ってきてくれた
あぁ　僕の住所はラシャーント町一八番地
あぁ　僕の住所はラシャーント町一八番地
今はもう君は僕を無視するようになった
他の男子のことが好きになったね
かわいいその瞳のまなざしを
あわれな僕に向けやしなくなった
あぁ　僕の住所はラシャーント町一八番地
あぁ　僕の住所はラシャーント町一八番地

この歌では、そのゲル地区の少年が好きになった裕福な家の女の子——おそらく都市の中心部の高層アパートに住む党幹部の娘——を自宅に招いたときのエピソードが歌われている。しかし少し意味がわかりづらい点がある。なぜラシャーント町なのか。祖母が夜中に帰ってくる理由は？　そもそも少年はなぜ振られてしまったのか。

歌に隠された意味

実はこの歌詞では、人民革命党の検閲を恐れてたくみに直接的な表現を避けながら、聴く人が聴けばわかる裏のメッセージが込められている。ロラン・バルトの言葉を借りるならば、オルツの歌は、デノテーション（明示的な意味）とコノテーション（潜在的な意味）の二重構造から成り立っているといえる（バルト 1967）。モンゴルの口承文芸を専門とする藤井真湖（麻湖）は、バルトに依拠しながら「スーホーの白い馬」の話には、殿様と少年が女性を奪い合うという「裏の意味」が隠されていたことを明るみにする（藤井 2003）。こうした隠れた構造とまではいわないが、歌詞に登場するそれぞれの言葉には、コンテキストが内蔵されている。いわゆる言語学者パースがいう「指標性」を持つ語だといってもよい（パース 1986）。ここでは、こうしたア

28　モンゴルの伝統的な固いドーナツ。遊牧民が朝食用につくる。

29　遊牧民がつくるモンゴルの乳製品。あえて訳するならば凝固ヨーグルトとでも言おうか。非常に硬くて酸味が強いことから、都市の子どもたちの中には苦手とする子も少なくない。二〇二〇年、日本で「ハードヨーグルト」や「ヨーグルトスティック」の名前でペットフードとして売り出されモンゴル人たちから不評を買った。アーロールはモンゴル国内でも周縁化された食品だとはいえ、他国の伝統食をペットの餌にするのは倫理的に問題がある。

イデアを手掛かりにモンゴルの社会コンテキストを補うことで、明示的な歌詞の裏側にある潜在的な意味を読み取ってみよう。

まず少年の暮らすラシャーント町は、当時ゲル地区の中でも最北端に位置した地域だ。北へ向かう都市バスの終点ドローン・ボーダルの手前である。当時、そこより先は草原と森というウランバートルの最果ての集落、それがラシャーントだった。おそらく少年の家はゲルつまり遊牧民の天幕だったことであろう。一方、ウランバートルの中心部にある高層アパート群は、人民革命党員のエリートたちが住む地域である。社会主義は住宅を市民に供給していたが、党員が優先され一般の市民は長い順番を待たないと中々、高層アパートに入れなかったのである。社会主義国では、戸建て住宅はほとんどなく、高層アパートで洋風の暮らしをしていることが「文化的」であり、それが社会主義エリートたちのステイタスだった。

次に「低い座り机」は、彼の家がテーブルや椅子を使わず床に座って暮らしていることを意味している。これに対して高層アパートに暮らすエリートたちはヨーロッパ風のテーブルに椅子を使っている。座り机は遅れた「文化的でない」暮らしのシンボルである。なぜなら社会主義時代ソ連のロシア人たちによって「アジア人の地べたに座る習慣は文化的ではない」とされ、椅子の使用が推奨されたからだ。一方、遊牧民のゲルでは床で胡坐をかくのが普通だった。女性は片膝を立てて座る。ちなみにゲルの中で現在、見られる小さな木の座り椅子は、社会主義時代に導入されたものである。座り椅子には民族模様が描かれているが、実は社会主義的「近代化」の産物である。

また少年が女の子のために用意したボールツォグもアーロールも遊牧民の日常食である。とくに酸味の強いアーロールは遊牧民にとって大好物だが、この味を好まない町の子たちは少なくない。切ないのは、弟か妹がガールフレンドを迎える兄のために水汲みに行ってくれたことだ。ゲル地区には当時も今も水道が通っていない。公共の井戸まで台車を使ったであろうが八歳の子供が四〇リットルの水を運ぶわけである。

そして極めつけは少年の祖母である。この歌の舞台はおそらく冬である。孫のガールフレンドの暮らす高層アパートは、セントラルヒーティング完備で真冬でもTシャツ一枚で過ごせる。その娘を寒い思いをさせないように、そして可愛い孫に恥を欠かせないようにと、この老婆は当時貴重だった石炭――ゲルのストーブの燃料――を盗むために深夜に出かけたのである。「悪行《ヌゲル》」というのは、いわゆる仏教が禁じた十悪（十の罪悪）のことである。当然、「偸盗」つまり盗みもその一つに入る。敬虔な仏教徒である祖母が孫のために無理をしたことが暗に歌われている。

それでも最終的に少年は振られてしまう。とまれ、この歌詞には、人民革命党が隠したがった「身分の差」の現実が裏のメッセージとして畳み込まれていたのだった。そしてこのような歌が高層アパートの共用玄関で歌われるということ。それは社会主義時代のエリートたちに対する密かな抵抗をも意味したのかもしれない。オルツの歌は、社会主義期のサブカルチャー（下位文化）だったのである。

このような「オルツの歌」は、恋愛をテーマにした歌が多いことで知られている。例えば、「真心（Chiinen）」では、激しい恋愛感情が歌われている。「**黒い瞳、玉髄のように白い歯、かわいい性格、子供のような振る舞い、すべてが好きだ、好きだ、好きだ、君が好きだ**」と「好きだ（*khairtai*）」を連呼する歌詞は、恋愛を歌うポップスを「西側の退廃文化」だと教えられてきた当時のモンゴルの人々には衝撃的だったようだ。やがて民主化以降、これらの歌はプロのミュージシャンたちによって〝カバー〟されるようになる。

「ラシャーント町一八番地」も二〇一九年、〝モンゴルでの2Pacの親戚〟を名乗るPacrapによってラップとremixする形でカバーされている。[30] この曲で歌われた恋愛の格差は、現代でも若者たちを悩ます問題だ。むしろ貧富の格差は、社会主義時代より圧倒的に広がっているといってよい。現代のラッパーPacrapは、原曲をサンプリングしながら、振られた少年の嘆きに対して、ラップで応答していく。

「若いPacmanがおまえを励ましにやってきた／耳を通じて頭に届く詩をもってきたぞ／つらく厳しいことがいっぱいあるだろう／でも腐ることはない／俺たちにだって素晴らしい日々がいつかやってくる」

いわば未来からの返歌だ。しかしこの曲がYouTubeで一三三万回も再生されるほど（二〇二〇年一一月時点）、今も支持されていることは、それだけゲル地区をめぐる状況が厳しいことを意味している。ともかく社会主義時代後半において、劇場やクラブといった公共空間から締め出されている若者たちにとっての「ストリート」は、高層アパートの共用玄関口にあったのだった。

崩壊する社会主義

一九八九年一二月一〇日。ベルリンの壁が崩壊し、東欧諸国の社会主義政権が次々と倒れていた頃のことである。モンゴル人民共和国（現モンゴル国）の首都ウランバートルの青年文化会館前の広場でマイクを手にした数人の若者が二〇〇名ほどの聴衆を相手に集会を始めようとしていた。この日は、ちょうど国連が採択した世界人権デーであった。

晴れ渡った寒空の下、若者たちは官僚支配の打倒と民主化を要求すると同時に高らかにモンゴル民主同盟の結成を宣言した。この民主化運動は瞬く間に多くの市民を巻き込み、翌年一月には同市のヤラルト広場を七千人の群衆で、三月には政府庁舎前のスフバートル広場を数万人の群衆で埋め尽くすまでに発展した。

事態を重く見たJ・バトムンフ人民革命党書記長は、自身の辞任と党中央委政治局員の総辞職を発表するに至った。モンゴルにおける社会主義の崩壊と民主化の始まりである。この民主化運動のうねりの中で、象徴的な役割を演じたのがポピュラー音楽だった。当時催された民主化要求集会の中でロック・バンド「ホンホ（鐘）」は、「鐘の音（khonkhny duu）」という曲で民衆に目覚めることを訴えたのだった。当時のモンゴルのロックはフォークのような素朴な音楽だ。ここでいう鐘の音とは民主化運動、悪夢とは一党独裁を意味する。

昨日悪夢を見た　長い手（ＫＧＢ）が僕を苦しめた
言葉はさえぎられ　目はふさがれた
その時幸運にも　鐘が鳴った
長い悪夢から　目が覚めた
鐘の音よ　僕らを悪夢から覚ましておくれ
鐘の音よ　僕らを悪夢から覚ましておくれ（田中克彦訳）

また「お赦しを（Örshöö）」という曲ではチンギス・ハーンについて「社会主義時代に記念すべき御名を歌にもできず、お呼びしたかった御名を口に出すことすら恐れてきた。哀れな我らを許したまえ」と歌い、市民から熱狂的に支持された。不思議な組み合わせではあるが、ロックとチンギス・ハーンは、モンゴルにとって民主化運動であると同時にソ連の軛から離れる「民族復興運動」とも観念されていたからである（島村 2017:36）。

一九九〇年七月に自由選挙が行われ、複数政党制が敷かれることとなった。また一九九二年の二月には新しい憲法が施行され、モンゴル人民共和国は「モンゴル国」へと国名を変更し、再出発することとなった。

30　Pacrap - Rashaantiin 18（Official Music Video）　https://youtu.be/3UBUa_F5lEo

ところが一旦、社会主義が崩壊すると、「民主化」「市場経済」という標語の下にモンゴルでは社会主義時代に築き上げてきたものを極端に否定する方向へと走った。国営農場（ソフホーズ）や集団農場（コルホーズ）といった社会システムは解体の道をたどり、人々は社会的な紐帯を一挙に喪失した。モンゴルにおいては、「ショック療法政策」と呼ばれた急激な民営化政策が実施され、多くの失業者や貧困を生み出すこととなった（cf. 松田 1996; 小長谷 1997、2002; ロッサビ 2007 など）。

市場経済への移行といっても、「市場経済」の何たるかを国民のほとんどがわかっていなかった。とりあえずは社会主義時代の社会システムを解体することだと「民主化」「市場経済化」は理解されていたようである。ソ連のコルホーズ（集団農場）に相当するネグデルや同じくソフホーズ（国営農場）に対応するサンギーン・アジ・アホイは、解体され、家畜や農地は私有化された。また、国営企業は次々と民営化されていったが、国際競争力を失った都市の工場は次々と閉鎖され、農場は荒地へと変化した。

移行期の混沌を生きる

こうして「牧畜化」「農業化」「工業化」という三つの産業革命がふりだしに戻っていったのである。モンゴルにおけるポスト社会主義時代とは、社会主義時代に築き上げてきたものがいともたやすく否定され、次々と跡形もなく消えていく時代でもあった。

一九八九年の年間GDP成長率は四・二パーセントであったが、民主化運動が始まった翌年の一九九〇年にはマイナス二・五パーセントとマイナス成長に転じ、さらに一九九一年、一九九二年においてはそれぞれマイナス九・二パーセント、マイナス九・五パーセントと大幅なマイナス成長を記録した。その後、一九九四年のプラス成長への転換までの四年間、経済は悪化を続けた。GDP水準（一九九三年価格）は一九九〇年の二〇八六億トゥグルクから一九九三年には一六六二億トゥグルクへ一九九〇年の約八〇パーセントの水準へと低下した。

小長谷は、社会主義時代に首都ウランバートルにおいて、大脳生理学や生化学の若き研究者として期待されていたにもかかわらず、中国から生活必需品を「豚」と呼ばれたバッグに詰めて輸入する「担ぎ屋」にならざるを得なかった二人の女性の人生を紹介している。彼女たちはポスト社会主義の混乱を生きぬくために学問を捨てざるを得なかった（小長谷 1997:154-159）。

ある元陸軍中佐の男性は、社会主義崩壊後によるドラマチックな生活の変化を語ってくれた。そもそも社会主義国では、軍人は高給取りの「赤い貴族」であった。地方に住む親戚たちに冷蔵庫をプレゼントしていたほど、かつての彼の生活は豊かであったという。しかし社会主義の崩壊によって、彼とその家族の暮らしは一変する。急激なインフレで軍の給料は紙くず同然となる。そこで早期退職をし車の修理工として生計を立てるようになった。しかしそれだけでは生活できない。若い高校生の娘に市場でのボーズ（モンゴル風蒸し餃子）やバスの乗車券の売り子をさせなければならないほど生活は厳しくなった（島村 2011:59-60）。

その高校生の娘は、民主化以前はピオネール連盟のダルハン市（モンゴル第二の都市）の支部長であった。ピオネールは、英語の「パイオニア」に相当するロシア語で、社会主義国のボーイ・スカウト／ガール・スカウト組織のことである。ただし単なるボーイ・スカウトやガール・スカウトと異なるのは、彼らが人民革命党員の幹部候補生であるという点である。ところが、社会主義が崩壊しピオネールの活動も停止する。周りの大人たちからは、自分の信じていたものがすべて間違っていたのだと教えられるようになった。彼女は社会主義崩壊の当時を振り返って、苦しい生活の中、すべてが信じられなくなって自殺未遂したのだという。ちなみに彼女をそのアイデンティティの危機から救ってくれたのは、民主化以降、あるイギリス人牧師によってもたらされたキリスト教（プロテスタントの福音派）であった（島村 2011:60）。

つまり大学教授や軍の司令官レベルの「エリート」でも日々の糧を得るためにありとあらゆる商売に走った時代だった。ちなみにキリスト教はポスト社会主義の社会不安の下、瞬く間に信者を増やしていった。宗教学者の滝澤克彦によると、二〇一〇年頃の時点でモンゴルの人口の三パーセントがキリスト教福音派となっていた（滝澤 2015:6）。

社会混乱と生きることの困難さは、地方の遊牧民たちも同様であった。都市からの流通機能が停止し、一時期は自給自足生活に陥った。日常生活用品、洋服、靴、小麦粉、といった都市を通して供給されるものがストップした。流通機能の麻痺は、首都よりも地方の方が悲惨だった。首都ウランバートルにはさまざまな海外からの援助が届く。しかし海外からの援助が行われても、広い国土に分散して居住する地方の遊牧民たちに援助物資が隅々まで行き渡るということはない。

また失業者の増加とそれに伴う貧困層の拡大が大きな問題となっていった。国営企業の改革／閉鎖、穀物生産に係る雇用の減少、社会セクターの改革、公務員数の削減、などの要因により、公式失業者数は一九九六年の五万五四〇〇人から一九九七年には六万三六九〇人へと増加している。実状はさらにひどく、一二〇万人の労働者人口のうち二〇万～三〇万人（一七～二五パーセント）が失業者だったと言われている（外務省ODA評価報告書 1999）。モンゴルにとってポスト社会主義時代とは、体制移行による混沌と混乱の時代であった。

ビートメーカーのアナル・ビーツは、当時を振り返ってこう語った。「僕らが子どもの頃は、食料品の配給券を持って長蛇の列を並んだり、パンに砂糖をふりかけただけの食事が続いたりという苦労はあった。でもアメリカの黒人の方がきつかったと思うよ。人種差別を受けて奴隷のように扱われ、生きるために麻薬の売人をして捕まるし自分たちも麻薬から抜けられなくなるし。それに比べると、モンゴルは失業にあふれ、皆が闇市場で商売に走った程度のことだよ」

ともあれ国家レベルで社会システムが機能不全に陥ったとき、現実にこの時代に生きる人々にとって、生きることとそれ自体が葛藤そのものであった。今まで信じてきた価値観は転倒し、今まで職業として成立してきた職業で生活ができなくなった時代。そんな時代に平行して西側のポピュラー音楽はモンゴルへ流れこんできたのである。

テレビとラジオと闇市場

社会主義時代のエストラード音楽では、国家によって許可された楽曲のみ指定されたグループによって歌われていた。しかし民主化運動から社会主義崩壊に至る一九九〇年を前後する頃になると、モンゴルのエストラード音楽の世界にロック、ポップス、ヒップホップといった「西側の音楽」が、テレビやラジオ、市場といった場所を通して流入してきた。

社会主義時代、モンゴルの人々にとってテレビといえば、ロシア国営放送とモンゴル国営放送の二チャンネルしか選択肢がなかった。ところが人々の語るところによると、民主化運動が始まった八九年、急にチャンネルが九つに増えた。その中にＭＴＶやChannel Bがあった。当時の音楽好きの若者たちは、そこで流れる欧米の音楽に飛びついた。この九チャンネルは九一年にはいったん、二チャンネルに戻ってしまう。社会主義末期の混乱期がなせる業《わざ》だったのかもしれない。

一九九五年、テレビは一気に多チャンネル化する。それまで地上波の放送局は、国営のモンゴルテレビのみだったが民営化され、モンゴル初の民間テレビ局のMN25やアメリカのキリスト教団体が出資したイーグル・テレビが開局した。さらに日本の援助によってパラボラアンテナがウランバートル郊外のオルビット地区に作られ、衛星受信した番組を放送する民営のケーブルテレビ局が出来たのである。このケーブルテレビと契約すれば、数十チャンネルもの番組が見られる。その多くは欧米や香港、日本や韓国といった外国のチャンネルだった。95年頃といえば、ボーイバンドブームの全盛期だった。バックストリートボーイズやボーイズIIメンといった外国のグループにあやかって、モンゴルでもボーイバンドが結成された。カメルトン（*Kamerton*）やスンス（*Süns*、魂の意）、サルヒ（*Salkhi*、風の意）などである。

またFMラジオ102.5が開設されたのもこの時期だった。これを皮切りにFM局もFM107、109、104とその数を増やしていった（Bira and Tsedev 1999:355）。FM局には、録音スタジオがある。FMの増加にともない、音楽に関心のある若者たちは、ラジオ局の担当者に私的な使用料（つまり賄賂）を支払ってスタジオの空き時間に曲を録音しはじめたのである。というわけでモンゴルでは、FM局の増加と正比例するかのようにロックやポップスのバンドが増えていった。しかしそこにヒップホップ・グループは含まれていなかった。なぜならスポンサーがついているか、裕福な家庭の子女でないと、FM局に高額なスタジオ使用料が払えなかったからである。

民主化が始まる八〇年代末から露店市場《ザハ》では、ロシアや東欧から持ち込まれたカセットやビデオテープが売られはじめた。人気があったのはアメリカのポップスよりもスイスのDJ BOBOやイギリスのEast 17、スウェーデンのAce of Base、ベルギーの2 Unlimitedといったユーロダンス系のアーティストの音楽だった。

あるインフォーマントに、九〇年代初頭、アメリカの音楽よりヨーロッパの音楽がモンゴルで流行っていた理由を尋ねると彼は「ヨーロッパは近いからね。車でカセット買いに行けるし。でもアメリカは遠いよ。さすがに海は渡れないわ」と語った。この男の意味不明な距離感覚はさておき、事実、ロシアや東欧に留学していたモンゴル人学生たちは、ワルシャワやベルリンでカセットを大量に購入し、車でユーラシアを横断しロシア経由でモンゴルに持ち込み売りさばいていた。これに対して当時のモンゴル人でアメリカに行った者はほとんどいなかった。国交こそあったものの、モンゴルとアメリカの間に留学やビジネスといった民間の交流がほとんどなかったからである。

それでも前出のDJ OGによると、九二年には市場でアメリカのヒップホップのPVが入ったビデオカセットが売られ始めたという。「MCハマー、ヴァニラ・アイスといったコマーシャルなラップばかりだったけどね」と言ってから日本人の私への気遣いからか、「だから日本に留学していた兄が九四年、N.W.A.やDR.DreのCDを東京から買って帰ってきてくれたのはホント、うれしかったよ」と微笑みながら付け加えた。

ユーロダンス系のラッパー

このような欧米の音楽の流入に呼応する形で、モンゴルにおいてもロック・バンドが結成されるようになった。一九八九年には、モンゴル最初のハードロック・バンド「ハランガ」が結成された。モンゴルで最初にラップをしたのは、一九九二年に結成されたラップデュオ、ハル・サルナイ（Khar sarnai、英語名 Black Rose）である。シンセサイザーの打ち込みによるユーロダンス系の音楽に合わせて激しく踊りながら、「創り滅す（Büteene Sönöönö）」という曲では「俺たちはすべてを創る／すべてを滅ぼす」と絶叫するようにラップする。ファッションはナチスのSSのような軍服にサングラス。空手の四股立ちのようなポーズ。殴ったり蹴ったりといった喧嘩のパントマイムのようなダンス。曲もダンスも明らかにヒップホップではなかったが、一九九五年当時のモンゴルの少年少女たちは、この〝新しいスタイル〟に飛びついた。彼らは自らの音楽をレップ（*Rep*）と呼んだ。だが、やがてヒップホップの時代がやってくると、彼らの音楽はヒップホップではなくて「テクノ・ラップ（*Tekno-rep*）」と呼ばれるようになる。

またダンスグループから発展して一九九二年にラップをするようになったハル・タス（khar tas、英語名 Black Eagle）というグループもあった。彼らの音楽はテクノ系ではなく、音楽的にはヒップホップだったが「曇り空（Bürkheg tenger）」というヒット曲を一曲出して姿を消した。ハル・サルナイ、ハル・タスに共通しているのは、二組とも社会主義時代の党エリート、すなわち「上流階級」の子女だったことだ。ハル・サルナイのリーダー、アムラー（本名 S. Amarmandakh、一九七〇〜）は、社会主義時代の民族舞踊の一大権威である舞踏家S・スフバートルの息子であったし、ハル・タスのリーダー、マルカ（本名 A. Badnaarag、一九七六〜）も父親が著名な作曲家だった。彼らは社会主義時代の親のコネクションがあったからこそ、テレビやラジオに取り上げられやすかった。一方、MCIT エンフタイワンや BIG Gee のようなゲル地区出身の本格的なラッパーたちが活躍し始めるのは、それよりだいぶ後のことだ。

ディスコ、クラブとDJの誕生

ところでヒップホップの「現場」といえば、ストリートとクラブだろう。本来、ストリート性の強い音楽であるヒップホップにこの二つの空間は欠かせない。特にストリートでは、円状に人が自由に集まってラップやブレイクダンスの技能を競う。サイファーである。

ところがモンゴルは、サイファーのようなストリート文化が発達してこなかった。夏を過ぎると夜は氷点下、真冬はマイナス三〇度以下になり街路は凍結する。アパートの共用玄関「オルツ」は、ストリートに比べれば暖かいが、ダンスやラップのバトルをするには狭すぎる。

となるとモンゴルにおけるロックやヒップホップの現場は、ストリートではなく空間的に閉鎖された建物にならざるを得なかった。つまりディスコ（*Disco*）あるいは最近ではクラブ（モンゴル語ではロシア語風にクルーブ *klub* と発音する）と呼ばれる場所である（島村 2009）。ちなみに寒冷地という気候は、後に二〇一〇年代、スマホを使ったウェブ上のフリースタイル・バトルという文化を生み出した。ちなみに九〇年代当時のモンゴルでは、ディスコとクラブというものの違いはほとんど認識されていなかった。

モンゴルの初期のディスコは、社会主義末期、社会が混乱する中、機能しなくなった社会主義の諸施設（例えばビスタフカ（国際見本市会館）やヤラルト映画館、そして青年文化会館）のホールにオーディオ・コンポを持ってきて音楽をかけて、踊りはじめたというのが始まりである。特にビスタフカには数千人が集まって踊るほど賑わっていたという。

そんな中、ダンスの得意な少年たちによっていくつかのダンスグループが組織された。前述のハル・タスやハル・サルナイもそういったグループの一つだった。「当時、裕福な家庭の子供、つまり党幹部の子女（*darga naryn khüükhdüüd*）は海外の情報に通じていたので、ダンスもうまかったんだ」ハル・タスのリーダー、マルカは誇らしげに語る。ワイルドスタイル@ウランバートルは、人民革命党エリートの子女たちによって始められた「エリートスタイル」だった。

その後、モンゴルで初めてミラーボールやダンスフロアを具えた本格的なディスコが誕生したのは、一九九四年である。その名もハリウッド。このディスコは、青年文化会館の二階を改装してオープンしたものだった。ハリウッド（モンゴル人たちはロシア語風にガリウッドと呼んだ）は、ジェンコ社がシンガポールから機材を輸入してつくったディスコでもあった（内田 1997:142）。ちなみにジェンコ社の社長は、後に大統領にまで上り詰める。モンゴル国第五代大統領Ｋｈ・バットルガその人である。

セルベ川岸に位置する青年文化会館は、白い壁面塗装が所々剥げており、廃墟感が漂っていた。しかし中に入ると煌びやかなミラーボールを備えたホールが広がっている。そして音楽はといえば、Coolio に TLC、DJ BoBo や N-Trance に Spice Girls などなど。当時の最新の欧米の流行曲がかかっているし、シンガポールのタイガービールやペプシコーラだって飲める。「ガリウッド」は当時のモンゴルの若者たちを虜にした。何よりも青年文化会館は、民主化運動のとき、ロック・バンド、ホンホが「鐘の音」を歌った象徴的な場所だった。

その後、一九九五年になるとブームにのって次々とディスコがオープンした。ただしこれらのディスコは、ターンテーブルを装備していない、あってもプロのＤＪがいないことが多かったので、ミックス操作やスクラッチングなしで曲をただそのまま順番に流していた。

そんな中、一九九六年、初めて本格的にＤＪが皿を回すクラブが誕生した。社会主義時代の文化会館であるレーニンクラブの中に開業したモトロックは、その名のとおりバイクをモチーフにしたクラブだった。何よりも、シンガポールのプロＤＪが皿を回していることが話題になり若者たちの人気を集めた。ただし機材はＣＤターンテーブルを使用していた。つまりモンゴルのクラブＤＪ文化は、レコードのターンテーブルの時代を経ずに、ＣＤターンテーブルを回すことから始まったのだった。

シンガポールから来たDJ Markは、髪型はソバージュの肉付きのいい華僑の若者だった。その雰囲気は、今思い返すと日本のラッパーR-指定に似ていなくもない。そんなDJ Markがマイクを握っては堪能な英語で客をあおり、ターンテーブルで華麗なスクラッチングを披露する姿にモンゴルの少年少女たちは魅せられた。あっという間にモトロックはウランバートルで人気ナンバーワンのクラブとなっていった。そのDJ MarkにクラブＤＪの仕事を学び、モンゴル初のクラブＤＪとなったのがガンボルド青年、後のDJ OGである。

二〇一九年夏。インタビューに現れたDJ OGは黒縁に薄いグレーのレンズのサングラスが似合うおしゃれな男だった。彼は社会主義崩壊後の九四年に高校を卒業した。モンゴルの大学に入ったものの、満足できず一年で辞めてアメリカ・ハワイに留学する。留学先のハワイでは、ナイトクラブに通いつめた。そのときはじめてＤＪという仕事の存在を知ったのだという。黒人のＤＪたちが皿を回しているのを見て、最高だなと思った。音楽をかけて人を踊らせて楽しませる姿が魅力的だったのだという。そして九七年、大学を中退して帰国すると、モトロックに入りDJ Markに師事したのだった。彼は英語を話せたので、シンガポール人のDJ Markとコミュニケーションをとるのに苦労はしなかった。こうしてモトロック、マンハッタンと次々とオープンしたクラブでＤＪとして活躍するようになる。この時期、ユーロダンス系だけでなく、2PacやNotorius BIGがモンゴルのクラブでも流れ始めていた。

もう一つ重要なのは、一九九七年、一地区にモンゴル初のヒップホップ系の大型クラブができたことである。その名もTOP10。名はともかく、支配人のバットボルドは欧州帰りの男で、ヒップホップが何たるかをよく理解していた。またカナダからプロのクラブＤＪを呼びヒップホップをかけさせていた。ちなみにMCIT エンフタイワンが主催したヒップホップイベント「トゥーパック・シャクールの日」が行われたのも、ヒップホップ・グループ、Lumino の初ライブが行われたのもここ、TOP10だった。

ともかくモトロックの成功以降、ディスコやクラブの数は雨後の筍のように数を増やし続けた。二〇〇七年当時、モンゴル国内のディスコやクラブの数は九〇〇以上になったと報道されていた。ちなみにこの数は、かつて社会主義化以前のチベット仏教寺院の数に匹敵する。

九〇年代のディスコは、たいてい高層アパートが立ち並ぶ住宅街の中にある、古く塗装が所々に剥げた二

〜三階建ての建物だった。それはもともと、社会主義時に各地区に設置された「文化クラブ」（日本の公民館に相当する）の内装だけを改装してディスコにしていたからだ。かつて文化クラブでは、社交ダンスのレッスンや詩の朗誦といった文化活動が行われていた。また九〇年代のモンゴルでは、クラブは音楽のジャンルでの細分化をされておらず、基本的にどこのクラブに行っても欧米のヒットチャートの上位の曲が流れていた。

そういうこともあってか、九〇年代のモンゴルでは、中高年たちが同窓会や会社の忘年会などでディスコやクラブによく集まった。そこでは、ミラーボールが燦然と輝くフロアでユーロダンスの曲に合わせて、恰幅のいい中高年の男女が社交ダンスを踊るというシュールな光景も見受けられた。かれらにとってディスコとは、社会主義時代の「文化クラブ」が内装をリフォームして営業しているに過ぎなかったのである。ちなみに当時のモンゴルのディスコやバーは、住宅地に分散しているので、繁華街というものが存在していなかった。ちょうど住宅地の中の公民館がある日突然、ディスコへと変貌していったと思えばわかりやすい。

ともあれウランバートルの市街のいたるところにディスコやクラブはつくられていく。事実、二〇〇二年、モンゴルで暮らしていたロサンゼルス出身のアメリカ人ジャーナリスト、マイケル・コーン[31]は、「ウランバートルは、ロスよりずっとディスコやクラブが多い」と驚いていた。

このようなディスコやクラブでモンゴル初のヒップホップのイベントが開かれたのは、九七年の冬のことだ。クラブ・マンハッタンで開かれた「ヒップホップ・R&Bショー」である。舞台でラップを披露したのは、ダイン・バ・エンヘ（戦争と平和）、Lumino、エルフ・チョロー（自由）というモンゴルのヒップホップ黎明期の三グループだった。しかし観客の反応は思わしくなかった。彼らは社会問題を扱ったラップを披露したが、観客からは「やめろ！」といった罵声を浴びせられてしまう。まだヒップホップは当時のオーディエンスには理解されなかったのだ、とDJ OGは振り返る。とはいえモンゴルにヒップホップの時代の到来を宣言したのが、このショーだった。

そんな黎明期のラッパーたちは、どのようにして活動を開始していったのだろうか。そこにはジェイソンという黒人の師匠もいた。次章ではモンゴル・ヒップホップの黎明期を支えたダイン・バ・エンヘ、Luminoといったモンゴル・ヒップホップの第一世代と呼ばれるグループに焦点を当て、ラップを聴きながら彼らが生きてきた軌跡を追いかけてみよう。

31 マイケル・コーン（Michael Kohn）は、後に *LONELY PLANET Mongolia* の著者として知られるようになる。

第二章　群像

第一世代ラッパーたちの葛藤

ゲル地区から見た都心。ウランバートル市、2010 年 3 月著者撮影。

イントロ

文化の創生には、幾ばくか謎めいた話がつきものだ。神話や伝承の世界では、別世界からやってきた異人が人間に文化をもたらす類《たぐい》の話も少なくない。例えば、人間に火の使い方を教えたギリシャ神話のプロメテウス。古代メソアメリカで人間に農耕を教えた羽毛を持つ蛇神ケツァルコアトル。こうした異人たちは、神話学では「文化英雄」と呼ばれる。「文化英雄譚」は世界中に遍在する物語だ。

そんな異人が来訪する文化英雄譚が、モンゴルのヒップホップの「創世神話」として語り継がれている。それは、一九九〇年代の中ごろジェイソン・ガリバーという名の黒人がモンゴルのヒップホップのオリジネーターたちにヒップホップを教えたという「伝説」だ。ジェイソンは謎の人物だ。ヒップホップを教わったモンゴル人たちも彼が一体誰なのか、現在どこに住んで何をしているのか、誰も特定できていない。国籍もポルトガル人だとか、イギリス人だとか、ヒップホップ好きの間ではさまざまに語られる。もはや神話の世界である。

実際にジェイソン・ガリバーと付き合いがあったダイン・バ・エンへのリーダー、MCアーヴはこう語る。「ガリバーって昔話みたいだろ？　彼自身が自らにつけたあだ名なんだ。FMラジオのMCをしていたときの芸名だよ」という。また彼にラップを学んだという Lumino のラッパー、MCスキゾことアンハバータルは、「アムネスティ・インターナショナルから派遣されてモンゴル国立大学で英語を教えていたイギリス人」

だという。DJ OGは、「顔は浅黒く白人と黒人の混血（erlii）のようだったが、髪の毛はドレッドロックスだった。だから黒人の血は入っているんじゃないかな」と話す。

関係者の語りを総合すると、「ジェイソン」は、どうやらポルトガルやアフリカ系の血筋を引くイギリス人で、九〇年代半ばから後半にかけてモンゴル国立大学で英語教師をしていた人物のようだ。また彼はFMラジオでMCとしてヒップホップを紹介していた。ガリバーという名前はこの時、ラジオで使っていたものらしい。おそらくジェイソンは、世界の周縁にあってヒップホップを教える自身の姿が、まるで童話の巨人になったガリバーに重なって見えていたのだろう。そして大事なのは、モンゴル・ヒップホップの二大オリジネーターともいえるグループ、ダイン・バ・エンへとLuminoにラップミュージックの作り方を教えたことである。

Luminoに関しては、彼自身がモンゴルのラップ好きの少年たちと作ったグループだったが、うまくいかず解散したらしい。というわけで現在のLuminoは、実は二代目であるようだ。

興味深いことに、ジェイソンは二組のヒップホップ・グループに一組には音楽つまりトラック（ビート）の作り方を教え、もう一つのグループには、ラップのライムのやり方を教えたといわれている。前者はダイン・バ・エンへのMCITことエンフタイワンであり、後者はLuminoのメンバーたちだった。ジェイソンは、英語が苦手だが音楽の才能があったエンフタイワンにシンセサイザーによる打ち込みを教えた。そして九八年、彼が帰国するとき、エンフタイワンに彼が使っていたヤマハのシンセサイザーをプレゼントしたのだという。一方、英語が得意だったLuminoのMCスキゾことアンハバータルやQuizaことバトツェンゲルにライムの方法を伝授したのだという。ちなみにQuizaというMCネームをつけたのもジェイソンだった（MG Radio 2019）。

今となっては、真偽は不明だが、少なくともビートメイキングを伝授されたダイン・バ・エンへは、ライムを習わなかったのでモンゴル伝統の頭韻で韻を踏むようになったのだという。一方、Lumino は本場のラップの基礎である脚韻でライムするようになった一方で、トラックに民族色の強い音楽を使うようになった。

実は、ダイン・バ・エンへと Lumino の違いはもう一つあった。前者の多くは、ゲル地区出身の若者たちだった。一方、Lumino はウランバートルの中心の高層アパートに住む比較的裕福な家庭の少年たちだった。前者は社会批判を前面に押し出したラップをするようになる。これに対して後者はラブソングを中心とした「コマーシャルラップ」が得意になっていく。もちろん前者もラブソングを歌ったり、後者も社会批判の曲をつくったりもするが、どちらかというと前者は社会批判中心であり、後者は恋愛などが中心のリリックを歌う傾向が強いということに注意されたい。

実はこの二つのグループとその後輩たちによって、モンゴル・ヒップホップは事実上、二つの大きな系統に分かれていく。ここでは、ダイン・バ・エンへに始まる系統を「ゲル地区スクール」と呼んでおこう。このスクールは必ずしも皆ゲル地区に住んでいるわけではないが非エリート階級の出身である。例えば、ICE TOP や BIG Gee、ジェニー、Desant といったアーティストである。一方、Lumino に始まる流派を「都会派スクール」と呼んでおこう。こちらの系統に入るのが Quiza や TATAR というラッパーたちである。彼らはウランバートル中心部の高層アパートで暮らす比較的裕福な家庭の子女だ。ただし社会主義崩壊直後のモンゴルでは、そこまでリッチであったわけでもない。

いかんせん九〇年代中ごろといえば、大学教授や軍の佐官級（大佐や中佐など）でも一〇〇ドル程度の月給しかもらえなかった時代だ。ただ彼ら都会派の「エリート」がゲル地区の出身者より圧倒的に有利だったの

	出身	リリック	韻	グループ名
ゲル地区スクール	ゲル地区中心庶民	メッセージ性が強い・社会批判中心	伝統的な頭韻が中心	ダイン・バ・エンへ ホヨル・フー、ICE TOP Gee、Desant、Gennie
都会派スクール	高層アパート党幹部子女エリート	ラブソング中心	ライム（脚韻）	Lumino、Quiza、TATAR、Vanquish

モンゴル・ヒップホップの二大“スクール”（第一・第二世代）。

は、国内の人脈と海外へ連なるネットワークを持っていたということだ。その点は日本のロックやヒップホップの黎明期のアーティストたちの置かれていた状況と似ている。彼らにとって海外につながる人脈や情報は、大いなる文化資本だったわけである。

そもそもダイン・バ・エンへ、Lumino、エルフ・チョロー（自由）、Monta-rap の三グループはエンフタイワンの呼びかけで「征服者（baildan dagulagch）」という名のヒップホップ・クルーとしてまとまっていた（MCBEATZ 2011:15）。初期のラッパーたちにとっての敵はロックやポップスの連中だった。しかしこのクルーは数ヶ月で解体してしまう。次第にゲル地区スクールのラッパーたちと高層アパート・スクールのラッパーたちは、お互いにディスりあう（＝中傷しあう）関係へと発展していったのである。

もちろん「ゲル地区スクール」「都会派スクール」という名が実際にあるわけではないが、ゲル地区―高層アパートの住民たちの間で差別や軋轢があり、かれら自身もそれをはっきりと認識している。興味深いことにゲル地区に住む住民たちは、ウランバートルの高層アパートが立ち並ぶ中心部に行くことを「街へ行く（*khot orno*）」という言い方をすることだ。同じウランバートル市内でもゲル地区は「街」ではない、とかれら自身が思っている証左である。

二〇一〇年代後半に登場したラッパーのギンジンによると、かつてモンゴルのヒップホッパーたちの間で「白人（*tsagaan*）」「黒人（*khar*）」という呼び合う習慣があったのだという。ゲル地区出身のラッパーたちは、ギンジンのような高層アパートに住むラッパーたちを「白人」と呼んでいた。ギンジンたち高層アパートのラッパーたちは、「お前たちだって顔を洗えば白くなれるんだぜ」とディスったのだという。つまり、ゲル地区出身のラッパーたちは「黒人」なわけである（Ginjin 2019）。こう考えると、ゲル地区派と都会派という分類法はあながち現地の認識から乖離したものではないだろう。

ただし断っておきたいのは、どちらの〝スクール〟もナショナリズムの傾向が強いリリックを書くという点では共通しているという点である。またそれぞれが一枚岩でないことも断っておきたい。例えば、Quizaと TATAR は、互いをディスりあい、都会派の Vanqish の曲にゲル地区スクールの Gee や Desant が参加することもあった。

では、彼らはいかにしてラッパーとなっていったのか、まずはゲル地区スクールのオリジネーター、ダイン・バ・エンへと高層アパート・スクールの Lumino に焦点を当てて、彼らのライフストーリーや彼らがどんなラップを歌ってきたのか、耳をそばだててみよう。

露天市場《ザハ》での出会い

ダイン・バ・エンへというグループは闇市《ブラック・マーケット》で生まれたグループだ。メンバーたちは少年時代、社会主義崩壊後の混乱期に闇市での商売で食いつないだ連中である。闇市は、生き残るために欲望や怒りをさらけだしてもがく人間が集う場でもあった。

そのような場所で彼らは出逢い、ヒップホップを始めたのだった。

その闇市はゲル地区にあった。ウランバートルの中心から北へ行く道を進むと、なだらかな丘に沿って無秩序に広がるゲルや木造家屋の集落が見えてくる。そのゲル地区の中に巨大な露天の闇市場があった。デンジーン・ミャンガ（*Denjiin Myanga*）という。デンジーン・ミャンガとは「高台の千軒」を意味し、市場周辺の地名でもあった。その名のとおり、市場の周囲には、ひしめくように柵に囲まれたゲルや小屋が建っている。社会主義の統制が緩み始めた八〇年代後半からロシアや東欧、中国などに行って商売をする者がではじめた。もちろん違法だったが、その商品が集積され多くの露店が並び立ち、売られるようになったのがここだった。民主化以降、合法の「露天市場」となったが、その規模は拡大を続けた。

デンジーン・ミャンガの市場ではロシアや東欧、中国から持ち込まれたさまざまな食料品やタバコ、衣服や靴、食器や家具といった品々が積み上げられて売られている。羊や狼、狐といった動物の毛皮もある。中には欧米や日本などから送られてきた援助物資なども、援助物資のロゴが付けられたまま販売されている。こうした物資は「委員会の商品（*komissiin baraa*）」と名づけられ売りとばされるのが常だった。そしてヨーロッパから運んできた映画のビデオカセットや音楽ＣＤにカセットテープ。男も女も声を荒げて商品の名を連呼する。「タバコ買いな！　タバコ買いな！」「野菜買いな！　野菜買いな！　中国から入ってきた新鮮な野菜だよ！」

ギュウギュウ詰めの人ごみの間を縫うように、「ホイショー（道を開けろ）、ホイショー！」と叫びながら少年たちが台車で商品を運んでいく。台車が通り過ぎると、砂煙が舞う。あたりには酔っ払いも多く、喧嘩もそこらでしょっちゅう。そして横行するスリたち。うっかりしていると、カミソリでカバンを切られて気づかぬうちに財布ごととられてしまう。それがデンジーン・ミャンガの日常風景だ。

そもそもモンゴル語で市場のことをザハ（*zakh*）という。本来は「端」「縁」「はずれ」といった意味を持つ。デンジーン・ミャンガは、社会主義時代、闇市場だったので「ハル・ザハ」つまり黒い市場という異名をとった。デンジーン・ミャンガはウランバートルのはずれ、つまり都市と草原の境界に位置していた。都市と草原の境界にあって有象無象の者たちが集まり商売をする。山口昌男の言葉を借りるならば、まさに「空間に混沌が滲み出ているような場」であった(山口 2000:94)。

ただし市場は都市と草原の境界だけではない。グローバルとローカルの境界であり結節点でもあった。大草原が広がるさわやかなモンゴル高原にあって例外的に猥雑な場であると同時にグローバルな世界へと続く境界としての露天市場《ザハ》。

そこで二人の若者が出逢った。その名をトゥメンジャルガルとエンフタイワンという。後にモンゴル・ヒップホップのオリジネーターとして名を馳せるダイン・バ・エンへの中核メンバー MC Aav と MCIT の二人である。一九九六年の暮れのことであった。

MC Aav(以降、MCアーヴ)。本名T・トゥメンジャルガル(一九七七〜)。現在は小さな建設会社の社長を務めている。ダイン・バ・エンへの元リーダーと聞き、さぞかしいかつい風貌をしているに違いないと思っていたが、実際会うと人懐っこそうな笑顔が印象的な小柄な男だった。

社会主義末期の一九八五年八年生だったトゥメンジャルガルは、学校を辞めて兄に付き従い商売を始めた。一〇人兄弟の末っ子だった。末っ子とはいえ、大家族なので子どもも稼がないと食べていけない状況だったという。その商売の一貫で彼はデンジーン・ミャンガでカセットを売りはじめたのだった。そこにエンフタイワン、後の MCIT が現れた。Dr.Dre のカセットを見つけたエンフタイワンは、トゥメンジャルガルにこう話しかけた。「お前、このカセットをどこで手に入れたんだ? モンゴルでは手に入らない音楽だぞ」

「ロシアから来た商売人から手に入れたんだ。俺自身もこういう音楽が好きなんだ」と答えるトゥメンジャルガル。「じゃ、お前、これは知っているか」と別のカセットを見せるエンフタイワン。こうして二人は友人となり、カセットを交換する仲になっていったのだという。

そしていつの間にか、闇市場の中のヒップホップ好きな少年たちが集まってきた。翌年の九七年、闇市場仲間のエクセル、ホロン、パルチザンの三名を加えた五人でダイン・バ・エンへというグループ名でラップを始めることになったのだった。

MC Aavのアーヴとはモンゴル語で「父」を意味する。いわば「MCお父さん」である。その名の由来は、人懐っこく商才に長けたMCアーヴが、グループの衣装代やスタジオ使用料などを一手に引き受けていたことによる。グループのために金を工面する彼を「まるでお父さんみたいだな」とエンフタイワンが言ったことがきっかけで「MCアーヴ」というMCネームになったのだという。ただし、実質上のリーダーはエンフタイフンだったようだ。「一応、リーダーは俺ということになっていたが、実際、すべてを取り仕切っていたのは、MCIT（エンフタイワン）だったんだ。うちのグループの頭脳だ。本当に優秀なプロデューサーだったよ」MCアーヴは、当時をそう振り返る。

そのMCITは、もはやこの世にいない。二〇一二年一二月一四日、映画『モンゴリアン・ブリング』のモンゴル公開の直後に急死してしまったのである。今ではBIG Geeをはじめ、多くのラッパーたちからモンゴル・ヒップホップのオリジネーターとしてリスペクトされているMCIT。モンゴル初のビートメーカー、アナル・ビーツや同じくモンゴル初の女性ラッパー、ジェニー、そして韻踏み職人メヘ・ザハクイなどを見出した有能なプロデューサーとしても知られている。

映画では、彼はラッパーとは思えないくらい、物静かな男として写っている。インタビューに答えるその姿も語る内容もどことなく哲学者のような佇まいすら感じる。その反面、ひとたびマイクを握れば、激しく社会批判を展開し客をざわつかせる。彼はいったいどんな人物だったんだろう。二〇一九年九月、亡きMCITの後ろ姿を追いかけて彼の両親に会いに行った。

先駆者MCITの生い立ち

MCIT。エムスィーットと読む。エムシー・アイティーではない。ITは市民《イルゲン》タイワン（*Irgen Taiwan*）の略語である。本名、D・エンフタイワン（Dovuuchiin Enkhtaiwan、一九七六〜二〇一二）。父親はザブハン県オトゴン郡の出身だ。オトゴン郡は、モンゴルで最も美しいとされる聖なる山、オトゴンテンゲル山（標高四〇〇八メートル）の麓に位置する郡である。

エンフタイワンの父は、もともと牧民であったが兵役がきっかけでウランバートルへやってきたのだという。除隊後、軍隊で身に着けた技術をもとに配電線の作業員になった。ちなみに社会主義時代、住居の自由はなかったが、彼のように兵役がきっかけでウランバートルに移住する権利を獲得するというケースは少なくなかったようだ。一方、母親はノモンハン事件の戦場となったハルハ河の近くの牧民の出身である。高校卒業後、やはりウランバートルの印刷工場で働くこととなり、上京した。そこで印刷工場に転職してきた父と知り合い結婚したのだという。

彼らは七人の子どもをもうけたが、エンフタイワン（短くいうとタイワン）は、四番目の子どもだった。彼が生まれたのは一九七六年。エンフタイワンとは「平和」という意味である。「オトゴンテンゲル聖山にあやかって息子にエンフタイワンと名づけたんだよ」と父親はそう言った。この聖なる山はかつて（そして今も）金剛《オチルワン》手菩薩の化身として崇敬されてきた。しかし社会主義時代は、宗教色が強いとの理由から「エンフタイワン山」に山名を変更されていた。ちなみにモンゴル仏教的には、チンギス・ハーンも金剛手菩薩の化身だとされる。

優美な万年雪山の別の姿が憤怒尊の金剛手だとは。その両義性は、エンフタイワンという人物にどこか通じるものがある。

エンフタイワンの生まれた場所は、チンゲルテイ区第二〇地区といった。ゲル地区の中でもかなりの僻地である。「うちの家から先は人の住まない荒地だったよ」と父ドヴーチー（七三）はそう語った。実は、第二〇地区は、あのオルツの歌に出てくるラシャーント町から目と鼻の先の地でもあった。ここでタイワン少年は一一歳まで過ごすことになる。

幼年期のタイワン少年は、物静かで大人しい子どもだったという。何よりも非常に観察力に富んだ子どもだった。ある日、タイワンが六～七歳の頃、「ウランバートル〇〇〇〇のナンバーのバスがやってきたよ」と急に言いだした。家の周りには高い柵があり、家の中にいるタイワン少年にはバスが見えない。本当かと思って、外に出てみると本当にそのナンバーのバスが通り過ぎた。そんなことが何度か続いたので、父親はタイワン少年に「なんでそんなふうにわかるんだ？」と尋ねた。すると「〇〇〇〇のナンバーのバスは、こんな感じのエンジン音がするんだ。△△△△は、こんな感じの音だよ」といってエンジン音をまねたという。家に近づくバスをタイワンは遠くから聞こえるエンジン音で聞き分けていたのである。「本当に聴力のいい子どもだったよ」そう言いながら父親は懐かしそうに目を細めた。

そんなタイワンたち家族に転機が訪れる。一九八七年一月、ゲル地区から一地区の高層アパートに引っ越すことになったのだ。一地区は八〇年代に竣工した新しい団地だ。当時、社会主義国だったのでアパートは国から職場を通して給付されるシステムとなっていた。そのアパート給付の順番が回ってきたのである。

部屋は３ＤＫである。九人家族には少し狭かったが、子どもたちは大喜びしたという。「もう水汲みにいかなくていいね」「毎日、薪を集めて火をおこす必要もない」「好きなときにシャワーを浴びれるよ」と言って喜びあった。こうして彼らはゲル地区での厳しい生活から開放されたのだった。

高層アパートでの新生活が始まって間もない一九八九年、モンゴルで民主化運動が始まった。九〇年代となって七年生（一五歳頃）になったタイワン少年は、すでにヒップホップに興味を持ち始めていたようだ。子ども部屋にはスキンヘッドの黒人のポスターが張られていた。「これは誰なんだい？」と聞く父に「この人は現代の歌を歌う人なんだよ」とだけ答えたという。父は後にそのポスターの人物が亡くなったことを息子から教えられる。その人物とは、若くして凶弾に倒れたアメリカの伝説のラッパー、トゥパック・アマル・シャクール（一九七一〜一九九六）その人だった。

一九九二年、タイワン少年は中学を卒業する。正確に言うと八年生である。当時のモンゴルの義務教育は八年間である。そのあと二年間の高校があり、さらに進学する者は四年間大学で学ぶ。つまり八・二・四制であった。担任の教師からは高校進学を勧められたが、タイワンは「進学はしない。働く」ときっぱり言い切った。

一九九二年といえば、モンゴルが社会主義体制を放棄した年である。移行期の混乱の中で、学校の授業もまともに行われていなかった。「学校の先生ですら授業をさぼって、担ぎ屋をして稼いでいたくらいでしたから」とエンフタイワンの母は言う。そんな学校に未練はなかったのだろう。タイワンのクラスの男子の半分くらいが中卒で働いたのだと父親も付け加えた。みんなただただ生きるのに必死だった時代だった。

後にMCITエンフタイワンは、テレビ番組でこう語っている。「僕は、他の人たちみたいに国内外の大学に進学して学位をとろうなんて思ったことはなかった。僕らが暮らしている社会そのものが僕にとっての先生だったんだ」。

学校を去ったエンフタイワンは、デンジン・ミャンガの露天市場で働きはじめた。友達と組んで捨てられた車のタイヤを修理して使えるようにして売るという商売をしていたようだ。おそらくそこで欧米のヒップホップのカセットを手に入れて聞いたに違いない。何よりも社会のさまざまな矛盾や必死で生きる人々の美しさと醜さをそこで見つめてきたことだろう。そして市場で働き始めて四年後、二〇歳のとき、エンフタイワンはMCアーヴとの出逢いを果たす。

ダイン・バ・エンへ始動

エンフタイワンのその後の足跡はグループのリーダーMCアーヴが詳しい。九六年の年末に出会って以来、意気投合した二人は、翌年、ヒップホップ・グループを結成する。ダイン・バ・エンへ（戦争と平和）という名はエンフタイワンが決めた。トルストイの小説から取ったというより、「生きるために戦う。でも人間が求めるのは平安だ」という彼の哲学が込められた名前なのだそうだ。メンバーは、エンフタイワンとMCアーヴに加えて、アーヴの幼馴染のスンベー、そして二人の闇市場仲間のエクセル、ホロン、パルチザンの六名だった。

最初は、レーニンクラブ（ディスコ「モトロック」のあったビル）の社会主義時代の古びた舞台のあるホールに集まってラップの練習をしていたのだという。そのときエンフタイワン改めMCITが最初に選んだ歌詞が、社会主義時代の反逆の詩人チョイノムの「分をわきまえろ（*Kheree med*）」という詩だった（Choinom 1991: 25-27）。詩のどのパートを誰がラップするのか、といった構成はすべてMCITが決めた。

詩人の書いた詩をポピュラー音楽の歌にするというと奇妙に聞こえるかもしれない。しかし九〇年代のモンゴルでは、ポピュラー音楽専門の作詞家が職業として形成されておらず、純文学系の詩人が、歌手に詩を提供したり、文学史上の有名な詩人の詩に曲をつけて歌ったりすることも少なくなかった。モンゴルでは「主流文化」と「大衆文化」の未分化な状態にあったのである（海野 1999:147）。

分をわきまえろ（Kheree med）　ダイン・バ・エンへ（一九九七）

フック
言葉って奴は鋭利だ。誰だって心は柔らかいもの
誰だって心は柔らかいもの　誰だって心は柔らかいもの（×2）

ヴァース1
振り下ろされる刀のごとく無情な法の下、
罪を着せられた人が　唯一人立ち尽くすとき
大騒ぎして集まった野次馬たちの中から
「銃殺してしまえ！」　なぜあなたはそう叫んだのだ？
余計なものだと一人の人間を世界から削除し
その人の父や母の心をぐさっとえぐり
若々しい肉体を土の下に埋めてしまうまでを望む理由があなたにあるのか？
俺の落ち度を責めて俺を殺して
あなたは、何か借金でも回収できたのか？　儲けでもあるのか？

法の下でわが命を血で染めて得る利益や名誉って何なのだ？
（中略）
フック
言葉って奴は鋭利だ。誰だって心は柔らかいもの
誰だって心は柔らかいもの　誰だって心は柔らかいもの（×2）

このチョイノムの詩は、社会主義時代に無実の罪を着せられ粛清された政治犯を歌ったものだが、明らかに人民革命党を批判した歌詞だった。ところが社会主義が終わっても、社会は、相変わらず個人を圧殺しようとしている。MCIT がこの詩を選んだのは、そんな社会に対する怒りの表明だった。MCIT はこの詩をラップにしてメロディーをつけていった。ヴァースはチョイノムの詩だが、フックの部分は MCIT が書き加えた。

ところが肝心の楽器がない。一九九七年当時のウランバートルに打ち込みの出来るシンセサイザーは数えるほどしかなかった。ウランバートルには四つの火力発電所があった。そうした中、彼らは最新の第四発電所のクラブ（福利厚生施設）にシンセサイザーがあるという情報を得た。当時、第四発電所は建て屋こそソ連製であったが、日本の援助で中の設備や装置はすべて最新の日本製のものに生まれ変わっていた。ともかく、彼らメンバー全員でお金を集めて一万五〇〇〇トゥグルク（約二〇〇〇円）をつくり、発電所のシンセサイザー演奏の担当者を見つけて袖の下を渡した。そして夜中に MCIT の曲を演奏してもらい、「分をわきまえろ」のトラックを録音したのだという。九七年九月一〇日のことだった。[32]

彼らが最初の曲のトラックを引っさげて始めて舞台に立ったのは一九九七年の秋[33]、ＵＦＯという名のディ

スコ・クラブでのショーだった。UFOは旧ヤラルト映画館の地下に出来た当時最新のクラブだった。このショーには、ダイン・バ・エンへの他にロックやポップスのバンドも参加していた。

彼らがラップを始めると、舞台袖でガールズバンドの若い女の子たちがクスクスと嗤った。「ヒップホップってものを知らなかったんだよ」とMCアーヴ。ただグランジロック・バンドのニスバニス（明らかにニルヴァーナをもじった名前だ）のメンバーたちだけは、「こいつらは、欧米の黒人たちのしゃべり言葉みたいな歌を歌うグループだよ」と言ったのだという。彼らはラップを知っていた。

その後、クラブ・マンハッタンで開かれたショーでも罵声を浴びてしまう。ライブをするたび、当時のディスコ・クラブの支配人たちからも「君たちはカメルトンみたいなR&Bスタイルで歌ったほうがいいよ」などと言われたが、「俺たちはみんな無視したよ」とアーヴは笑った。カメルトンとは、当時モンゴルで最も人気があったボーイバンドの四人組のことである。

彼らが有名になる転機となったのは、あのジェイソンだった。九七年の秋ごろ、ジェイソンはFM102.5でDJをしていた。ジェイソンは、彼らのもう一つの持ち歌、「若い時に（Zaluu nasand）」をラジオで紹介してくれたのである。少し甘めのメロディーにチョイノムの詩にヒントを得てつくったリリック。[34] MCITのラッ

フーディーを着たチョイノムのグラフィティ。チョイノムは今でもモンゴルのヒップホッパーたちのヒーローだ。2019年9月　ウランバートル市、著者撮影。

プで始まり、ブリッジ部分に少しこぶしの効いたアジアン・テイストの女性ボーカルが入る。ジャズ歌手のホランである。そして次は　MCアーヴのラップがきて、フック（サビ）。この曲は、若者たちの間で大人気となる。

若い時に（Zaluu nasand）　ダイン・バ・エンへ　（一九九七）

人生には約束されたものなんてないんだよ
楽しく笑って過ごせる仮初めのひとときが将来もずっと続くなんて想うなよ

MCIT
人生には約束されたものなんてないんだよ
青春時代にどれだけ盛り上がったところで
人生という強力なトラクターに引きつぶされてしまうのさ。
不可侵の聖地だってサクッと耕されて世界の真実を蒔いていく
（中略）

32 エンフタイワンはこの曲が出来たときがグループ結成のときだと、テレビのインタビューで答えている。

33 MCアーヴは、初ライブの年を九六年と言ったり、九七年と言ったりしたが、私の記憶では、UFOは九七年に出来たクラブだったので、ここでは九七年とした。

34 参照元のチョイノムの詩は「若い時（Zalun Nas)」である（Choinom 1989: 17)。

フック（ホラン）
幸せな人生にいたる力は、若い時にこそあるのさ
幸運や幸福にいたる力は、若い時にこそあるのさ（×2）
（中略）

プロデューサーMCIT

九八年になると、ダイン・バ・エンへはパーティーや行事で引っ張りだこになった。高校や大学の卒業式、各種パーティーに呼ばれ歌った。若者向けの雑誌で彼らの特集号が組まれ、メンバー紹介や歌詞、インタビュー記事などが掲載されたこともあり、一〇代を中心に人気に火がついたからである。人口の少ないモンゴルでは、こうしたイベントでの興行収入は重要だ。大きいところでは、モンゴル国立大学の新年パーティーにも呼ばれ大ホールでラップを披露した。

その頃、ダイン・バ・エンへはジェイソンとも親交を深めていた。ジェイソンはヤマハのシンセサイザーを持っており、弾くのもうまかった。エンフタイワンらの要請に応じて、彼はグループに臨時メンバーとして加わり、ダイン・バ・エンへの地方巡業にまで同行してくれた。とりわけジェイソンはMCITのことを気に入ったようだった。自身がＤＪをするヒップホップのラジオ番組にＤＪとして招いている。その頃、ジェイソンはMCITにヒップホップのトラックメイキングの方法を伝授したらしい。「俺たちにとってジェイソンは先生だったんだ」とＭＣアーヴは当時を振り返っている。

モンゴル初のヒップホップ・アルバム、ダイン・バ・エンへ『毎日』（2001）のジャケット。前列右がMCIT、後列左から二人目（白い帽子）がMCアーヴ。

ただしジェイソンはモンゴル語があまりうまくなく、メンバーは英語があまりできなかった。唯一、MCITが語学学校に通い、日常会話程度の英会話は出来るようになっていたのも気に入られた理由の一つかもしれない。「だからラップに関しては、ジェイソンからは何も教わっていないんだ」とMCアーヴは言う。ジェイソンはその年にイギリスに帰国した。彼らと別れる前にMCITにヤマハのシンセサイザーをプレゼントして去っていたのだという。

九八年の春、ダイン・バ・エンへは、商業区で知られる第四地区の3DKのアパートを借りて共同生活を始めていた。そのアパートを彼らは「ウール（巣）」と呼んだ。アジトである。そこでラップの練習やトラック作りに励んだのだった。MCITはトラックを作ってジェイソンにもらったヤマハのシンセで演奏する。それを知り合いから借りてきたKORG Trinityに録音する。そんな形で曲を創っていった。そこはダイン・バ・エンへだけでなく、他のグループの仲間たちも集うヒップホップの拠点となっていった。Luminoや Mon-ta-repといったグループのメンバーたちも最初はこのウールに入り浸ったのだという。

この「巣」を拠点に出来たクルーが「征服者（baildan daguulagch）」だった。ダイン・バ・エンへ、Lumino、エルフ・チョロー（Erkh Chölöö、自由）、Mon-Ta-Repの四グループが集まって出来たクルーである。ポップスやロック、ユーロダンスが流行るモンゴルでヒップホップを広めようという志を持った集まりだった。クルーで一緒にライブを行ったり、地方巡業もしたりしていたという。ロックやホップのショーに呼ばれていくと、いつの間にか前座扱いされて悔しい思いをしたこともあった。

そうしたMCITエンフタイワンの呼びかけで「征服者」クルー全員で「武装者1（Zevsegten-1）」、「武装者2（Zevsegten-2）」という曲を作った。後にTVのインタビューでLuminoのスキゾは「機関銃を撃つようにラップしようぜ」という意味を込めてこの曲を皆でつくったと語っている。実際は、ヒップホップでロックやポップと戦おう、といった曲だった。またMCITは、FM107.5でヒップホップ・エリートという番組のDJを務めることで、ヒップホップの普及活動も行った。

さらにMCITは、ヒップホップ専門の新聞を発刊しようと考えた。当時、インターネットと繋がっているPCは非常に少なく、彼らにも情報収集したり、原稿を執筆したりする手段がなかった。そこで彼は、アメリカ大使館に掛け合ってPCを使用させてもらい、創刊にこぎつけた。この新聞を通して、ヒップホップの四エレメントと呼ばれるラップ、ブレイクダンス、グラフィティ、DJなどについての知識の普及を図ったのだった。MCITは、まさに「モンゴル・ヒップホップ業界」を創り上げた総合プロデューサーであった。

初アルバム

そのような彼らの努力が実ったのが、九九年の秋のことだった。TOP 10という大型のディスコ・クラブで当時のモンゴルのすべてのヒップホップ・グループが集まり、イベントを開催した。それがアメリカの伝説のラッパー2Pacの名を冠した「トゥーパック・シャクールの日」である。もちろんMCITのアイデアだった。イベントは大成功した。一五〇〇人の聴衆の前で、三時間に渡って次々とラッパーたちが登場して歌った。ヒップホップが確実にモンゴルの若者たちの間に浸透してきた証だった。その頃、ナバという才能あふれるラッパーがダイン・バ・エンへに新メンバーとして加入した。

しかしモンゴル・ヒップホップの盟主としての彼らの地位を脅かす存在が現れはじめていた。それはジェイソンの弟子たちのつくったLumino（ルミノ）というグループである。Luminoは、「トゥーパック・シャクールの日」が終わって間もない頃、なんと同じTOP 10で単独ライブを成功させたのだった。彼らのラブソング・ラップが若者たちの心を捉えはじめていた。

アーヴたちにとって、彼らはラブソングばかりを歌う「コマーシャル・ラッパーたち」だった。そう言いながらも焦ったアーヴは、俺たちもラブソングを作ろう、とMCITに相談した。MCITは即却下した。その後、MCアーヴが密かにソロのラブソングを作ったことを知ったMCITは烈火のごとく怒ったのだという。「俺たちは人生の哲学を歌う。恋愛は歌わない」そう言い切るやいなや、FMラジオから音源を引き上げるよう要求した。普段は物静かなMCITが声を荒げて憤る姿を見た、アーヴは引き下がるしかなかった。しかしこの曲をめぐって、Luminoとの間に後にビーフ（揉め事）が起きることとなる。

一方、Luminoのメンバーは、比較的裕福な家庭の出身だった。しかも二〇〇〇年春の選挙ショーで大儲けしたらしい。その彼らが、当時モンゴルで一番のスタジオだったソノルスタジオでアルバムを録音中だという噂話が入ってきた。ダイン・バ・エンへのメンバーたちは浮き足だった。いかにLuminoの方が売れはじめているとはいえ、後輩の後塵を拝するのは嫌だ。しかしスタジオ録音の費用は非常に高い。CDを録音するのに資金が四〇万トゥグルク（約四万円）足りない。

そこでMCアーヴは、妻に自身の貯金を引き出すように頼んだのだという。正確に言うと脅しに近かった。「金を出さないと別れるからな」これが決め台詞となって妻が引き出した貯金をCD制作費に当てたのである。録音作業は、FM107.5のスタジオで行った。

ちなみにモンゴルでは伝統的に妻が財布の紐を握る。日本と似ているが、モンゴルでは夫婦共働きが当たり前なので、事実上、財産の処分権は女性にある点が異なる。モンゴルの女性は概して強い。逆に言えば、「別れるぞ」くらい言わないと、彼の妻はOKしなかったということなのであろう。こうして二〇〇一年五月、ダイン・バ・エンへのファースト・アルバム『毎日（Ödör tutam）』が発売された。Luminoのファースト・

アルバムの発売に先んじること一ヵ月であった。[35]

CDは売れた。二〇日間のうちに二〇〇〇枚売れたとMCアーヴは胸を張る。当時のモンゴルの人口は二四〇万人ほど、つまり日本の約五〇分の一だった。それを考えると、日本で言うなら一〇万枚が二〇日間で売れたような感じだと思っていいだろう。スマッシュ・ヒットである。

一方、Lumino のアルバムはもっと売れた。ラブソングを歌い人気が爆発的に高まっていく。それを追いかけるように社会批判もラブソングも歌うヒップホップ・グループ ICE TOP が登場し、Lumino と人気を二分するようになる。この二グループがゼロ年代前半のモンゴルを席巻していくようになるのである。

抵抗

ダイン・バ・エンへは、チョイノムの詩ばかりでラップをしていたわけではなかった。MCIT は、鋭い政治批判や社会批判の曲も繰り出していく。特に「大統領への手紙（Erönkhiilegchid bichsen zahidal）」はポスト社会主義期の過酷な現実をえぐり出している。

ゲル地区での今日のパンにも困る貧困や、エリート層すら生活に困り海外で違法滞在し肉体労働をしているという、九〇年代後半からゼロ年代初頭にかけてのモンゴルの現実がありのままに歌われる。こうした

MCIT エンフタイワン、1999 年頃。ドラムスレン氏提供。

状況に対して、嘆願の形をとりながらも「何もしない」大統領や政府を厳しく糾弾していく。その結果、この曲は放送禁止の処分をうけてしまう。

アーヴによると、この曲はMCITが2Pacに影響を受けて創ったのだという。おそらく彼が影響を受けたのは、2Pacの「Words of Wisdom」だろうか。音楽的にもパンチの効いたリズムとベースにピアノが乗っかるあたりは、どことなく「Words of Wisdom」を彷彿とさせる。二〇二〇年現在、幸運にも我々はYoutubeでこの曲を聴くことができる。ただし曲の最後のあたりがカットされていてどんな歌詞だったのか知る由もない。

大統領への手紙　(Erönkhiilegchid bichsen zahidal)　**ダイン・バ・エンへ**（二〇〇〇年代頃）

大人しいモンゴル国民たちは、数千トゥグルクの給料を家族で分けて
なんとか暮らすために一トゥグルグまで細かく計算して
朝も昼も食べず夜は一杯のうどん[36]を食べてます
石炭の煙で霧のようになったこの首都で
石炭を燃料にしたゲルで　石のように固くなった古い茶で入れた黒茶を飲み

35　MCアーヴはLuminoより一ヵ月早くアルバムを出したと私に語ったが、MCビーツは著書で彼らのアルバムは一週間先に発売されたと主張している（MCBEATZ 2011:21）。
36　ゴリルタイ・シュル（*guriltai shöl*）。羊肉入りのうどんのこと。モンゴルで最も一般的な日常食である。

一切れのパンに昨日の残りご飯を食べるか　何も食べないのが朝ごはん
二百数十万人の国民は　こうして仕事や学校や商売に出かけます

俺の知っている国民のほとんどは　公務員か失業者に分類されてるが
家族が生きていくために　何もせずにぼーっとしているわけじゃない
極寒に凍え灼熱の日に照らされながら　汗水垂らしながら働くことで
未来の良い暮らしを夢見て　幸せを見つけながら生きてます

祖国のために大きな貢献できるはずの　学識学歴のある人々も
生存権を行使するため異国《ハリ・ガザル》で肉体労働《ハルアジル》しています
法を逸脱し運試しをするかのように　生きているすべての人々を擁護しよう
祖国に欠かせないこの者たちが　生活するに足りる給料と仕事があるならば
なんでこんなふうに他人の国で　汗まみれ糞まみれになってゴミを漁って運ぼうか
ってなことを叫んでいる　担ぎ屋たちの言葉をお上にお伝えします

国家の頂点に立って　就任式で　あなたが約束したこと　言ったこと
国民は待ってます　四年の任期を　適当にごまかして無駄に過ごしたな
他人の前で達成したとか達成してないとか　異国の者たちと話し合って
無駄に外遊してきて　そしてまた行く

あなたの国民は苦しんで　どんどん沈んでいく
選挙運動のとき　私めは閣下の微笑んだお姿を
新聞紙や広告で何度も何度も　拝見しましたし
閣下の書かれた記事も　何度も読みました
しかし今や閣下の成果は　ほとんど見えないし
黒い遮光ガラスの黒塗りの　車の中で政治をやっているんですね
黒いガラスの向こうからは　貧しいモンゴルは見えないし

止め処ないレセプションパーティーで
あなたが多忙にしているのはきついです
しょうがねえ　日々の暮らしがこんなもんなんだから
以前はこうやって過ごしてきたモンゴル人は
こんなにも絶望した　四年の間に
一度だけ国家を導き　一度だけ国民の前でひざまずく
全モンゴル人の代表　わが大統領閣下！
わが祖国には、この国の偉い方々には
自制ってものが無くなっちまったんですか

高い玉座に腰を下ろしたその日から
国民のために尽くすんじゃなくて
自分たちのために尽くしているんじゃないっすか
国のお偉いさんたち　あんたたちは
祖国や国民の名誉を高めるのが仕事であって
自分の親族やお仲間たちにだけに徳を施すのは
やっちゃいけないことでしょうが

何年か灰色の政府宮殿で　口げんかを重ねてつくった法律も
それを逸脱する権限を　官僚たちに与えているだけじゃないんすか
法律って誰に有効なもんなんっすか
貧しい国民を抹殺するためにつくった命令ですか

罪を犯した親族を無罪にする力のあるお偉いさん方がいるが
大統領、あなたもその一人だ
こんな自制の利かない国家や政府に
俺たちゃ何すればいいのか　わからねえ

（後略）

放送禁止処分になってもMCITたちの批判の刃は、留まるところを知らなかった。九〇年代からゼロ年代は、失業と並んでアルコール中毒が社会問題化しており、警察官は、酔っ払って街を歩いている人間を「アルコール中毒更生所（*erulhjüülekh gazar*）」、通称ジューレグ（*jüüleg*）という施設に入所させる権限を持っている。この施設に入ると、二〜三日監禁されることとなる。MCITたちは、この「ジューレグ」という曲の中で、アルコール中毒と警察のリアルなやり取りをラップにしている。新加入のラッパーのナバ（Naba、本名M.Naranbaatar、一九七八〜二〇一七）がジューレグにぶち込まれた経験から書いたリリックである。この曲のリリックは、独白形式で進むが、独白者の心の声が合いの手のようにコーラスで入ってくる。以下の訳ではコーラス部分を（）の中で示した。

ジューレグ（*jüüleg*）　ダイン・バ・エンへ（二〇〇二）

Yo! 何がどうなったんだか　昨日は俺ってどこにいたっけ
何をどうするってんだ、酒のんでそれがどうしたってんだよ
曇ったある日俺は家をでて　健康、健全、頭もすっきり
飲んだワインも残り少ない　街の通りを歩いていた

ところが警官が俺を呼んでる　なぜなんだ！（逃げちゃえよ）
素面の俺をどうすんだ！　アル中更正所に入れられたらどうしよう
なんて考えてついていったら　悪い警官のお兄さんたちだ（五〇〇〇トゥグルク）

罰金だとよ　マジでムカついて、素直じゃねー性格なもんで払わねー
すると人間の居場所とは思えないあの場所へひっぱっていくぜ
誰か証人が本当のことを話すだろうさ！（話してお願い！）

本当のこと全部話せば　俺をアル中更正所ってきたねえ場所に入れやがり
破れたシーツにくるまって朝おきたら　金をねだりやがる
金を出さないと逮捕だ　投獄だってビビらせる
どうか許して（Fuck you!）牢獄なんて（やめようよ）警官来たぞ（近寄るな）

フック
アル中更正所に入るのは最悪だ
あっちこっちに素っ裸の人々　マジ最悪
公務員のくせして俺を殴る警官は　性格最悪
アル中でうごめく人々の怒声も　マジ最悪

ダイン・バ・エンへは、ヒップホップを通じて強烈な政治批判や社会批判を展開した。しかし彼らはアメリカのギャングスタのような悪党（thug）ではなかった。ＭＣアーヴも後に「俺たちは社会で起きる許せない事を歌にして歌っていただけだ」と語っている。

一時代の終わり

二〇〇〇年頃になると、メンバーの中で一番若くて新入りだったエクセルとヒシゲーはホヨル・フー（2khüü、二人の息子）というラップデュオを作ってダイン・バ・エンへを出て行った。MCITが新入りの若手二人を「二人の息子よ」と呼んで可愛がっていたのが、グループ名の由来だ。彼らはMCITと話し合って円満にダイン・バ・エンへを去ったようだ。ホヨル・フーは、Luminoと並んで急速に人気を高めつつあったラップ・グループICE TOPとガラハ・ガルツグイ（*garakh gartsgüi*、出口なしの意）というクルーを作って活動を始めた（MCBEATZ 2011:19）。ICE TOPは、ダイン・バ・エンへのバックダンサー出身のグループであった。

MCアーヴ、2019年9月、著者撮影。

二〇〇〇年末、モンゴル初のヒップホップの賞であったアルタン・ションホル（金の鷹）賞が開催されたが、満を持して臨んだMCITは最優秀プロデューサー賞を逃した。受賞したのは、モンゴル演歌の作曲家アランザイだった。彼はLuminoに多くの楽曲を提供していたのだった。多くのヒップホップヘッズが首を傾げた受賞だったが、MCITの落胆と言えば、目もあてられなかった。

巣《ウール》（アジト）での共同生活も少しずつ変化が起きていた。九九年にはメンバーのホロン、パルチザン、ダシャーの三人が交際していた女性との間に子どもが出来てウールを出ていった。二〇〇〇年にはMCアーヴ自身も彼女との間に子どもが生まれて、出て行った。残されたのは、MCITたち四人となった。MCアーヴによると、最終的に巣《ウール》は二〇〇三〜四年ごろには機能しなくなったのだという。

ただそのような中、巣《ウール》での曲作りは進んでいた。二枚目のアルバム「ネグチグ（Neg Chig、一方向）」が出たのは二〇〇二年の冬だった。曲の録音は、アルド映画館の裏のリィトゥム（*Ritm*、ロシア語でリズムの意）というスタジオだった。ソノルスタジオに続いて二番目に高性能のスタジオだったという。そこはロック・バンドのホルド（Speed）が作ったスタジオだった。その頃、MCアーヴは、持ち前の社交性を活かしてホルドのメンバーに取り入り、このスタジオのプロデューサーとして雇われていた。そこでうまく彼らを説得して二枚目のアルバムの制作に取り付けたのだった。

MCITはといえば、その頃、スタジオに出入りしていた一七歳の少年、アナルにトラックの作り方を教えていた。後のモンゴル初の専門化したビートメーカー、アナル・ビーツである。アナルによるとMCITは穏和な人物だったという。「アナルよ、ここはこれを加えたほうがいいな。これは削ったほうがいいな」とアナルが作ったトラックにアドバイスをしながら曲をつくらせた。そうしてダイン・バ・エンへの二枚目のアルバムにはアナルが作曲したトラックが二曲入った。このアルバムの中でも「死や災難を遠ざけよ（Üxheli oslyg kholduul）」という曲が彼らの自信作だった。サビの部分を女性ジャズ歌手のホランが歌うメッセージソングだ。

アルバムのジャケット写真は、戦闘服に身を包みAK-47式自動小銃を持ったメンバーたち。陸軍基地まで出向いて銃や衣装を借りてその場で撮影したのだという。アルバムは三〇〇〇枚以上、作った。しかし売れ行きは思わしくなく、かなりの量の返品が彼らの元に届けられることになってしまう。確実にダイン・バ・エンへの時代が終わろうとしていた。モンゴルでヒップホップといえば、ICE TOPとLuminoを指すようになりつつあったのである。

そんな二〇〇二年の終わり頃、一人の少年がMCアーヴの家を訪ねてきた。「ラップを歌いたいんです」少年の名をムンフエルデネと言った。後にモンゴル・ヒップホップの帝王《ハーン》として名を馳せることになるBIG Geeである。Gee少年はその後、ウルゴー映画館の裏にあったアーヴの自宅に足しげく通うようになっていく。

二〇〇四年頃になると、ダイン・バ・エンへの活動は事実上、終止符が打たれていた。ヒップホップで暮らせなくなったMCITは、運よく日系の携帯電話会社モビコムに就職した。経歴が買われて「着メロ」を制作するエンジニアとなり、そこで活路を見出そうとしていく。そこでITの世界で中国の躍進と日本の凋落を目の当たりにしたようだ。その話は、六章でジェニーに語ってもらおう。

エリート・ラッパー、スキゾ

ジェイソンが育てたもう一つのグループ、Luminoに話を移したい。モンゴルでLuminoといえば、今や大スターだ。とりわけセカンド・アルバムの『光り輝く世界（Gerelt Khorvoo）』（二〇〇三）は一万五千枚以上売れたといわれる。この数字はモンゴルのヒップホップ・アルバムとしては最高の数字だとLuminoのラッパー、MCビーツは、その著書の中で誇っている（MCBEATZ 2011:115）。またLuminoは、モンゴルの〝グラミー賞〟「ペンタトニック（*pentatonic*）」賞において、二〇〇〇年に最優秀ヒップホップ・グループ、二〇〇三年、二〇〇五年に最優秀ヒップホップ曲を受賞した。かれらはこのような輝かしい成績を残すと同時に今も現役で活躍しているグループだ。

そのLuminoのラッパー、スキゾ（Skitzo）に会えるという。向かった先はウランバートル南部の高級住宅街ザイサンにある高級パブだった。指定された時間より一時間ほど遅れて現れたスギゾは、現れざまにヘネシーXOのストレートを注文した。

スキゾ。本名D・アンハバータル（D.Ankhbaatar）一九八一年生まれ。ダイン・バ・エンへのMCIT エンフタイワンやMCアーヴに比べると四〜五歳若い。しかしスターらしい威圧感と貫禄のある男だ。名刺を渡して挨拶をすると、開口一番、彼はこういった。

「俺には学歴がある。あんたと俺は、他のやつらとは違う。俺は博士候補（doctrant）、あんたは博士。俺も今、水資源をテーマに経営学博士号をとろうとしているんだ」そして私に同行した友人の方をちらっと見た。彼は私の困惑をよそに話を続けた。「うちの家は四代前から首都で暮らしてきた一族だ。高祖父（曽祖父の父）は、活仏ジェブツンダンバ[37]の大占星術師だった。占星術師バルダンドルジといえば、国中で知られた人物だったんだ。その四代目が俺なんだよ」。

スキゾの父親は軍人だったという。しかし社会主義の混乱期に軍を退役し、コンピュータ情報技術学校の副校長になった。母は橋梁設計技師だった。「ウランバートルの国際空港を建設時にモンゴル側からは二人の設計技師が参加したが、そのうちの一人が母だったのさ」と誇らしげにスキゾは語った。とにかく自分がエリートであるということを強調するタイプの人物だ。そしてヘネシーを呷りながら話をつづけた。

「社会主義崩壊前後の混乱期、俺の両親も他にもれず、陸路でヨーロッパに行く商売をして食いつないでいた。そんな中、九三年に両親がドイツからCDコンポを買ってきてくれたんだ。CDも何枚か買ってきたが、その中にジョージ・マイケルとウータン・クランのCDが含まれていたんだよ」この数枚のCDを聞いたことが、彼が音楽に興味を持つきっかけだったという。そして一三歳だったスキゾは、ジョージ・マイケルを聴いて欧米のポップスの歌唱法がロシアやモンゴルとかなり違うことを知った。また父方の叔父が音楽教師だったので、音楽の手ほどきを子どもの頃から受けていたと彼は付け加えた。

スキゾの父は非常に教育熱心だった。自身が大学を全優で卒業した特待生だったこともあり、子どもたちを決まった時間に机の前に座らせ、勉強をさせていた。その甲斐もあってか、スキゾも数学の名門、第一一学校への入学が認められた。「しかし数学の道に進まず、歌手になってしまったけどな」と子どものように笑った。スキゾが六年生（一四歳）のころ、ケーブルテレビでMTVやChannel Bといった音楽チャンネルが放映されるようになった。その影響もあってか、当時モンゴルの一〇代の若者たちの間で洋楽熱が高まりつつあった。第一一学校でも生徒たちの間で洋楽のカセットやCDの交換が流行っていたという。スキゾは、MTVよりMSMというフランスのチャンネルのヒップホップ番組をよく聞いていたのだという。それと他の生徒より沢山CDを持っているのが自慢だった。

ところでLuminoはジェイソンがつくったグループといわれる。しかしジェイソンが大学で英語を教えていたとされる九五〜九八年頃、スキゾは一四歳〜一七歳くらいである。またルミノは初期メンバーと現在のメンバーが全く違うという。その事情を知りたかった。

「レーニンクラブの一階に幼馴染のQuizaの兄が小さなCDショップをやっていたんだ。俺たちが店番をしていると、そこに黒人の男があらわれたんだ。それがジェイソンだった。九五年のことだったよ」当時のモンゴルでCDを売っている場所は、数えるほどしかなかった。「そのときQuizaと俺がウータン・クラン

37　モンゴル仏教界で第一位の化身ラマ（活仏）である。八世は清朝から独立するときに皇帝に推戴されている。またジェプツンダンバは、ダライラマを頂点とするチベット仏教ゲルク派においてもパンチェンラマに続いて第三位の名跡だとされる。

を聞いていたのに驚いて、『俺もウータンのファンだよ』ってジェイソンの方から話しかけてきたんだ」そう語る。

その後、招かれてジェイソンの家に遊びに行くと、何人かのモンゴル人の若者がノートに一生懸命何かを書いている。歌詞を書いているようだった。そこでDog、Iceという若者と知り合った。初期メンバーである。ジェイソンは、英語やラップを家で教えていたのだった。

そこで仲間に入れてもらい、ジェイソンの家に通うようになった。ライムとは何か。その方法。英語とモンゴル語の違いやモンゴル語をどう英語に直すか、そんなことを二年間かけて学んだという。当時、中学生だったスキゾやQuizaは英語があまりできなかったが、ジェイソンと過ごしているうちに一年もすると自由に話せるようになった。

「だから俺たちは最初からリリックを書くとき、頭韻ではなくライム(脚韻)で書き始めたんだ」とスキゾは語る。その一方でダイン・バ・エンへのメンバーは彼らより先にジェイソンと知り合っていたということも認めた。またスキゾやQuizaより前にジェイソンの家に出入りしていた初期Lumino仲間たちは酒を飲み、またジェイソンのモノを盗るといった問題も起こしたのだという。その結果、ジェイソンが集めた初期メンバーは九八年のジェイソンの帰国とともに霧散したのだった。

そんな中、九八年の秋、スキゾとQuizaはMCビーツたちと知り合い、Luminoの名で活動をしていくことにした。Luminoといえば、現在はスキゾ、MCビーツ、バジーの三人組だが、当時は彼らに加えてQuizaとフルゴーを入れた五人組だった。

Luminoというグループのアイデンティティは「正しいライム」にあるようだ。「俺たち以前のグループはライムってものをわかっていなかったんだよ」スキゾはそう語った。MCビーツも著書の中で、モンゴルで最初にライムをしたのはジェイソンの弟子スキゾであること、そしてLuminoはモンゴルで初めて頭韻ではなくライムをしたラップ・グループであるということを強調していた（MCBEATZ 2011:54）。

Luminoの商業的成功

こうして結成された新生Luminoは、最初は社会派のラップを歌っていた。初期の曲である「灰の町（Ünsen khot）」は、「灰の町《ウンセン・ホト》は飢えた町《ウルススン・ホト》」というパンチラインを繰り返すアップテンポの曲だ。脚韻の効いたヴァースが心地いい。またモンゴルの冬の厳しい現実を歌った「冬（Övöl）」[38]という曲も書いた。トラック制作はスキゾが担当した。

しかし彼らは社会派ラップの「限界」にすぐに気づいた。メンバーのMCビーツも著書の中で「モンゴルでは「反商業主義的（anti-commercial）」なアルバムを作ったところで一〇〇〇枚以上売れることはない」と言い切っている（MCBEATZ 2011:115）。またスキゾは「モンゴル人は、ディスコ曲が好きだったんだよ。ヒップホップより軽いかんじの。そこでユーロダンスっぽい感じのラブソングを作ることにしたんだよ」と語った。この方向転換が彼らに大成功をもたらすことになる。

この方向転換によって生まれた曲が「ビー・チャムド・ハイルタイ（Bi chamd khairtai、I love you の意）」という曲である。この曲はモンゴル初のラップによるラブソングだった。ラジオで流れるやいなや、リクエストが殺到した。ポップなメロディーに一度聞くと耳から離れない「ハイルタイ（愛している）」というフレーズの

38　以下の映像では二〇〇六年に再録したものだが、冒頭に一九九八年当時のLuminoの映像が出てくる。Lumino Өвел offical video https://www.youtube.com/watch?v=ETQ5R1-kIUw

繰り返し。若者たちは夢中になってこの曲を聞き歌った。この曲の歌詞はＭＣビーツが高校卒業時の交換日記に好きだった子に書いた詩だった。「歌詞の行の頭の文字をつなげて縦読みすると、彼女へのメッセージになるんだ」とスキゾはいたずらっ子のように笑った。少し酔ってきたせいか、饒舌に昔話を語ってくれる。ちなみにその少し前、Quiza はLumino を辞めていたので彼のラップはこの曲に入っていない。

実はこの曲をめぐってモンゴル初のビーフ（揉め事）が発生した。この曲のメロディーは、ダイン・バ・エンへの曲の盗作だったのである。そういえばダイン・バ・エンへのＭＣアーヴが、自分が密かに作ってMCIT に怒られたラブソングがこの曲だと主張していた。スキゾも「外国人の作ったメロディーをコピった曲なんだけどな」と、流用をほのめかしていた。

一方、ＭＣビーツは自身の著書の中で〝パクリ〟を認めながらも「当時はみな曲をコピーする時代だった。ただあの曲が売れたのは、いい曲をコピったからじゃない。ライムなんだよ。当時、モンゴルでは脚韻を踏んだラブソングは一曲もなかったんだ。たとえＭＣアーヴの曲が出ていても売れやしなかった」とディスり返した（MCBEATZ 2011:108）。

つまりゲル地区スクールのダイン・バ・エンへとエリート・スクールのLumino のビーフは曲の〝パクリ〟にはじまったが、伝統的な頭韻か、英語由来の脚韻かといった韻の踏み方をめぐる争いでもあったのである。ともあれ、この〝パクリ〟事件めぐって、ダイン・バ・エンへとLumino の関係は急速に悪化していく。また二〇〇〇年には、Lumino とダイン・バ・エンへやホヨル・フー（2khüü）との間でモンゴル初のラップによる直接的なディスり合いがなされるようになった。ダイン・バ・エンへやホヨル・フーたちは、口当たりのいいラブソングを歌って儲けるLumino を「コマーシャル・ラッパー」とディスるようになった。

ともかく「ビー・チャムド・ハイルタイ」が売れたLumino は、ついにモンゴルのヒップホップ・グループとしては初めての単独ライブを行うにいたる。場所は、あのモンゴル初のヒップホップ系大型クラブのTop 10である。九九年一〇月三〇日のことであった。彼らにはすでにマネージャーがついており、そのマネージャーのプロデュースしたライブだった。ちなみにTOP10は、MCITが企画した「トゥーパック・シャクールの日」が少し前に開催された場所である。「キャパが一五〇〇人の三階のホールに入りきれず、一階まであふれたファンが押し寄せていたんだ」とスキゾは当時を自慢げに振り返った。

さらにLuminoは二〇〇一年五月、初アルバム『ここに参上（End garch irev）』を上梓する。そのときスキゾは二〇歳、まだ大学生だった。録音はFMラジオ局で行った。「ソノルスタジオは、大学生の俺たちには使用料が高くて手が出なかった」という。アルバムのジャケットに描かれたLUMINOの文字は、モンゴル初のグラフィティ・アーティスト、ANZ（本名S. Angalan）によるものだ。

Lumino『現れて去ってしまった恋 Special edition』（2002）アルバム。左からバジー、MCビーツ、スキゾ。

Luminoのアルバムは、ダイン・バ・エンへの後塵を拝したものの、大ヒットすることになる。LuminoのMCビーツは、「Luminoはモンゴルで初めてビデオ・クリップ（PV）をつくったり、映画に出演したりした。モンゴルで有名になった最初のヒップホップ・グループだ」とした上で「自分たちの成功は、ミニー・モンゴル・プロダクションのニャムバヤル氏と国家知的財産局の副局長ガントゥムル氏と密接な関係がある」と告白している（MCBEATZ 2011:132）。彼らはまさにエリートのネットワークの中で成功を手にしたのだった。

ラブソングと流用

ゼロ年代の前半期は、ヒップホップのラブソングが大いに売れた時代でもあった。

まずLuminoが二〇〇二年に発表した「現れて去ってしまった恋（Ireed butssan khair）」というラブソングが大ヒットする。この曲は、女性の失恋を歌った曲だ。まずラップで男が恋に落ち、女性とのすばらしい出会いや女性を褒め称える。一方でフック（サビ）の女性コーラスでは、その男が女性の前から「現れて去ってしまった」、つまり彼女を捨ててしまったことが歌われている。当時、Luminoの曲の多くは、モンゴル演歌ともいわれる創作歌謡（*zokhiolyn duu*）の有名な作曲家アランザイ（Aranzai）が作曲を担当していた。アランザイは、二〇〇〇年、Luminoを担当したことでモンゴル初のヒップホップの賞である「アルタンションホル賞」の最優秀プロデューサー賞を受賞している。この曲もやはり作曲家アランザイが作曲したキャッチーなメロディーにグルーブ感のあるライムが売りだ。加えてフックを歌う女性コーラスを担当した女子大生歌手ウーレーの透き通るような声も魅力的だった。当時のFMラジオでループ状態となった曲である。

ちなみにウーレーことウールツァイハ（Üürtsaikh、一九八四〜）は、当時モンゴル国立文化芸術大学のエストラード音楽学科（ポピュラー音楽学科）歌手コースの一年生だった。恵まれた容姿と天に届くような透き通った高音。彼女はICE TOPの「これが私の恋（Ene Minii khair）」でフックを歌って以来、Mon-Ta-Rapなど当時のヒップホップ・グループとコラボすることで出てきた若手だった。Luminoの曲の大ヒットもあいまり、彼女も瞬く間にスターダムに上りつめる。しかし後に人気が洞落しシャーマニズムに救いを求めるようになる。

これに対して、当時ダイン・バ・エンへの弟分だったICE TOPも「泣くことすら許されない恋（Uilakh

Erkhgüi Khair)」というラブソングを発表する。こちらは逆に男が失恋する曲だ。興味深いのは、女性コーラスに「現れて去ってしまった恋」のウーレーを起用していることである。

この曲は、まず男が子どもの頃から好きだった子と付き合い、やがて振られてしまうことをラップで独白することから始まる。そしてどうやら女性が裏切ったことがほのめかされて、女性コーラス部分に入る。女性は「**泣くことすら許されない恋って、あるのよね／約束した場所で君をまっていたけど、やさしい風が時の流れの中で私に吹いてきたわ**」と別の男へと走ったことがほのめかされる。つまりICE TOPはLuminoとは真逆の失恋の歌をつくり、Luminoと同じ女性歌手にコーラスを歌ってもらうことで対抗したのである。

実はライバル同士の歌手が真逆の歌を歌って張り合うのは、モンゴルでは珍しいことではない。その始まりは九五年、当時のモンゴル・ポップスの女王サラントヤー(B. Sarantuya)が「忘れよう(Marya)」という失恋の歌を歌ったのに対して、すぐさまライバルのアリオナー(T. Ariunaa)が「忘れない(Martakhgüi)」という失恋の歌を出した「バトル」である。

モンゴルでは、遊牧民たちが伝えてきた口承文芸の中にデンベーやダイラルツァアーと呼ばれる、即興で相手とやりあう掛け合い歌の文化がある。こうした伝統的な「フリースタイル・バトル」については、次章で見ていくことにしたい。

話を戻すと、この「泣くことすら許されない恋」もLuminoの曲と並んでラジオでループ状態となる。ただしこの曲のトラックは、韓国の女性ラッパー、TashaのMemoriesと言う曲(二〇〇二)のほぼ完全なコピー(流用)だった。当時のモンゴル人はあまり知らなかったが、ゼロ年代後半に韓国への出稼ぎに行く人が増えると、彼らはモンゴル・ポップスの中にK-POPからの流用がかなりあることを知るようになる。

ちなみにLuminoもこの頃、日本のヒップホップの往年の名曲「Dragon Ash ft. Aco, Zeebraの「Grateful Days」

（一九九九）から〝サンプリング〟した曲「ありがとう　目が覚めたよ（Bayarlalaa Ukhaarlaa）」をリリースしている。この曲のヴァース1（Aメロ）はラップがモンゴル語になっているだけで、ほぼDragon Ashの原曲と同じである。ところがモンゴル版では、ヴァース2（Bメロ）の「俺は東京生まれ／ヒップホップ育ち、悪そうな奴はだいたい友達」の部分を飛ばして、フック（サビ）に入っている。そのフックの部分のコーラスの歌詞が凄い。「お母さん、お父さんを僕らはみんな、すごく愛しています／人ならみんな同じだろうけど／すごく愛しています／母や父のいない人間はこの世で幸福にはなれない／僕らを生んでくれた両親を愛せずにはいられない」現代日本ではコンプライアンスに抵触しかねない歌詞だが、実は当時のモンゴル的には素朴な両親への愛を歌った歌詞だった。

ちなみにモンゴルでは、母を想う歌を歌うのは、民謡からの伝統である。現在でもジャンルを超えてつくられ若者からも支持されている。モンゴルにおいて「母親」とは、神聖な存在であり、いかつい格好をしたラッパーが「お母さん、世界で一番すばらしい人よ」と恥ずかしげもなく歌うのもモンゴル人的には〝普通のこと〟だといってよい。

ともあれそんなLuminoの「素朴さ」はアルバムのジャケットにも現れている。よくアメリカのヒップホップ・アルバムでは、CDを買う少年少女の両親に向けて「両親への勧告――露骨な表現入り」というラベルが貼られていることが多い。いわゆるペアレンタル・アドバイザリーのラベルである。ところが上記の二曲が入ったサード・アルバム『現れて去ってしまった恋（Ireed butsan khair）-Special Edition』には、「万民に寄り添った表現入り（*Tümend Niitskhiits Khelleg Agulagdav*）」と書かれたラベルが印刷されていた。確かに読んで字のごとく大衆迎合的でもある。

また翌二〇〇三年にはLuminoは、「人のもの（Khüniikh）」という他人の恋人に横恋慕する内容の曲を出しているが、男女が会話のような掛け合いでデュエットしていく手法が話題となった。しかしこの曲もBusta Rhyme ft. Mariah Careyの「I know What you want」からの流用だった。初期のモンゴルのポピュラー音楽は、このような外国曲の流用が多かったが、その特徴はアメリカだけでなく、日本や韓国、中国、ロシアといった周辺の国々の曲から流用したという点にある。

このような外国の曲の流用についてLuminoのMCビーツは、「当時の（モンゴルの）アーティストたちは、そうするほか仕方がなかったと皆、声をそろえるだろう」とした上で「外国曲をコピっていくことで、モンゴルのヒップホップは急スピードで発展してきたといえる」とする。そして「他者から学んだのちに、自分たちの本質を出していくという方向性でやってきたんだ」と締めくくっている（MCBEATZ 2011:194-105）。

流用の方法に関して、初期のモンゴルのヒップホップは、ブレイクビーツというより、外国曲のメロディーをそのまま流用するパターンが多かった。ビートメーカーのアナル・ビーツによれば、九〇年代末〜二〇〇〇年代初頭のモンゴルではサンプラーも手に入らなかったという。そこで実際はシンセサイザーで原曲を再現する形で「サンプリング」し、それに少し改変を加えてラップをかぶせて曲を制作していたのだという。

このような彼らの音楽実践を〝パクリ〟――すなわち著作権の侵害と断じてしまうのは容易い。しかしいみじくも増田聡と谷口文和が指摘しているように、著作権は作品の起源＝原型をそのままのかたちで保存し、利用複製させることを目的としている。しかしサンプリングなどに代表される新しいテクノロジーがもたらす著作権の独創的、創造的な扱い方には冷淡である（増田・谷口 2005:232）という点も考えておく必要があろう。文化帝国主義の二重の周縁にあった彼らが遅れてヒップホップに参入しようとしたとき、LuminoやICE TOPのような流用戦術は、モンゴル・ヒップホップの創出に不可欠なプロセスだったのかもしれない。

選挙ショーという儲け話

Luminoやダイン・バ・エンへが初アルバムを出す一年前の二〇〇〇年といえば、総選挙の年だった。そこでLuminoは、選挙の応援ショーに出演して大儲けすることになる。「当時、出す曲、出す曲みんなヒットしたんだよ。「片思い（Bütelgüi khair）」「移民たち（Tsagaachid）」などだ。それで選挙ショーに呼ばれるようになったんだ」スキゾはそう語る。

さらに二〇〇一年のアルバムのタイトル曲「ここに参上（End garch Irev）」は、ビデオクリップも作られて話題となった。その中で銃を持ってギャングスタを演じるLuminoのメンバーたちの映像が話題となっている。[39] しかしモンゴルは銃社会でもないし、Luminoも別にギャングスタであったわけでもなかった。演じたのだった。

実はモンゴルは民主化以降も、しばらくは社会主義時代の一党独裁政党だったモンゴル人民革命党が政権を担ってきた。その人民革命党は一九九六年の選挙で大敗し、その代わりにモンゴル民主党が政権を握ることとなった。しかし内部分裂と賄賂による腐敗政治が国民の不満をつのらせていた。

そんな中、二〇〇〇年における国政選挙が始まろうとしていた。民主化以降のモンゴルでは、選挙で政権交代が実現するようになると、選挙運動もヒートアップしていく。対立する陣営が、アメリカのように有名

Ice Topと歌手ウーレー（右から3番目）2002年、ウールツァイハ氏提供。

なミュージシャンや俳優を招いて「ショー」をするようになったのである。モンゴルの「選挙ショー」では、立候補者たちとともにミュージシャンはモンゴル全国各地をツアーするという大規模なものとなっていた。ただしアメリカと異なるのは、モンゴルでは反体制的な歌詞を歌っていたロックやヒップホップのグループが積極的に「選挙ショー」に参加していた点である。

この選挙ショーは、当時のモンゴル市民にごくごく当たり前のものとして受け止められた。民主化以降の早い時期に結成された男性ハードロック・バンド「ホルド（Speed）」は、二〇〇〇年、前出のモンゴル民主新社会主義党の党首が社長を兼ねる電力関連の大企業エレル社（*Erel*）の専属バンドとなり、バンド名を「エレル・ホルド（Erel Khurd）」とあらためた。そして同党の選挙のために「祖国（Ekh Oron）」という曲を作曲し、全国選挙ツアーを敢行した。

また、アメリカのシアトルで誕生したグランジロック・バンド、ニルヴァーナの影響を受けて結成されたといわれるニスバニス（Nisvanis）は、「学校なんて崩れてしまえ（Surguul' nuraasai）」といった反社会的・退廃的なメッセージで一九九〇年代末期から頭角を現したバンドである。ところがその反社会的メッセージとは裏腹に、二〇〇〇年の選挙で人民革命党の宣伝活動に最初から最後まで参加している（「世紀ニュース紙（Zuunii Medee）2000.6.21」）。

さらに不思議なことに、アーティストたちは、大抵の場合、対立する両方の政党とも契約していた。つまり、今日は人民革命党主催の選挙ショーに、明日は母国民主連合の選挙ショーに、といった具合で参加して

39 このビデオクリップでは、モンゴル初の DJ OG がスクラッチをしている姿も見られる。Lumino - End garch irev! HD (Энд гарч ирэв!-2001он) https://youtu.be/sF6s04qQ3lI

いた。Lumino も両方の陣営のショーに参加していた。

一回の選挙ショーに出演すると五〇〇ドル～一〇〇〇ドルのギャラが出る。当時のモンゴルの物価を考えると大金だった。それぞれの政党のショーに一〇回以上、参加したという。当時、大学生だったスキゾたちは大金を手にして飲んで大騒ぎした。ちなみにダイン・バ・エンへも二〇〇〇年の選挙ショーに出演したが、MCアーヴによると野党だった民主党側のショーにのみ出演したのだという。

モンゴルの国政選挙は国を挙げての大騒ぎとなる。というのも選挙率が高く、選挙で政権交代が容易に起こるからである。二〇〇〇年の選挙では、いったん野党となっていた人民革命党が七六議席中、七二議席をとって圧勝し、政権与党に返り咲いた。ちなみに人民革命党は、党名こそ社会主義時代のままであるものの、党の綱領において共産主義は放棄していた。

ところが二〇〇四年に行われた総選挙においては、モンゴル国民は与党人民革命党か、野党三党（モンゴル民主党、モンゴル民主新社会主義党、「市民の意志」党）による連合「祖国・民主連合」か、の選択を迫られた。結果はなんと、議席をほぼ独占して議会を支配した人民革命党の大敗北だった。七六議席中の七二議席の大多数派から、三六議席まで議席を一気に減らしたのだった（ロッサビ 2007:146）。

二〇〇四年の総選挙になると、政治家たちはヒップホッパーたちの力に頼るようになっていた。二〇〇四年五月の選挙期間中、選挙ショーについて新聞は以下のように伝える。

ヒップホップの選挙のショー（*Khip Khoptoi songuuliin shou*）

幅広のズボンとフードつきのパーカーで着飾る今日の「無秩序な」ヒップホップのグループが選挙ショーの「市場」に参入する気配である。事実、彼らを認めなかったり、彼らの言うことに耳を傾けなかったりした時期もある。しかし現在、事情は変わった。それは先週の火曜日に行われたモンゴル人民革命党の選挙運動の開会のショーで誰しもが気づいたことであろう。

（中略）

だから、「クレイジーな」ヒップホッパーたちが観客の心を沸かせ、ゆさぶる可能性は高い。そもそも、彼らのスタイルだって、そういうものだ。また、彼らの歌詞も特徴的である。社会の不当な行いを具体的に歌い上げるヒップホッパーたちの言葉を観客は敏感に感じ取る。しかし彼らは政治的になっているというわけではまったくない。どういう事情であれ、選挙ショーによって価値が急騰していることから考えると、彼らは若者層を付き従える影響力を持つようになったといえる。（後略）

（「今日（Önöödör）」紙　二〇〇四年五月二〇日）

この新聞はモンゴルを代表する一般紙である。タブロイド紙ではないのだが、なぜかこの記事は、ラッパーたちのギャラに関する情報も詳しく伝えていた。いずれにせよ、こうした新聞記事からもヒップホップがモンゴル社会に与える影響を政治も無視できなくなっていたことが伺える。

アウトロ

ダイン・バ・エンへとLumino。この章では、ジェイソン・ガリバーに発する二つのヒップホップ・グループを通じて、ゲル地区スクールとエリート・スクールと呼べるような二つの流派ができてきた過程を見つめてきた。

モンゴルのヒップホップの創世記における特徴は、ゲル地区の比較的貧しい階層の出身者だけでなく、人民革命党のエリート層つまり裕福な家庭の子女がヒップホップに没入していったという点にある。

その理由は、モンゴル人たちは、社会主義崩壊以降に流入した西側の文化をすべて高位の文化、つまりハイカルチャーとして受け止めてきたからであろう（島村 2009）。そもそも文化帝国の中心であるアメリカ合衆国内部においてサブカルチャーの持つ下位性という文脈は、それを受容する側つまり周縁たる非欧米諸国にとっては、当事者意識は希薄となる。さらに欧米という「中心」と非欧米諸国という「周縁」の権力関係という文脈の中で、サブカルチャーの本来持っていた周縁性、あるいは権力への抵抗といった性質は、「周縁」においては、逆に中心性を帯びる。その結果、サブカルチャーが「中心」という権力に対する崇拝へと転化するというパラドキシカルな現象がたち現れる。

ポスト社会主義モンゴルにおいても、ＭＴＶが垂れ流す、豊かで自由な国アメリカやイギリスというイメージが、若者たちの間で瞬く間に文化的ヘゲモニーを築いていった。一般的に文化帝国の中心たる欧米の世界において、サブカルチャーとしてのロックやヒップホップが、大学という公的教育機関において教えられることはない。日本の東京藝術大音楽学部にしても、そこで教えられる「歌」といえば、声楽科におけるクラシックの歌曲やオペラか、邦楽科における長唄などの「伝統的」にハイカルチャー（上位文化）に属するものに限られる。

これに対して社会主義崩壊後のモンゴルでは、国立文化芸術大学に、サブカルチャーをも授業対象とする「エストラード音楽科」が設立された。このエストラード音楽科は、九六年度に設立されて以来、毎年約一〇人が合格し入学している。さすがにヒップホップは大学で教えられなかったが、少なくとも欧米のポピュラー音楽の一翼を担う高レベルの文化として理解されていた節がある。

この背景には、社会主義時代から「エストラード音楽」自体が、ハイカルチャーの一種として意識されてきた歴史がある。ポピュラー音楽の起源となる社会主義時代の芸能も、基本的に国家主導でつくりあげられて来たからである。

ファッションに関してもサブカルチャーはハイカルチャー化していた。本来、ロックなどのミュージシャンがクラッシュ・ジーンズをはいていたのは、抵抗のシンボルだったからだ。つまりブルーワーカーの作業着だった破れたジーンズをはくことで自らの下位性と抵抗性を表現していた。

ヒップホップ・ファッションにしても同様である。オーバーサイズのパンツやジーンズをはくのは、黒人貧困層の若者たちが、自分のサイズにあったものを買う購買能力がなかったため、太った父親や兄の「お下がり」を着ていたことに由来する。それが、時が立つにつれて「黒人性や抵抗性といった意味するシンボルとして「ヒップホップ文化」のスタイルとなっていった。

ところがモンゴルでは、こうしたロックやヒップホップのスタイルに当初、「抵抗」といった記号的意味を見出していなかった。例えば、ジーンズは作業着やカジュアルな衣服というより、入手困難な西側の高価な衣装という認識だった。旧社会主義圏の人々にとって、最も欲しかった贅沢品のひとつがジーンズだったのである。

民主化直後のモンゴル人のファッションについて、九八年頃、ある女性は会話の中で「九一年ごろAさんは、ジーンズをはいて髪を伸ばしていて、すごくロックだったんだよ。だってその頃、ジーンズはモンゴルに入ってきてなかったしね」と私に話した。このAという男性は、東ヨーロッパに留学していた人物である。当時のモンゴル人にとって、ジーンズとロックは西側の憧れの「ハイカルチャー」として認識されていた。その証拠に九〇年代後半まで、ウランバートルの街では、ジーンズにアイロンで折り目を入れてスラックスのようにしてはくというスタイルも珍しくなかった。

ヒップホップに関しても同様で、幅広のパンツやパーカー、コンバースのバスケットシューズ、ナイキのジャージといったアイテムが二〇〇〇年ごろから徐々にウランバートルで手に入るようになってきたものの、やはり大変高価であった。事実、ファッションについてインタビューを受けたあるラッパーが「服装の面ではなるべく自由でありたいと思っているよ。たいていの場合、スニーカーを履くよ。ラッパーは、普通、色の派手なものでおしゃれするのが好きなんだ」などと答えていた（島村 2009:441）。

つまり九〇年代からゼロ年代初頭のモンゴルにおいて、ヒップホップ系のファッションスタイルは「自由と豊かさの象徴」であった。しかしそこに黒人たちの「抵抗のスタイル」という記号的意味は共有されていなかったといってよい。

なぜならポスト社会主義の混乱状況においては、西側の文化や商品が急激に押し寄せる一方で、それらの記号の意味は、十派一絡げに「欧米の高い文化／高価な商品」つまり「ハイカルチャー」だと認識されていたからである。その結果、サブカルチャーが輸入されても、欧米では当然の音楽やスタイルの持つ記号的意味が理解されるまで、時間差があった。こうした現象をポスト社会主義におけるモードの「記号的意味《シニフィエ》のタイムラグ」と呼んでおこう。記号的意味《シニフィエ》のタイムラグは、二〇一〇年代に入ると、モンゴル人の海外進出が増えたこととインターネットの普及によってほぼ解消されていった。しかし九〇年代末、Lumino のスキゾのようなエリート青年がヒップホップに傾倒したのも、ポスト社会主義期特有の「記号的意味《シニフィエ》のタイムラグ」が生み出した偶然なのかもしれない。インタビューの最後にスキゾは「俺は作曲家を目指しているんだ」と言っていた。彼は、ポスト社会主義期の混乱の紆余曲折を経て、エリート本来のハイカルチャーを担う人間に戻ろうとしているかのようであった。

いずれにせよ、ポスト社会主義期モンゴルにおける初期のポピュラー音楽文化は、学校教育や政府といった「官」とミュージシャンやそれを支持する若者たちといった「民」による官民一体で生み出されていったという側面があった。その結果、彼らのポピュラー音楽は、抵抗文化／主流文化、あるいはサブカルチャー／ハイカルチャーという二項対立の図式では捉えられない文化としてたち現れたのだった。

このようなハイカルチャー／サブカルチャー区分の融解という文脈の中で、チョイノムという文学者とヒップホップの接合というラディカルな文化実践が生み出されたのかもしれない。とはいえゲル地区出身のMCITエンフタイワンは、ヒップホップ（とりわけオールドスクール）の持つ抵抗性を理解していた。その上でサブカルチャー（ヒップホップ）とハイカルチャー（文学）の垣根を越えた融合を実現した彼の感性は、図らずも未来を先取りしていたのかもしれない。というのも、ボブ・ディランがノーベル文学賞を受賞し、ケンドリック・ラマーがピューリッツァー賞（音楽部門）を受賞するようになった昨今のことである。世界はハイカルチャー／サブカルチャーの区分の持つ政治性を乗り越えていく方向へ確実に向かっているからだ。

次章では、モンゴル文化にとっての伝統とその伝統たる口承文芸とモンゴル語ラップの連続性が詳らかにされていく。

第三章　伝統

口承文芸からヒップホップへ

トーリチ（口承文芸の語り手）のチョイスレン。20 世紀初頭。
T. Bayasgalan 氏提供。

イントロ

ヒップホップは、果たしてモンゴルの「伝統文化」なのだろうか。本書の冒頭で紹介したように祝詞詩人《ユルールチ》のバヤルマグナイは「ヒップホップはモンゴルが発祥だ」という衝撃的な主張を開陳した。彼の主張では、ヒップホップはモンゴルの口承文芸に連なる「伝統文化」ということになる。たしかにヒップホップはモンゴルの口承文芸と共有する韻踏みの文化がある。しかしヒップホップの起源は、明らかにアメリカである。たとえブレイクビーツを発明したDJクール・ハークがジャマイカ出身だったとしても、あくまでヒップホップの発祥の地はニューヨークのサウスブロンクスであることに変わりはない。

ここで祝詞詩人《ユルールチ》の説を「とんでも起源説」と断罪するのは簡単だ。だが、そもそも「伝統」とはいったい何なのだろう。本来、「伝統」といえば、昔から維持してきた習俗・習慣を意味する。一方でイギリスの歴史学者ホブズボウムとレンジャーらが明らかにしたとおり、我々がはるか昔からの伝統だと思っているものの中には、実は近代以降に創り出された／捏造された伝統であるものも少なくない（ホブズボウム・レンジャー 1992)。例えば、スコットランドの「民族衣装」として知られるタータンチェックのスカートのような男性衣装「キルト」もイギリス人が考案した工場労働のための衣装だった。

このような文化の発明／捏造（invention）は、世界中いたるところで行われている。しかし欧米の人類学者が非西洋世界における文化実践を「創られた伝統」だと断じることで、「本物の伝統」と「偽者の伝統」を区分する二分法が生まれてしまったことは、留意する必要がある。その結果、こうした欧米の人類学者の上から目線の分析に対して、現地から批判の目が向けられるようになった。なぜ我々が文化に対してどう振舞うべきか決定する力を我々から奪うのか、という批判である（井上 2004:803）。

では「ヒップホップの発祥は、モンゴルである」という主張に対して私たちはそれを嘘だと笑って済ましてしまってよいのだろうか。もちろん、モンゴル人自身もほとんどが「ヒップホップはモンゴルが発祥地」という言説に対して首肯しないであろう。しかし「ヒップホップは、モンゴルの文化だ」というならば、頷く人の数はぐんと増えるに違いない。

というのもヒップホップ（ラップミュージック）がモンゴルで定着した文化であると同時に、彼ら自身もヒップホップに伝統文学（口承文芸）との文化的な近しさを見出しているからである。そのような近しさにいち早く気づいたのが、伝統的な頭韻でラップを始めた MCIT エンフタイワンであろう。そして観察者である私自身も、モンゴルの伝統文化としての口承文芸やシャーマニズムの中にラップとの連続性を見出していた。その点において、口承文芸の語り部や MCIT と私は感覚を共有していたといってよい。

モンゴルの人々は、外来の技術や文化を「モンゴル化する（*mongolchilokh*）」という名の下で主体的に改変を加えてきた（島村 2017b:93）。一種のローカライズといっていい。興味深いことに彼らは、喩えモンゴルの伝統要素が入っていなくても「モンゴル化」と呼んでいる。中古ベンツのシャシーにロシア製のジープのエンジンを積み込むような事例である。大事なのは、自分たちの意思で何かを創り上げているという主体性の感覚である。実はモンゴルのヒップホップもモンゴル化——ある種のローカライズ——を経て形成されたものだといってよい。

その一方で二〇世紀、逆に彼ら自身の伝統文化を西洋化させていくというプロジェクトも進められていた。

社会主義の発展史観の下で「伝統文化は、発展すべきものである」という思考様式が定着していたからである。ここでいう発展とは、近代化であったり社会主義化であったりという意味なのであるが、音楽や舞踊を例にした場合、事実上の西洋化であった。「民族音楽」は西洋の音楽の形式に近づき、「民族舞踊」はバレエに近づいた。つまり二〇世紀を通じて、伝統文化を「フグジル(発展)」という名のもとで西洋の文化に近づけようしてきたのである。つまりモンゴルは近代化≒社会主義化を通じて「モンゴル化」と「発展」の緊張関係の中で新たな文化が生み出されたり、古くからの文化が更新されたりしてきたのである。

そこで本章では、まず二〇世紀における「発展」と「モンゴル化」の駆け引きを確認した上で、伝統文化としての口承文芸とラップミュージックの近似性について考えておこう。まずはあえて彼らの解釈に寄り添って「モンゴル文化としてのヒップホップ」を見つめるよう試みてみたい。

西洋化した民族音楽

かつて社会主義政権下のモンゴルでは、伝統的な遊牧生活を「文化的ではない(*soyolgüi*)」とし、ソ連から与えられた都会のアパートでの生活やソ連製の映画や演劇、音楽を鑑賞することが「文化的(*soyoltoi*)」だとされてきた。

わかりやすく言えば「遊牧は遅れている」という意識や感覚だ。なぜなら狩猟・牧畜・農耕という順で歴史を再構成したマルクス史観に基づくならば、遊牧はいまだ農耕未満の文明にとどまってしまうからである。牧畜から農耕が始まるという図式は現代の生態人類学の常識からすると、ありえないのだが。また、かつて一三世紀にマルコポーロが記述した遊牧とさして変わらぬ遊牧文化のあり方は、停滞しているともされてきた。しかし学術的には「停滞性」、つまり変化がないことは「持続可能性が高い」「環境にやさしい」生業との再評価が進んでいる（小長谷 2003）。

しかしモンゴル人の間では、民主化以降も、社会主義時代の古い「文化」概念は心に深く刻み込まれていた。モンゴルの文化といえば、遊牧文化との繋がりを無視できない。すると「遊牧文化は遅れている」という意識は、「モンゴル文化は遅れている」という意識に簡単に横滑りしていく。事実、モンゴルの民俗学者のルハグワスレンによると、九〇年代の若い世代は「モンゴルは文化がなくておもしろくない。ヨーロッパやアメリカなどの文化のある国に行きたいと願っている」とよく語っていたのだという（ルハグヴァスレン 1999:108）。

社会主義時代、モンゴルでは「芸術」というもの自体が「文化的」なハイカルチャーだと意識されてきた。しかも「芸術」という文化はソ連のロシア人からもたらされるものであり、自分たちの「文化」に対して価値をあまり感じてこなかった。こうした意識はソ連のロシア人との関係性の中で構築されたといってよい。

一九二五年、ソ連の指導者スターリンは東方勤労共産主義大学の学生集会で「内容においてはプロレタリア的、形式においては民族的」な文化こそが社会主義が近づきつつある普遍文化である、と発言した（Stalin 1952:137、渡邊 1999:5、渡邊 2010:116）。モンゴルではこのスターリン・テーゼを敷衍させて、一九三四年、人民啓蒙省から出されていた雑誌『モンゴル人民の民族文化の道』紙上で文化、教育事業推進のために、芸能を「民族的な形式を持ちながら革命的な新しい内容をもつように行う」ことが示された（Idamsürüng 1934:20、青木 2010:28）。

このスターリンの方針がモンゴルを含む旧社会主義圏における文化政策の基本的な方向性を規定することになった。ここで大事なのは、「民族的形式」を持つ伝統的な芸能から「革命的（社会主義的・国際主義的）内容をもつ新しい芸能を「創造」することだった（上村 2001:107）。さらに言うならば「革命的な内容」はテーマだけではなく、音楽なら楽器や演奏法、舞踊なら身体の動きにいたるまでソ連のロシア人を媒介にしてヨーロッパ化が進行したことである。実は、馬頭琴やホーミーで有名なモンゴルの「民族音楽」も社会主義時代の「発展」＝ソ連経由のヨーロッパ化の中で創造されたジャンルだった。

モンゴル語では、「民族音楽」はアルディン・フグジム（*ardyn khögjim*）というが直訳すると「人民の音楽」である。つまり馬頭琴などの「民族音楽」は、保存すべき「伝統音楽」というより、発展すべき「人民の音楽」というカテゴリーの中で理解されるようになったわけである。モンゴルには、社会主義時代に創られ今も活躍する「馬頭琴オーケストラ」（*Morin khuurin chuulgan*）というものがある。馬頭コントラバスや馬頭バイオリン、そしてチェロは馬頭琴に置き換えられた不思議なオーケストラである。

モンゴルの「民族音楽」に詳しい青木隆紘によると、そもそも馬頭琴などに代表されるモンゴルの「民族楽器」は、国立中央劇場で西洋式オーケストラが設立される中で、西洋の音階やオーケストラの演奏に合うように改良をされて創り出されたものだった。その過程で一九六二年には、「民族楽器オーケストラ」が誕生したのだった（青木 2008、2010）。

その結果、草原の即興性の高い馬頭琴の曲たちは西洋音階の楽譜に「採譜」され教本がつくられた。ジャズのようなインプロヴィゼーションを得意としたこの楽器は、オーケストラ用の楽器として制度化され「近代化」されていった。ちなみに民族音楽学を専攻する八木風輝によると、バヤンウルギー県の「音楽劇場」は、こうして生まれた「人民音楽」の演奏者を育成する学校のような機能を果たした（八木 2018）。草原で伝承されてきた音楽の演奏法は、社会主義が生み出した制度にとりこまれていったわけである。

さらにホーミー（喉歌）も「近代化」という名の西洋化がなされていく。ホーミーは、一人の歌手が同時に二つの音高――バグパイプのような低い音程が続くドローン音と口笛のような音色でメロディーを奏でる高い音域の「メロディー音」――を発する歌唱法である（山田 1998: 680）。上村明によると、そもそもホーミーは歌詞がある口承文芸のジャンルの一つだったが、ソ連から合唱文化が導入された結果、歌詞を歌わずにメロディーだけをホーミーで独唱するスタイルが創造されたのだという（上村 2001:107-108）。

ちなみにこのような「伝統」概念は、発展する――動的に変化すること――を前提としている以上、世代によって「伝統観」が異なってくる。例えば、「民族舞踊」＝人民の舞踊を例にとった場合、社会主義時代に活躍した民族舞踊の舞踏家と比較的若い舞踏家の間で何をモンゴル舞踊の「伝統」とみなしているのかが異なっていた。年配の舞踏家たちは、古くからの民俗舞踊に社会主義時代のロシアのバレエの要素を取り入れた民族舞踊を「伝統的」だと理解する。一方で九〇年代の民主化以降に活躍する若い舞踏家は、ロシアンバレエの要素が入った社会主義時代の民族舞踊を「伝統的」だとはみなしていなかった。しかし若い舞踏家たちはジャズダンスの要素を入れた新しい「民族舞踊」を新しい「伝統」として創出していた。すなわちモンゴルでは、世代にかかわらず「伝統」を創っているが、世代によって「伝統」観が異なるのである（今井 2017）。

ともあれ、社会主義期のモンゴルにおける文化の「発展」とは、自文化の「近代化」＝ソ連経由のヨーロッパ化であったといってよい。

その結果、「自文化を発展させる（*khögjüülekh*）」という社会主義期の意識の遺産としてポスト社会主義期にも継承されていくことになった。つまり科学・文化・社会すべてがリニアな発展をするという発想は社会主義が生み出したものであるが、それはポスト社会主義期の現在に至っても変わることなく信じられてきたということだ。この「発展」した状態／欧米化した状態が「文化的」なのであって、発展していないもの／前近代の自文化は、文化的ではない。このような理解は、二〇世紀のモンゴルの人々の間で社会主義期

（一九二四〜一九九二）からポスト社会主義期（一九九二〜）にわたって共有されてきたといえる。

「モンゴル化」という文化実践

「発展」に対して、逆に外来の文化や技術を自分たち流に改変を加えるのが「モンゴル化」（モンゴルチロホ）だ。例えば、遊牧民が暮らす草原に行けば、使い古した自動車のタイヤが家畜の水飲み用の容器として使われている。また自動車のラジエーターが木造固定家屋の玄関の泥落とし用のマットとして置かれていたりする。仏教寺院に行けば、ドラム缶と自動車のタイヤハブで創られたマニ車があったりする。中には軽トラの荷台の上に乗用車のボディの後ろ半分を切り取って載せて、ワンボックスカーを作ってしまった例もある。これらはすべて「モンゴル化」といわれるものである。

元陸軍技術中佐の男性によると、社会主義時代、ソ連から入ってきた技術をモンゴルの状況に適応するように変えていたが、それを「モンゴル化」と呼んでいたのだという。

例えば真冬にはマイナス三〇度以下になるモンゴルでは、バッテリーの性能が下がるため車のエンジンがかかりにくくなる。こんな時のために旧ソ連製の車には、バンパーに鍵穴のような穴が開いている。その穴にL字型の鉄の棒をさして回転させることで、エンジンを始動させる。いわゆるクランク棒のことである。

古タイヤをモンゴル化させ家畜の水飲み場にした例。2014年南ゴビ県、著者撮影。

しかしエンジン室が冷え切っていると何度クランク棒を回してもエンジンが始動しないことも多い。そこでモンゴルのドライバーたちは、少しでもエンジンが冷えないようにトラックや軍用ジープのボンネットを羊毛のフェルト（ゲルの素材でもある）製のカバーを取り付けるという改造をしてきた。これなんかが典型的な「モンゴル化」なのだという。

あるいは、砂埃の舞うモンゴルのオフロードを車で走ると、密閉性の低いソ連車には砂煙が入ってきて社内に充満する。それを防ぐためにドットルゴーと呼ばれる内装工事を施して粉塵対策をする。これも「モンゴル化」だ。

モンゴル化は、いわゆる「ブリコラージュ」といってさしつかえないだろう。ブリコラージュとは、レヴィ・ストロースがその著書『野生の思考』の中で概念化したもので、ありあわせのモノを用いて必要なモノをつくりだす行為のことを指す（レヴィ・ストロース 1976）[40]。

モンゴルの事例では、彼らの生み出すブリコラージュには民族的な要素が含まれていないことも少なくない。にもかかわらず、なぜか「モンゴル化」という民族名称を使って説明している。彼らは「モンゴル化」

40　人類学者の出口顯は、ブリコラージュする人であるブリコルール（器用人）は主体性を発揮していないことを見落としがちだと指摘する。つまり利用するものや資材との「駆け引き」の中でブリコルールの意のままになるとは限らない。さらに生物の進化にもブリコラージュは見出されることも見落とされているとする。陸上の脊椎動物が進化の過程で淡水魚がよどんだ水からなんとか酸素を吸収するために食道壁を広げていった結果、肺が形成されたのも「ブリコラージュ」なのだという（出口 2017）。なるほどレヴィ・ストロースの「ブリコラージュ」という概念において、ブリコルールは「主体性」を発揮する存在ではないのだろう。しかし世界中のブリコルールたちは少なくとも主観的には何かを創造する感覚を味わっているのではないだろうか。

について「自分で簡単にモノを直すこと」「壊れたモノや外国から入ってきたモノに手をくわえてモンゴルに適応させる」「欲しいモノの構造を再現して作り出す行為」などと説明したりする。最後の「欲しいモノの再現」とは、モンゴル人が日本の暖房器具であるコタツを自ら製作しても、それは「モンゴル化」なのだそうだ。あるいは「モンゴル化」とは「モンゴル人のやり方でやることなんだ」と説明した人もいた（島村2017b:93-94）。

これらの説明に共通しているのは、たとえマネであろうが、創意工夫であろうが、自分たちが主体的にモノを作りかえたと感じているのならば、彼らは「モンゴル化した」と解釈しているという点である。すなわちモンゴル化とは「モンゴル人自身が主体的にモノを操作したり改変したり選んだりする権限を行使していると認識していること」と理解できよう。重要なのは客観的に見て「主体性」を発揮しているかどうかではなく、彼らが「主体性を発揮している」と認識しているかどうか、であろう。それはフランスの社会学者ピエール・ブルデューが言うところの実践感覚といってもいいのかもしれない（ブルデュ 1998［1980］）。

さてソ連に提案された文化を「発展」させるという行為がモンゴル人にとって、やらされている感の強いものであるならば、社会主義崩壊以降の資本主義世界からの文化の流入も彼らの「主体性」を奪うような存在であったといってよい。社会主義が「政治的に文化の押し付け」をしてきたとするならば、ある意味、資本主義は「経済的な文化の押し付け」だった。

社会主義崩壊以降、モンゴルでは製造業が崩壊した結果、乳製品や肉製品を除くと加工食品や家電、洋服といった消費財のほとんどを輸入してきた。欧米のポピュラー音楽のCDやカセットもそこに含まれる。彼らは、日常的に外国の文化や商品に囲まれて暮らしているといってよい。そんな彼らは高品質の外国製品に憧れ買い求める一方で、自らそれを生産できないことを痛いほど理解している。

九〇年代当時、モンゴルの人々から日本の製品の高品質さを褒める語りをよく聞いた。その一方で、「モンゴルには技術がないから」「Made in Mongolia の製品がいつ出来ることやら」といった発話をよく耳にした。当時、モンゴル青年同盟が若者たちに対して呼び掛けたスローガンは「ヒージ・ブテーツゲィ！（創り出そう！）」だった。

そのような中、二〇一〇年代に入りトロリーバスの組み立て工場がモンゴルに作られた。トロリーバスは、バスと並んでウランバートル市の主要交通機関である。現在ウランバートルでは「MADE IN MONGOLIA」と大きく書かれたトロリーバスが誇らしげに街を走っている。いかに彼らが自分たちの力でモノを作りたいと渇望してきたかが了解できるエピソードである。

こう考えてくると「モンゴル化」と呼ばれる文化実践は、モノを自分たち風に操作・改変できる最後の牙城だと言える。これは単純に技術力だけの問題ではない。デザインを含めて商標や特許、著作権といった法的な権能によって自由なモノの創作――操作可能性はがんじがらめに制限されているのが現代社会である。「文化や技術の囲い込み」と呼んでもよいくらいだ。

これに対して、モンゴルの人々は自ら頭を使ってモノを自分たち流に改変する能力があることを誇りとしている。「モンゴル化」は一種の自虐的な意味を含みながらも、そこに自分たちの可能性を見出そうとする、彼らのやるせなさと誇りが入り混ざりながら行われている文化実践なのである（島村 2017b:94）。

そしておそらく、初期の MCIT たちの頭韻を踏んでいくラップもこうした「モンゴル化」のひとつだったに違いない。

外来文化を飼い慣らす

二〇〇〇年代になると、「モンゴル化」という文化実践は、グローバルな「文化や技術の囲い込み」に対する守りの技法から、むしろ積極的に外来文化を自分たち流に飼い慣らしていく「攻め」の道具へと変わっていった。

例えばモンゴル相撲（モンゴル語で「ブフ」*bökh*）という「伝統文化」は、柔道やレスリングとのハイブリッド化がかなり前から進んでいる。私のゼミ生だった平山開士は、モンゴル留学中、モンゴル相撲の道場に通っていた。そこで見たのは、なんと柔道やレスリングをそれぞれ「ジュードー・ブフ」「自由形ブフ」と呼んで、モンゴル相撲と平行して練習する光景だった。つまり柔道やレスリングをブフの一部として取り込んでいたわけである（平山 2017）。

ファッションといった欧米起源の文化に関しても同様だ。デールと呼ばれるモンゴル民族衣装の世界は、近年、仮面舞踏会風のものや日本のアニメのコスプレ風のものといった創作モノが登場している。それらは限りなく洋服に近いものが多いが、民族模様や仏教の法具などがデザインとしてあしらわれている（島村 2016）。つまり、あたかもワンポイントだけ民族的シンボルを入れれば、あとは洋風であろうと何であろうと「デール」なのだと宣言しているかのようなデザインだった。例えば、ファッションデザイナーのO・ボルドはWEB雑誌のインタビューに対して以下のように語っている。

洋服、特に衣装製作の技術でイギリスや韓国、香港といった国々と競争するというのは容易なことではない。その代わりにモンゴル独自の衣装製作技術で違いを出していったほうがいい。他の国がモンゴルの（民族）衣装を（デザインとして）発表しないのは、当たり前の話だ。モンゴルの独自性を出していくことで、我々が世界中のデザイナーたちに注目される場を獲得することができるんだ［khongormaa 2007］。

要するに彼は民族衣装のテイストを出すことが世界的に注目されるデザインになるというのだ。自分たちが主体的にデザインを改変できるならば「モンゴル化」である。「文化の囲い込み」という状況下において「民族衣装」というジャンルは、世界の周縁を生きる人々に残された、数少ない自由な創造力を発揮できるアリーナなのである。あるいはグローバル化が進む現代において「伝統文化」や「民族文化」とは、世界の周縁におけるマイノリティたちによる「自発的なクリエイティビティ」の別の謂いなのかもしれない。我々は知らず知らずのうちに「民族文化」と言えば、変化の少ない「伝統」と考えがちである。しかし現代においては、むしろ「民族文化」の方がクリエイティブでダイナミクスに富んだものになりつつある（島村 2017b:94）。

ペンタトニック大賞

もちろんポピュラー音楽の世界においても「モンゴル化」戦術が採用された。ポピュラー音楽の世界で象徴的だったのは、「ペンタトニック賞」の誕生である。この賞は、一九九四年、グラミー賞に倣ってアーティストたちの業績を称え、ポピュラー音楽を振興させるために創設された。「ペンタトニック」とは五音階、すなわちアジア音階のことである。日本の民謡などもペンタトニック（いわゆるヨナ抜き）であるが、明らかにかれらは、自分たちのポピュラー音楽のアイデンティティをペンタトニックに求めていた。まさにグラミー賞の「モンゴル化」であった。

実際、初期のモンゴルのロックやポップスにはこの音階を採用した曲も少なくなかった。ハードロック・

バンドのハランガ（Kharanga、銅鑼の意）やホルド（Khurd、Speed の意）といったグループは、長髪の革ジャン、細身のパンツといったスタイルをしていた点では欧米のバンドとなんら変わりはなかった。しかし彼らがバラードを歌うと、モンゴル民謡を彷彿とさせる、どことなく懐かしい感じの曲調となった。それもそのはずペンタトニック音階が取り入れられていたからである。賞に限らず、ロックのようなポピュラー音楽そのものも事実上、彼らは「モンゴル化」させていたといえる。

ところでこのペンタトニック賞を発案したのは、社会主義時代にアマチュアのポップス歌手として活動していたB・ドルギオン（B.Dolgion、一九五五〜）だった。彼は社会主義が崩壊したとき、何よりもプロデュース業が必要なことに気づいた。というのも国家による音楽統制の終焉は、皮肉にも音楽業界自体の消滅を意味したからだ。わかりやすく言うと、社会主義政権の文化省の役人たちが去った後、音楽業界を仕切る者が誰もいなくなってしまったのである。

そんな中、ドルギオンはまず自分でバンドをプロデュースしようと思った。そこで生まれたのが「オローリン・ボッダグ（Lip Stick, Uruulyn Budag）」という四人組のガールズバンドである。資金集めにはじまり、作曲、衣装の選定、ライブ会場の設定など、すべて彼自身がやったのだという。このバンドもやはりペンタトニック音階で歌うロック・バンドだった。YouTube にアップされている当時の彼女たちの代表曲「フレーの女たち（Khüree khüükhnüüd）」（一九九六）のPVを見てみよう。ギターに混ざってシャンズ（モンゴル三味線）を低く抱えたミニスカートの女の子がこぶしを聞かせながら、体をくねらせながら歌う不思議な映像だ。ちなみにフレーとは、ウランバートルが革命前、仏教寺院の門前町だったころの名前である。

またペンタトニック大賞を発表する場としてペンタトニック祭（*Pentatonic Naadam*）が主催されるようになった。ペンタトニック祭は毎年、一二月三一日に開催され、TVで生中継がなされるようになった。瞬く間にペンタトニック祭は、国民的なイベントに成長していった。会場となった文化宮殿の入り口にはグラミー賞に倣ってレッド・カーペットが敷かれ、その上を歩く煌びやかなスターたちの姿が演出された。

また賞を授与するために「ペンタトニック・アカデミー」という審査委員会が設立された。メンバーは、作曲家のB・ダシドンドグ、G・プレブドルジ、詩人のB・ハグワスレン、作曲家のKh・エンヘバヤル、歌手のトム・ジャガア、作曲家のTs・バルハジャヴ、歌手のN・ガンホヤグ、女性歌手B・サラントヤー、そして〝On & Off〟プロダクションのオノンバットらであった。ちなみにB・ダシドンドグは後に二〇一八年、「匈奴ロック」のバンド、THE HUをプロデュースしたことでも知られている。オノンバットはモンゴル初のPVディレクターである。

このようなペンタトニック祭であったが、第一四回（二〇〇七）を最後に開催されなくなる。資金繰りなどをめぐって内紛があったといわれている。しかし同時にそれは、モンゴル人が自身のポピュラー音楽にペンタトニック音階に求めていた時代の終焉を意味していた。[41]

ポピュラー音楽と民族音楽の融合

このような「モンゴル化」とは、外来の技術や文化の〝飼いならし〟だといえる。「モンゴルには文化がない」「自文化を文化的にしなくてはならない」というコンプレックス。彼らには、「発展」＝ヨーロッパ化への欲望と、外来の文化を飼いならしたい＝「モンゴル化」したいという矛盾する欲望があった。この二重

41　ただし地方の遊牧民が好む創作歌謡（モンゴル演歌）のジャンルでは、今もペンタトニック音階が採用されることが多い。

の欲望のせめぎ合いの中で、現代モンゴルのポピュラー音楽も創造されてきた。

おそらく進んだ西洋—遅れた東洋という二項対立の呪縛を超えることを欲したのは、モンゴル人だけではないだろう。一九八〇年頃、ＹＭＯがアジア音階と近未来的な電子音を融合させたテクノミュージックをつくり、あるいは電子音で「トキオ（東京）、トキオ」を連呼したのは、この二項対立図式を攪乱するプロジェクトでもあった。このＹＭＯの試みによって多くの「洋楽コンプレックス」を持つ者たちは溜飲を下げたであろう。

一方、モンゴルの場合、彼らが主体的に民族音楽とポピュラー音楽を融合させるようになるのは二〇〇〇年代に入ってからのことだ。社会主義崩壊によってポピュラー音楽の歴史が始まったというタイムラグもあったせいか、最初の民族音楽とポピュラー音楽の融合は外国人によって先鞭がつけられた。

モンゴルの民族音楽とポピュラー音楽を融合させた最も初期のミュージシャンにジャズの坂田明がいる。坂田は、ベーシストでありワールドミュージックの先駆者でもあったビル・ラズウェルやドラマーのロナルド・シャノン・ジャクソンとトリオを組んでアルバム『蒙古　MOOKO』（一九八八年七月）をリリースした。このアルバムの表題曲「蒙古　Mooko」では、電子音のようなホーミーが登場している。坂田の語るところによると、ビル・ラズウェルの提案でサンプリング音源をモジュールで加工して作った音なのだという。もはやヒップホップである。

一九九〇年にドキュメンタリー番組でモンゴルを訪れるなど坂田明のモンゴル熱はさらに高まっていった。彼が求めていたのは社会主義の鉄のカーテンの向こうに隠された〝原初の民族音楽〟だった。坂田はそこで馬頭琴の名手バッチョローンと出会いセッションを果たす。そうした中、一九九四年、彼はビルと組んでアメリカやイギリスだけでなく、アフリカ（ガンビア・セネガル）、ギリシャ、日本、インドネシアといった国々から多彩なジャンルのミュージシャンを集めて「微塵子空艇楽団（Flying Mijinko Band）」を組織した。[42] 坂田は国際交流基金の助成を得ると、この微塵子空艇楽団を率いて一ヶ月間、モンゴルや内モンゴル、ウズベキスタンといった北・中央アジアの国々を回り、現地の民族音楽の演奏家とのセッションを果たした。原初の音楽とジャズの出会いで新しい音楽が生まれることを坂田明やビル・ラズウェルは信じていた。しかし彼らが追い求めていた〝原初の民族音楽〟は、社会主義期に「発展」＝ヨーロッパ化した「人民音楽」だった。

モンゴルでは、モンゴル文化省の官僚たちの利権に遮られ、思うようなミュージシャンとセッションできない。ようやく会えた盟友バッチョローンは、早くも引退し「馬頭琴オーケストラ」の指揮者となっていた。ところが「本物」の民族音楽ではない「馬頭琴オーケストラ」とのセッションに対してビル・ラズウェルは全く興味を示さなかった。しかし「本物」＝原初の民族音楽なんて、どこにも存在していなかった。坂田はたったひとりで馬頭琴オーケストラと無観客でセッションをする。結果的に微塵子空艇楽団としては、文化省の選んだ「民族歌舞団」と公演をすることになった。[43] この民族歌舞団は民族舞踊のS・スフバータルを団長としていたが、ジャズをバックに丁髷のヅラをつけてサムライのダンスショーをしたいと言って、坂田らを困らせた。ちなみにそのスフバータルの息子がモンゴル初のラップデュオ「ハル・サルナイ」のアムラーことアマルマンダハである。

42　微塵子空艇楽団のメンバーは坂田明（as,cl）、Bill Laswell（b）、金子飛鳥（vln）、吉野弘志（b）、田辺頌山（尺八）、Epo（vo.）、木津かおり（vo）、木津しげり（vo, per）Aiyb Dieng（per）、Anton Fier（ds）、Febian Reza Pane（p）、Foday Musa Suso（kora）、Nicky Skopelitis（g）。

43　このツアーの模様はＮＨＫＢＳスペシャル『大草原に音は湧きたつ：坂田明とミジンコ空艇楽団』（一九九四年一二月四日ＯＡ　ＮＨＫ―ＣＲネクサス、坂野晧ディレクター作品）で放映された。

ともあれこの企画を通じて馬頭琴は、ジャズや日本民謡、西アフリカの瓢箪のリュート、コラとの不思議な出会いを果たした。[44] とりわけ西アフリカの伝統的な吟遊詩人、グリオのファオダイ・ムサ・スソ（Foday Musa Suso）がこのバンドに参加していたこと特筆に値する。例え坂田らとモンゴル側が同床異夢だったにせよ、モンゴルの「民族音楽」をジャズや他国の民族音楽と融合させるという試みは、当時の日本人にとっても、モンゴル人にとってもアヴァンギャルド過ぎるプロジェクトだった。とりわけ社会主義崩壊直後の当時のモンゴルのオーディエンスには理解の範疇を超えていたようだ。

坂田明らがモンゴルツアーをしていた頃、ドイツのニューエイジ系のグループ、エニグマ（Enigma）が「Age of Lonliness」という曲をリリースした。この曲の中でモンゴルの伝統的な民謡オルティンドー（長い歌）の巨匠ノロブバンザド女史の歌声がサンプリングされ、加工されずにそのまま使われていた。実はこの曲は一九九三年、なぜか「Carly's Song（カーリー女神の歌）」というタイトルでリリースされていたが、翌年、Age of Lonliness と改題され再リリースされたのだった。ちなみにエニグマは、『リターン・トゥ・イノセンス』という曲でも台湾の少数民族アミ族の歌手の音源を無断使用したことで、一九九八年、アミ族の歌手郭英男から訴訟を起こされ、和解金を払っている。

Lumino のスキゾによると、当時のミュージシャンたちの間でエニグマのことは大騒ぎになったのだという。自分たちの伝統文化が欧米のミュージシャンに流用されたのはショックな出来事だった。ポピュラー音楽の音階をペンタトニック化はしても、馬頭琴やホーミーといった社会主義期に権威化が図られた「人民音楽」との融合は、ハードルが高く恐れ多いことだった。それを外国のバンドが、社会主義期の文脈を共有しないがゆえに、しかも無断でさらっとやってのけてしまった。ともあれ、同時に彼らは「民族音楽」がポピュラー音楽と融合可能であることを、エニグマを通して知ることになった。

モンゴルのアーティストたちも後に外国の曲を流用するようにもなった。それもあってか、モンゴル側は、エニグマを訴えようとするところまで至らなかったようだ。

ヒップホップと民族音楽

二〇〇三年、モンゴル人の手によるポピュラー音楽と民族音楽の融合曲が発表される。DJアマイ（DJ Amai、本名 J. Zolbayar、一九七九〜）が、馬頭琴やオルティン・ドーをサンプリングしたトランスのアルバム「ビー・チャムド・ハイルタイ」を発表したのである。例えば、大ヒットした表題曲「ビー・チャムド・ハイルタイ（bi chamd khairtai、I Love You の意）」では、間奏に馬頭琴がサンプリングされている。また「Mongolian Trance」という曲では、アップビートのトランスにオルティン・ドー歌手チミドツェイエの超絶的な高音の歌声が見事にフュージョンしている。

実は、このアルバムには、アマイと並んでMCITの名がプロデューサーとしてクレジットされている。というのもアマイは以前に一時期、ダイン・バ・エンへのプロデューサーを務めており、MCITと親交を深めていたからだ。このアルバムには、社会主義時代の将軍や独裁者ツェデンバルの声をサンプリングした曲「若い時（Zaluu ue）」も収録されている。そこにMCITの感性を見出すのは行き過ぎだろうか。ちなみにアマイはこのアルバムの成功以降、思い立って世界一周の一人旅に出る。そして現在は、むしろ旅行作家として

44　微塵子空挺楽団の中央アジアツアーの音源は二〇二一年一月一二日、bandcampからデジタル・アルバムの形式で再リリースされた。『微塵子空艇楽団中央アジアツアー（Flying Mijinko Band Central Asian Tour）』 https://akirasakata1.bandcamp.com/album/flying-mijinko-band-central-asian-tour

知られる人物になっている。

ヒップホップで最初に民族音楽との融合を果たしたのは、客観的に判断するならば前述のとおりQuizaであろう。二〇〇六年に発表された大ヒットアルバム『風馬の経典《ヒーモリーン・サン》』(khiimorin san)の「駱駝の隊商(Jingiin tsuvaa)」という曲で、馬頭琴やオルティン・ドーをサンプリングして取り入れている。

一方、Quizaのかつての同士、Luminoのスキゾは民族音楽との融合を最初にやったのは自分たちだと私に語った。それが二〇〇五年にリリースした「ラマ僧さんの涙(Lamba guain Nulims)」という曲なのだという。この曲でLuminoは、モンゴル交響曲の名曲「白い仏塔(Tsagaan Suvirga)」(ジャンツァンノロブ作曲、一九九五)のメロディーをサンプリングしラップをかぶせている。この曲は、馬頭琴オーケストラによる演奏でアジア音階が取り入れられた曲であるが、ジャンツァンノロブは現代音楽の作曲家である。しかし不思議と、Luminoはこの曲で二〇〇五年、「ペンタトニック祭」で最優秀エスニック音楽賞(*Shildeg Etnik duu*)を受賞している(MCBEATZ2011:157)。

Gee『モンゴルズ(Mongolz)』(2010)アルバム。

実は民族音楽を「発展」=西洋化させるというベクトルと外来の文化を「モンゴル化」させるというベクトルは、結果的に似たようなものを生み出すことになる。わかりやすく言えば、彼らは欧米風のモンゴル音楽とモンゴル風の西洋音楽を生み出したというわけである。その結果、民族音楽を西洋化させてつくった交響曲をサンプリングした欧米由来のヒップホップは、「エスニック」な音楽としてカテゴライズされたのである。言い換えるならば、欧米出自の音楽も伝統的な「民族音楽」も結果的に「民族音楽Ver.2.0」に収斂されていったということである。ヒップホップは「モンゴルの民族文化」と胸を張る者が出てくる背景には、このような状況があった。

ちなみにラップに関しても、欧米出自の脚韻を中心とするライムを学びながらもトラックをモンゴル化させていったのがLuminoだとするならば、モンゴルの口承文芸の頭韻を使ってラップをつくったダイン・バ・エンへは、伝統的な口承文芸を「発展」させたのだと捉えることもできよう。前者は少し自虐が伴う実践であるのに対し、後者は「実践感覚」、つまり誇りを持って主体的にモノを生み出しているという感覚があるのが特徴だ。

ともあれ、こうした文脈の中で、今話題となっている馬頭琴やホーミーといった「民族音楽」と融合したハードロック・バンド「ザ・フー（The Hu）」なども理解されるべきであろう。ザ・フーのメンバーは伝統音楽の教育を受けてきており、結成以前は伝統音楽のグループで活動していたという（深井 2020）。つまり彼らの音楽は、民族音楽の「発展」／外来の音楽の「モンゴル化」のプロセスを経て成立した由緒ある民族音楽でありハードロックでもある。

いずれにせよ、現在ではヒップホップにホーミーや馬頭琴といった民族音楽がクロスオーバーするのは、普通のこととなっている。ヒップホップのハーンBIG Geeは、四枚目のアルバム『モンゴルズ（Mongolz）』（二〇一〇）を「すべての曲が民族音楽楽器のグループJONONとコラボすることで民族テイストを出した」と語る。またプロローグで紹介した若手女性ラッパーNMNの「ツァヒルバー（Tsahilbaa）」（二〇一六）という曲でも若い女の子の恋の情熱が、馬頭琴と横笛リンベの生演奏をバックにラップで表現されている。エスノ・ヒップホップの誕生だといってよい。

このようなエスノ・ヒップホップの集大成がオルティン・ドーやホーミー、馬頭琴の演奏でモンゴル国のみならず、ロシアや中国内モンゴルのモンゴル系民族のラッパーが参加した大プロジェクト「TOONOT」45であるが、詳しくは第七章の「越境」で語っていきたい。

韻踏む文学、口承文芸

モンゴルでヒップホップ（ラップ）を始めようとしたとき、「モンゴル化」させていく上で最も重要な文化資源／伝統文化が口承文芸であった。

モンゴル高原の遊牧民たちの間においても非常に高度な口承文芸、すなわち人間が暗誦して伝える文学が発達していた。馬頭琴などの弦楽器を引きながら、数時間、場合によっては数日に渡って語り部たちは草原で物語を弾き語る。

ウォルターＪ・オングによると、文字に頼らない声の文化においては、「知っている」ということは「思い出せること」であった。思考も長く続くときは、反復や対句、決まり文句や頭韻・母音韻を踏むことでリズミカルかつ記憶しやすくする。それがゆえに口に出しやすくもなるのである（オング 1991:76-79）。

モンゴルの口承文芸も暗記がしやすいように韻が踏まれる。モンゴルでは伝統的に頭韻が踏まれる。統語論的にも意味論的にもパラレルな二行のユニットで形成されることが多いが、その伝統は古代テュルクにまで連なるものである（Kara 2011）。

そもそも移動生活をする遊牧民にとって、重たい紙の本という外付けハードディスクを保管するより、頭の中で記憶する口承文芸のほうが性に合っていた。口承文芸は韻律というものを重要視する。韻を踏むことでリズムよく、頭の中に記憶していくことができる。また韻のリズムで記憶を呼び起こすことも可能だ。つまりモンゴルの口承文芸の韻律の基本が頭韻であるのは、オングが指摘するとおり、一種の記憶術であったといってよい。

このようなモンゴルの文学の中でも有名なのが英雄叙事詩である。とりわけ『ゲセル・ハーン物語』『ジャンガル』、そしてチンギス・ハーンの事跡を語った『モンゴル秘史（元朝秘史）』は、古典文学の三大名著とされている。これらも『モンゴル秘史』を除くと、長期の口頭流伝を経て最終的に文学作品の形でまとめられたものである（若松 1993:408）。これらの英雄叙事詩は散文で記されているが、会話の部分などは韻がきちっと踏まれており、口承文芸であった頃の原型を垣間見ることができる。

二〇世紀の社会主義時代になると、口頭伝承の収集が行われるようになった。その結果、現在、多くの口承文芸が活字でアクセス可能となっている。その集大成であるSh・ガーダンバとD・ツェンレンソドノム編の『モンゴル口承文芸集』（一九七八）では、一四のジャンル分けがなされている（Gaadamba and Tserensodnom 1978）。

①ことわざ・格言②世界の三つ③なぞなぞ④歌謡（労働歌・儀礼歌・生活叙情歌謡など）⑤民間寸劇や遊び歌（掛け合い歌・即興《ホルボー・》の韻文《シュレグ》・遊び言葉）⑥儀礼に関する口承文芸⑦シャーマニズムの韻文（祈祷詞や精霊の召還歌など）⑧祝詞《ユルール》⑨讃詞《マグタール》⑩民話⑪伝説⑫世間話⑬笑い話⑭近代の口承文芸（ことわざ・格言、なぞなぞ、歌謡、祝詞など）

驚くべきは、この中の①の「ことわざ・格言」から⑨の「讃詞」までがすべて韻文のジャンルである。い

45 MONGOLIAN HIP HOP RAP ARTISTS - TOONOT [Official Video] https://www.youtube.com/watch?v=eCKAE2SOPi4

かにモンゴル口承文芸における韻文の占める割合が大きいかがわかるだろう（上村 1999:38）。基本的に歌も韻。祈祷詞や呪文も韻。褒め言葉や呪いの呪文も韻。ことわざやなぞなぞといった短いものまでも韻が踏まれている。

韻踏むことわざ

事実、モンゴル人たちは日常生活の中でそんな「韻踏みことわざ」を多用しておしゃべりをする。モンゴルのことわざは書くと二行詩になっており、この二行が韻踏みとなっているケースが多い。

モンゴル遊牧研究で知られる小長谷有紀の『モンゴル風物詩』からいくつかことわざを紹介しよう。[46] そしてそれらが現代のラップの技術といかに照合しているか、試しにラップ教本の定番、ポール・エドアーズの *How To Rap: The Art and Science of the HIP-HOP MC* に依拠しながらみてみよう。

まずは遊牧民のことわざは動物が多く登場する。例えば「矛盾」を遊牧民はどう表現するか。

①「ヒツジは元気で　オオカミは満腹」（小長谷 1992:22）

Khoni n'ch mend Chono n'ch tsatgalan

オオカミはヒツジをおそう。ヒツジが元気でオオカミが満腹は両立しない状況である。つまり「矛盾」である。このことわざでは、頭韻も脚韻も踏まれていないが、真ん中の下線部の「n'ch」に音節の強調（Stressed Syllables）の技術（エドワーズ 2011:89）が使われている。

次に紹介するのは、「百聞は一見にしかず」に近いことわざである。以下のことわざは、自分の足を使って実際に行ってみることが賢くなる秘訣だと教える。ちなみに「石の上にも三年」に相当することわざはモンゴルにはない。一か所に留まっていると家畜が草を食いつくし滅んでしまうからである。いい牧草地を探して移動することで人は成功するというのがモンゴル流だ。

② 「寝てばかりいる賢人より　放浪する愚人」
Khevtekh mergenees Khesekh teng

③ 「聞くより見るほうがいい　座るより行くほうがいい」（小長谷 1992:90）
Sonssnoos kharsan deer Suusnaas yavsan deer

ことわざ②では、下線部で頭韻が踏まれていることがわかる。一方③は少し複雑だ。下線部で頭韻が踏まれているが、母音は一致していない。しかしモンゴル語の「u」の音は日本語の「オ」に近いから実際は、かなり近い音となる。ヒップホップのライムの技法では、近い母音で韻を踏むことを「言葉を曲げる（Bending words）」などという（エドワーズ 2011:106）。いわゆるコンソナンス・ライムである。③では脚韻も踏まれているが、こちらはパーフェクト・ライムだ。

このような口承文芸の中でもジョロー・ウグ（*Joroo üg*）と呼ばれる早口言葉は韻をループさせるテクノロ

46　なお本書にはモンゴル語の原文はついていないが、小長谷が収集したことわざデータベースを閲覧し、ラテン文字に転写した。

ジーだ。つまり一行目の終わりと二行目の頭を続けて韻を踏むことで韻が韻を呼んでいくのである。例えば、以下のような事例だ。一行目の二重下線と二行目の文頭の二重下線で韻が踏まれており、それが二行目文末の脚韻へとつながっていく。また同じ行中の二重下線部分で三回、韻が踏まれており、それが四行目の文頭へとつながる。つまり、韻が韻を呼ぶ、パーフェクト・ライムのループが実現しているのである。ただし韻を優先しているせいか、ワードセンスがイルいというか意味不明だ。

Temee temee tengiin doloo　　ラクダよ　ラクダ　馬鹿な七頭よ
Dolookhonykhon togoryy mogoruu　　七といえば、ツルとかなんとか
Mogoruuniikhan mokhar galuu　　なんとかかんとか　まぬけなガチョウ
Galuuniihan gadamyn[47] zagas　　ガチョウの人たちは　外の魚
Zagasnykhan zaany nuruu　　魚の人たちは　象の背中
（以下略）　　(Lovor 1975:100)

韻踏む呪文

まじないや呪いの言葉も韻が踏まれている。
例えば、夏に唱える雨乞いの呪文は、頭韻と脚韻が二重に踏まれていて非常にリズミカルだ。

Khan Khurmast　　王なるホラマスト神[48]よ
Khökh tenger min'　　わが蒼き天空神よ

Zunaa naashaa　夏をこちらへ
Zudaa tsaashaa　干害はあちらへ
Önöö naashaa　今は雨をこちらへ
（後略）　(Gaadamba and Tserensodnom 1978:102-103)

呪いの言葉も韻が踏まれている。以下の呪い言葉では、頭韻だけでなく、太線部分で母音を変える「言葉を曲げる」タイプの韻（コンソナンス・ライム）も使用されている。また全ての行が「失くしてしまえ（*ald*）」で終わることで脚韻が踏まれている。ちなみにモンゴルの遊牧民は、オス同士が喧嘩して群れを割ることを避けて、ほとんどのオス家畜を去勢する。さらに去勢畜にすることで、馬やラクダは乗りやすくなる。逆に去勢をしていないオスは群れの中に一〜二頭程度しか残さない。だから貴重なオス家畜をいなくなってしまえ、というのは家畜が途絶えてしまうことを意味する。家畜を飼う者にとって最悪の呪いの言葉だといえる。

Buuraa burantagtai n' ald　オスラクダを手綱ごと失くしてしまえ
Bukhaa dörtei n' ald　オスウシを鐙ごと失くしてしまえ
Daagaa deltei n' ald　二歳馬をたてがみごと失くしてしまえ

47 gadny（外の）の誤植かと思われる。
48 ホラマスト神は、ゾロアスター教の最高神アフラ・マズダーの名前がモンゴルに伝わり、民間信仰やシャーマニズムで唱えられ信仰されるようになったものである。しかし清朝時代以降、帝釈天とも同一視されるようになった。

Dalalgaa sumtai nʼald　招福が矢のように去ってしまえ
Hokhoigoo ginjitei nʼald　飼い犬を鎖ごと失くしてしまえ
Noyonoo Otgotoi nʼald　領主を領民ごと失くしてしまえ

(Gaadamba and Tserensodnom 1978:103)

シャーマンの呪文も韻文だ。以下は、私が二〇〇〇年に聞き取ったシャーマンを精霊の召還し自分の体に憑依させるときに唱える召還歌の歌詞である。その精霊（生前はシャーマン）が生前、どんな場所で暮らしていたのか、放牧の経路はどうだったのか、ということが歌われる。そして最後にその精霊の生前の名前を呼んで、シャーマンに憑依するよう懇請するといった内容である。実際は、直径七〇〜八〇センチメートルの革張りのハンドドラムをダンダダン、ダンダダンとたたき鳴らしながら歌う。以下の精霊の召喚歌は私がモンゴル東部ドルノド県で採取したブリヤート・モンゴル人たちのものだが、これも下線部で頭韻と脚韻が両方、踏まれている。

Örgön haikhan Khuandaigaa　広く美し　ホアンダイを
Övör taldaa nyutagtai　南の草原が故郷なり
Khatgamal sagaan shandantai　刺繍の如く美しきシャーマンの墓あり
Shivree bulag shunbalagtai　静かに湧きし泉で泳ぎし
Aduun shuluun Ereyelegtei　アドー・ショロー（馬石）が廻り道、
Alag tolgoi damjilagatai　アラグ・トルゴイ（斑が丘）が経由地なり

Aranga Everee güiseehen　冠に猛々しき二本枝の角をつけた大シャーマンとなりし、
Ugai ikh garval Maidriin khövöön Dash nagats　偉大なるルーツ、マイダルの息子、ダシおじよ
Naana haikhan duulagtii　ここへ来て、美しく歌いたまえ

（中略）

Enekhen bie-ye min' ezemde　わがこの体を支配し、
Khöögün baakhan bie min　娘なるわが小さきこの体を
Khüreelen baij buugtii　依代にして降臨したまえ

（島村 2011:484-485）

ラップバトルとしての掛け合い歌

モンゴルの韻踏み文学の世界では、ラップ・バトルとでもいえそうな掛け合い歌の文化も存在した。中でもデンベー（*dembee*）と呼ばれる指遊びは有名だ。[49] ひとりが枕言葉をつけて一から一〇までの数字を朗誦する。例えば「勝利を（指）五本でもらったぞ」といったふうにである。その時歌い手が出した指の数と相手の出した指の数の合計が言った数（この場合五）に一致していれば、数字を言い当てた人の勝ちとなる。

49　デンベーの様子は、YouTube などで「Mongolian Dembee」で検索すると動画を見ることができる。かなり激しいバトルである。以下は、男を凌駕する女性のデンベーが見られて興味深い。Real Dembee https://www.youtube.com/watch?v=RTQdWivj5Aw
またペプシのＣＭでデンベーをする朝青龍の動画は以下。Pepsi commercial dembee 2011 https://www.youtube.com/watch?v=nLop9w8ymvs

数を当てた方は「デンベーになったな！（*Dembee mön döö!*）」といって、負けた方に碗になみなみと注がれた馬乳酒を飲ませる。数字が外れた場合は、「デンベーじゃないな！（*Dembee bish ee!*）」と言って順番に指の数の当てあいが続いていく。そのときの数字を当てるときの歌詞は当然に韻がふまれている。以下の歌詞は民族学の本に出ている事例だが、下線のように韻が踏めれば、歌詞は即興でつくってよい。デンベーの歌の掛け合いは非常にリズミカルで楽しい。

Gangan gantsaaraa baina uu khöö　おしゃれな（指が）一本でているか
Kholboo khoyor n baisangui　続いて（指は）二本じゃなかったよ。
Khojiliin tavaar avlaa khöö　勝利を（指）五本でもらったぞ

（Tserensodonom 2012:296）

馬乳酒をどちらかが飲めなくなるまで、デンベーの勝負は続いていく。興味深いのは、フリースタイルのラップ・バトルという文化がモンゴルに入ってきたとき、「ラップ・デンベー（*Rap dembee*）」と翻訳されたことだ。つまりフリースタイル・バトルは、モンゴル文化の枠組みの中で理解され受容されたわけである。また完全に指遊び抜きの歌によるバトルも彼らの伝統文化の中にあった。ダイラルツァー（*dairaltsaa*）と呼ばれる子どもの掛け合い歌である。ダイラルツァーとは、「攻撃する」「侵入する」を意味する動詞ダイラハ（*dairakh*）から派生した語で「衝突」や「双方からの攻撃」を意味する。さしずめ「けんか歌」である。実際、二人の歌い手がお互いに順番に即興で韻を踏みながらディスりあう。つまり遊牧民たちは、子供のころから韻を踏みながら相手を言い負かす術を学んでいるわけである。ちなみにラッパーのQuizaもラジオのインタビューで「ヒップホップは、脚韻を踏んだり、言葉を整えたりする点や表現力といった点で、わがモンゴルのダイラルツァーのように人を引きつける魔力がある」と語っている（MG Radio 2019）。

以下のダイラルツァーは、科学アカデミーが、文学者B・リンチェンが一九六五年に発表した記録に加えて、一九五八年にドルノド県や一九七三年に中央県やドンドゴビ県で採集したダイラルツァーを編集して「整えた」ものである。お互いに「ガキンチョよ（*Khüü min'*）[50]」と呼び合って、年下扱いしながら、自分は年上のふりをするところが興味深い。モンゴル語は、日本語ほど厳格ではないにせよ、目上の人に敬語を使う習慣がある。それゆえにこのような年齢差をめぐる「マウント取り」が重要となってくる。「伝統文化」ではあるが、歌詞もかなりイルい。その反面、この伝統的な「ラップ・バトル」は、トラックがモンゴル民謡なので韻詞も牧歌的なアジア音階のフローとなっている。[51]一方で歌詞の内容はかなりきわどい喧嘩口調だ。ダイラルツァーは、素朴とイルの同居が魅力的なカルチャーである。

先攻

Ze! Khüü min' tiim üü dee　ゼー！[52]　ガキンチョよ、本当にそうなのか

50　*Khüü min'*とは本来、「わが子よ」を意味するが、現地の学者は、ハルハ方言では「小ちゃな弟／妹」を意味する（Gaadamba and Tserensodhom 1978:84）と説明する。実際は同年代の相手をガキ扱いしているということだ。

51　ダイラルツァーの様子はYouTubeで見ることもできる。Mongolian taraditional game dairaltsaa などで検索するとヒットする。Mongolian traditional game "Dairaltsaa" https://www.youtube.com/watch?v=_G_tq1_bw80&fbclid=IwAR1u-4qlYz86X7Sp1wULyvmQz8ytSajzZB1afaFqov5eHEhUKpjHjFcRbRg

52　ゼーというのは、口承文芸で語り始めるときのかけ声である。日本語の「さあ」に近い。ラッパーも「Yo!」の代わりにこの伝統的な「ゼー」を使ったりする。

Khööye chi khüleej bai
Khünii khelekhiig sonsoj bai
Aa chi ajiglaj bai
Akhinkhaa khelekhiig sonsoj bai
Minii khelekh skhülgiig
Melkhii sonsvol megjmeer
Mön tendee üsremeer
Üüden burkan öndiimöör
Ükher süüleen örtiimöör
Tsonkhon burkhan cochmoor
Chono süüleen örtiimöör

後攻

Ze! Khüü min' tiim üü dee
Dairaltsval dairaltsaaya
Daalin, Khutgaan Taviltsaaya
Kheleltsvel kheleltseeye
Khet khutgaan　taviltsaaya

おい　ちょっと待てよ
人の話をちゃんと聞け
アーちゃんと注意して聞け
年上の話をちゃんと聞け
俺の詠む詩を聞けば
蛙が聞いたらびっくりしそうな
それでその場で飛び跳ねそうな
入り口の仏像が跳ね上がりそうな
ウシが尻尾を上に振ってびびるような
窓際の仏像が身震いしそうな
狼が尻尾を上に振ってびびるようなもんだぞ[53]

ゼー！　ガキンチョよ、本当にそうなのか
攻めてくるなら受けて立とうじゃないか
嗅ぎタバコ《ダーリン》入れ、ナイフでやり合おう
口喧嘩するのなら　口喧嘩してやろう
火打ち石と　ナイフで　やり合おう

先攻

Ze! Khüü min’ tiim üü dee
Dairaltsaaya geseer baigaa daa
Daigan gevel muukhai shüü
Daaman süüder daagaa daa
Dutaachikhval muukhai shüü
Khelben khelben alkhaj baij
Khetee gevel muukhai shüü
Kheterkhii arvin medne geed
Khelegdchikhvel muukhai shüü

後攻

Ze! Khüü min’ tiim üü dee
Baruun gol n üyerlejee
Bansar khöörög tav’ya

ゼー！　ガキンチョよ、本当にそうなのか
攻めさせようと言いつづけているだけだなあ
やられてふらふらするなら、最悪だぞ
大きな門に影が長く落としているぞ
足りなかったら最悪だぞ
えらそうに胸をはって歩いてきたくせに
背中を曲げてこそこそ帰るのなら最低だぞ
いっぱいモノを知っているかのようなふりをして
頭が真っ白になってカミカミになるなら、最低だぞ

ゼー！　ガキンチョよ、本当にそうなのか
西の川が洪水になってしまったぞ
木の／太い嗅ぎタバコ入れ《フールグ》[54]を交換しよう

53　狼が何か恐れを感じると、尻尾を下げて股に挟むが、ここではウシが尻尾を上に振って恐れるという意味の動詞 *örtiikh* が使われている。韻を優先した語の選択か。

54　遊牧民は、大理石などの高級な石材で出来た嗅ぎタバコいれを交換し嗅ぎ合うという挨拶を行う。

Bagaa düü min' irsen tul
Shürgeer khöörög tav'ya
Züün gol n' üyerlejee
Jünger khöörög tav'ya
Züitei duu min' irvel
Shürgeer khöörög tav'ya

（後略）

お前のような小っちゃい子が来たんだから
詩で嗅ぎタバコ入れを交換しよう
東の川が洪水になってしまったぞ
石の（?）嗅ぎタバコ入れを交換しよう
礼儀正しい弟が来たのなら
詩で嗅ぎタバコ入れを交換しよう

（Gaadamba and Tserensodnom 1978:83）

このような掛け合いの歌は、日本を含めアジアでは広く存在してきた。「歌掛け」や「歌垣」とよばれる文化である。日本では、古事記や日本書紀の時代から恋人同士が歌の掛け合いをする「歌垣」の文化があったことが知られている。男女が恋の歌を掛け合い、お互いに気に入ると男女の仲へと発展していく。中には男同士が一人の女性をめぐって争い、歌を闘わせた事例もあったのだという（真下 2011:1）。ただし日本の場合、Zeebraも指摘するように歌は韻文というより、俳句の五、七、五みたいに譜割りにハメる、文字数でハメることが多かった（Zeebra 2018: 83）。

もうひとつ大事なのは、日本ではこのような口承文芸の伝統が途絶えて久しいが、モンゴルでは現在に至るまで継承されてきた、という点である。モンゴルも近代化の過程で書き言葉による現代詩が登場したが、詩を朗誦するロシア文化の影響を受け、四行ずつ頭韻を踏む韻文として朗誦されてきた。ダイン・バ・エンへが詩人チョイノムの現代詩をラップにできた理由もそこにある。

さらに、このような韻を踏んだ現代詩はもちろん、ダイラルツァーのような掛け合い歌までもが、小学校の作文（モンゴル語）の教科書で扱われてきたことは特筆に値する。つまり学校教育の現場で、モンゴルの子どもたちは韻踏みバトルを習っているわけである。

学校教育とラップの関係について、ゲル地区出身の大物ラッパー、Desant は興味深いエピソードを語る。彼が一〇年生（日本の高校三年に相当）の時、悪友のパウンドと組んで警察を皮肉る内容のラップを始めた。それを聞いた教師の評価が大きく分かれたのだという。地学や物理、数学、つまりサイエンスの教師たちは顔をしかめたのに対し、モンゴル語とモンゴル史の教師は「かっこいい！」「本当のことを言っているよ」と褒めてくれたのだという。おそらくそのモンゴル語の教師はラップに口承文芸の匂いを嗅ぎつけたに違いない。一方、西欧由来のサイエンスの教師たちの評価が低かったのも象徴的だ。

ある地方の遊牧民は、「モンゴル人は先天的に四行ずつ頭韻を踏んでいく感覚を持っていると思う」と語ってくれた。こうした語りは、韻踏みが制度として、文化として社会に浸透しつくしているからこそ生まれるに違いない。

女流作家・詩人のL・セレンゲムルン（L. Selengemörön、一九五四〜）によると、モンゴルでは一般人の中でも即興で韻を踏んでヨロール（賛詩）を唱えられる人が普通にたくさんいるのだという。そういう人を「ツェージテイ・ヘレムギー・フン（胸から言葉を生み出せる人）」といい、もちろん朗誦しようとするテーマに関する知識もさることながら、勇気があり、自由な人が多いのだ、と語ってくれた。モンゴル語で「胸（ツェージ）」といえば、「記憶」も意味する。つまり胸は彼らにとって記憶や言葉の貯蔵庫なのである。さらに作家によると、そこから生まれる即興の韻文を「ツァガーン・ウグ（白い言葉、*tsagaan üg*）」と言い慣わしてきたそうだ。

即興で胸からあふれ出す、韻が踏まれた「白い言葉」。もはやラップという文化がモンゴル人の身体に内蔵されているかのようだ。ヒップホップ・モンゴリアの前提には、韻踏むモンゴルという姿があったのだった。

遊牧民の交渉術としてのバトル

このようなバトル系口承文芸が生まれた背景には、遊牧民の習俗が深く関わっているように思われる。実は、遊牧民は交渉上手だ。というのも遊牧民の男たちにとって最も重要な仕事は、放牧よりも牧草地を巡る交渉だからだ。遊牧民は季節移動をするが、基本的に移動の単位はゲル（ほぼ核家族で暮らす）だ。また彼らの生業は個人経営的である。水草を追って遊牧民の男は個人の判断で移動をする。

だから灌漑農業を営む日本の農村のように、水利用を巡って村人と根回しをする集団主義的な発想は、モンゴル遊牧民にはない。なんとなく周りに合わせようとか、「空気を読む」といった行動規範は、農村社会の時代から我々日本人が継承してきたものだろう。「和」の精神などと呼ばれる集団主義も、こうした灌漑農業が生み出したものだろう。その一方で水利用などを巡って村落共同体の規範に従わない者は「村八分」に遭う。いじめである。象徴的なのはモンゴル語には「いじめ」に相当する概念が、つい最近まで存在しなかったことだ。留学や出稼ぎ先の日本や韓国での「いじめ」概念を理解するために新たに言葉がつくられたといわれている。モンゴルの人々は今でも日本人のような「協調精神」やチームワークが苦手である。オリンピックでモンゴルが目立つのは、柔道やレスリングといった個人競技である。チーム・プレーは今なお苦手であるようだ。その一方で、大勢で一人を無視する、いじめをするといった感覚はほとんど持ち合わせていない。喧嘩はサシ。これがモンゴル流だ。

モンゴルの遊牧民は季節移動の際、次の季節にどこへ移動するか、前もって偵察に出かける。自分の家畜の健康状態や種類に応じた牧草の選択も大事だが、降水量が少なく、雨がまばらに降るモンゴル高原において、「いい牧草地」は毎年、異なる。しかし遊牧民たちは、家畜や植生に知悉しているので、行きたい場所がかぶることも少なくない。牧草地の使用権は、先に移動したものが利用するという「早い者勝ち」が古来のルールである。ところが早く移動しすぎたら草がベストの状況ではないし、遅く移動しては他人に取られてしまう。そこで男たちは馬で他の遊牧民たちの家を訪ね、酒を飲みながら交渉をするわけである。「次はどこへ移動するんだ?」「あそこの丘は、今年はいい草が生えていないからよくないぞ」時には嘘をついたり、相手を威嚇したりして、遊牧民の男たちは、自分が望む牧草地を最もよい時期に獲得することを目指す。だから家畜の数を増やすのが得意な遊牧民は、家畜や植生に知悉しているだけでなく、口達者であることが多い。遊牧という生業は、実はこのような「政治的」な駆け引きによって支えられている。

この他人の家を訪ねる行為を「アイル・ヘセヘ (*ail khesekh*)」という。人の家を訪ね歩くという意味である。その際、彼らは馬乳酒を飲みながら、デンベーといった遊びにも興じる。一見すると、酒を飲んで遊び歩いているように見えるが、この「アイル・ヘセヘ」こそが大人の男にとって放牧以上に重要な仕事である。羊の放牧は子どもでもできるが、交渉事は高度な技術を要するので、大人じゃないと出来ない。このような背景の下、生まれたのがデンベーやダイラルツァーといったバトル系の口承文芸だといってよい。

現代でもモンゴル人は交渉上手として知られている。九〇年代、社会主義崩壊後の混乱期、GDPのおよそ四分の一を外国の支援に頼っていた時期があった。当時、日本のメディアは同情的に「貧しいモンゴル」を報道したが、モンゴルで飢え死が出たという話は多分にして聞かなかった。見事な交渉術だとしか言うほかはない。

ちなみにモンゴルでは「ヘルール」と呼ばれる口喧嘩を目にする機会が少なくない。私のゼミの学生で市場やストリートでウランバートル市民の口喧嘩を録音し、その技法を分析した学生がいた。なんと、五つの口喧嘩を通じて「威圧的懇願」「嘘による言い逃れ」「なだめ」「話題のすり替え」「社会的地位の強調」など二〇種類の技法が確認されたのだった（安藤 2017）。

モンゴルでは、遊牧民も都会の人間も、フリースタイル・バトルの世界を生きているというわけである。

アウトロ

この章では、口承文芸とラップミュージックが韻踏み文化を持つという点で連続性があること、そしてそれがモンゴルの人々の間でも同様に認識されていることを示した。また口承文芸の韻踏み文化は近代公教育の中でも取り入れられていることも紹介した。

さらに、二〇世紀の近代化のプロセスを通じて、伝統文化が「発展」つまり西欧化というベクトルと西欧の文化を受容する際、「モンゴル化」というベクトルの交わるところで、新たな音楽が生み出されてきたことを示した。馬頭琴オーケストラが前者であるならば、ペンタトニックを取り入れたクラシックや民族音楽を取り入れたヒップホップは後者である。

これは「伝統」の創造／発明／ねつ造なのだろうか。

そもそも「伝統」という概念は、語り手の立ち位置によって、包含するコンテキスト――つまり指標するもの――が異なってくると思われる。他者が「伝統」を語るとき、「〇〇の伝統文化は素晴らしい」「これは正当な〇〇文化の伝統ではない。最近つくられたものだ」などと評価したとしよう。他者からの伝統の語りは、他者を称揚する意味を包含する一方で、「伝統」を実践する者たちに正統性を問いかける「縛り付けの

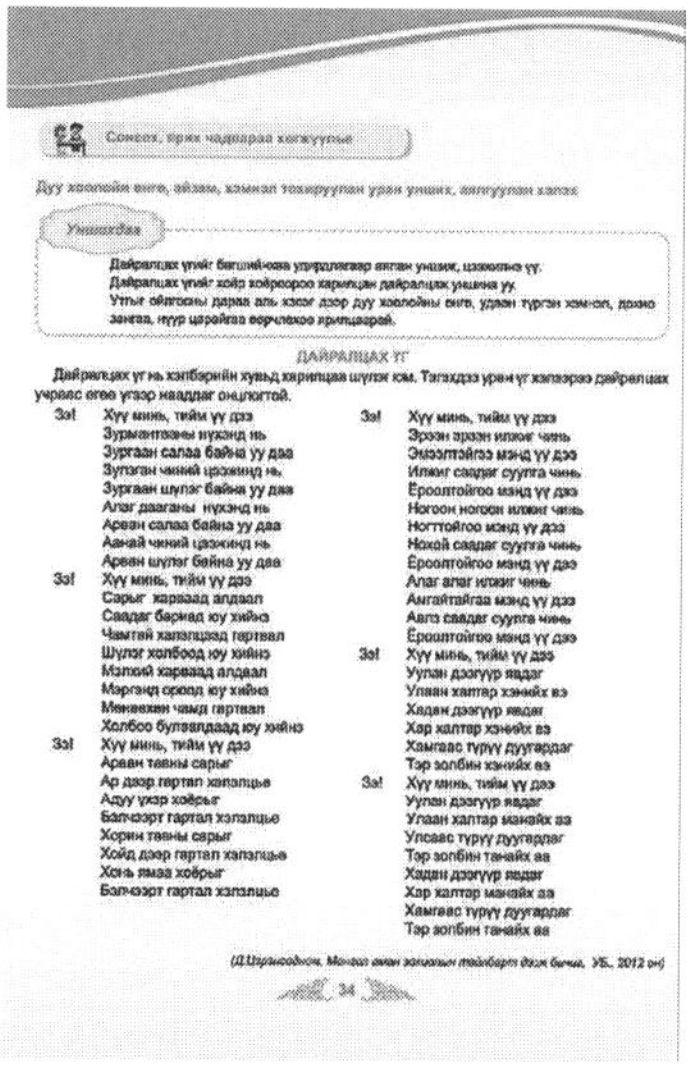

ДАЙРАЛЦАХ ҮГ

Зэ! Хүү минь, тийм үү дээ
Зурмантааны нүхэнд нь
Зургаан салаа байна уу даа
Зулзаган чиний цээжинд нь
Зургаан шүлэг байна уу даа
Алаг дааганы нүхэнд нь
Арван салаа байна уу даа
Аанай чиний цээжинд нь
Арван шүлэг байна уу даа
Зэ! Хүү минь, тийм үү дээ
Сарыг хараад алдаал
Саадаг бариад юу хийнэ
Чамтай хэлэлцээд гартвал
Шүлэг холбоод юу хийнэ
Мэлхий хараад алдаал
Мэргэнд ороод юу хийнэ
Мөнөөхөн чамд гартвал
Холбоо булээлдаад юу хийнэ
Зэ! Хүү минь, тийм үү дээ
Арван тавны сарыг
Ар дээр гартал хэлэлцье
Адуу үхэр хоёрыг
Бэлчээрт гартал хэлэлцье
Хорин тавны сарыг
Хойд дээр гартал хэлэлцье
Хонь ямаа хоёрыг
Бэлчээрт гартал хэлэлцье

Зэ! Хүү минь, тийм үү дээ
Эрээн эрээн илжиг чинь
Эмээлтэйгээ мэнд үү дээ
Илжиг саадаг суулга чинь
Ёроолтойгоо мэнд үү дээ
Ногоон ногоон илжиг чинь
Ногттойгоо мэнд үү дээ
Нохой саадаг суулга чинь
Ёроолтойгоо мэнд үү дээ
Алаг алаг илжиг чинь
Амгайтайгаа мэнд үү дээ
Авгэ саадаг суулга чинь
Ёроолтойгоо мэнд үү дээ
Зэ! Хүү минь, тийм үү дээ
Уулан дээгүүр явдаг
Улаан халтар хэнийх вэ
Хадан дээгүүр явдаг
Хар халтар хэнийх вэ
Хамгаас түрүү дуугардаг
Тэр золбин хэнийх вэ
Зэ! Хүү минь, тийм үү дээ
Уулан дээгүүр явдаг
Улаан халтар манайх аа
Улсаас түрүү дуугардаг
Тэр золбин танайх аа
Хадан дээгүүр явдаг
Хар халтар манайх аа
Хамгаас түрүү дуугардаг
Тэр золбин танайх аа

34

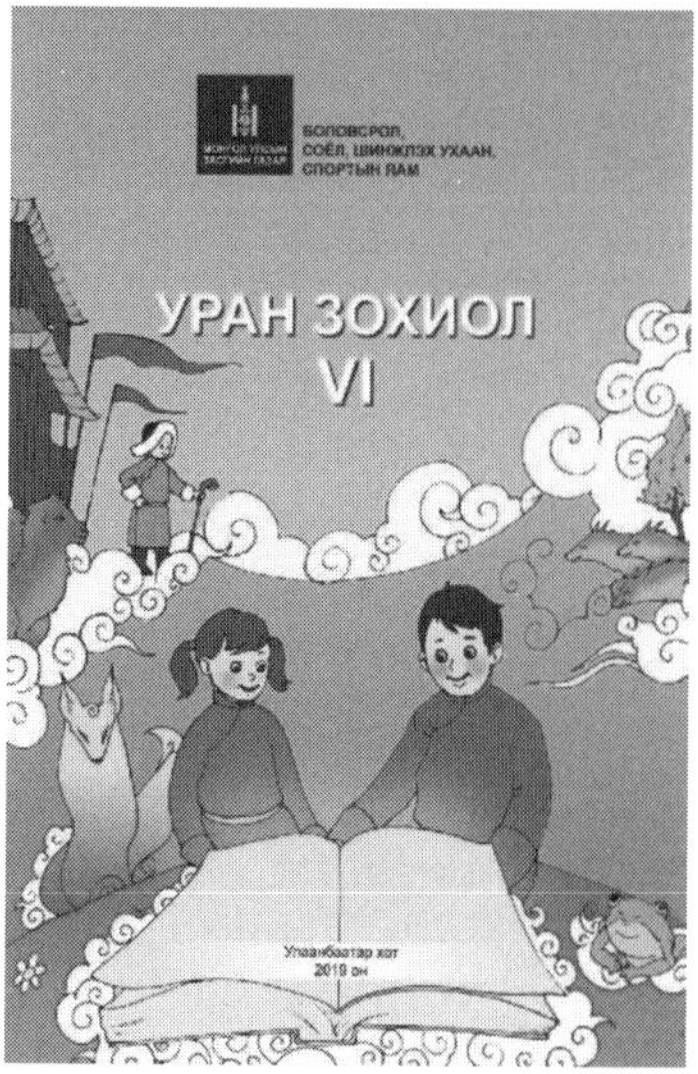

モンゴルの六年生用の作文の教科書（2019年版）。ダイラルツァーのページでは「音楽やリズムに合わせて節をつけて言ってみよう」と書かれている。教科書にディスを薦められるなんて素敵だ。

ニュアンス」も包含する。

その一方で、「ヒップホップはモンゴルの伝統文化」といった自己の「伝統」の語りは、他者の参入を排除し、自己のクリエイティヴティティを担保できる。しかし自己の伝統の語りも「これはわれわれの伝統だ／伝統ではない」といった自己拘束性も有している。異なる世代のモンゴルの舞踊家たちの伝統観が異なっていた事例は、そのジレンマを象徴しているといえよう。

つまり「伝統」は、自己と他者のクリエイティビティの振興と拘束という二重の指標を包含する両刃の剣であるといえる。おそらく「ヒップホップはモンゴルの伝統文化」といったとき、その真贋を問うことは、意味はないだろう。おそらく我々ができるのは、他者からの「伝統」の縛り付けに対して、ひょいと乗り越える彼らの身の軽さを感じ取ることだけではないだろうか。あるいはこうした身の軽さこそが、彼らの昔からの「伝統」なのかもしれない。

第四章　憑依

ヒップホップからシャーマニズムへ

ドラムを打ち鳴らすシャーマン。ウランバートル市、2015 年 8 月
著者撮影。

イントロ

伝統的な韻踏み文化を持つモンゴルにおいて、ヒップホップ（ラップ）という「外来文化」が入ってきたとき、何を継承し何を継承しなかったのだろうか。

ラップといえば、ライムが要である。ヒップホップのライムを分析したアメリカの英文学者ブラッドレーによると、ライムとは「音の一致（concordance of sound）」のことである。聞き手は、心の中で音の流れを予測するようになると、音のパターンが見極められるようになる。この音のパターンは言葉をつなげることで生み出されるのだが、直感的に関連性と差異を認識できるものだ（Bradley 2017:41）。

一般的なライムは、エンドライム（脚韻）だが、小節の最後の拍子に配置することで詩の行の終わりを示す目的がある。また第二の目的として、音を認識できるユニットに分けることでリズムを生み出すことも挙げられる（Bradley 2017:42）。

日本では、そもそも韻を踏む習慣がなかったので、一九八〇年代の日本語ラップは、五七五調という伝統的なリズムでラップをしていた。しかしこの五七五からの脱却が日本語ラップを進化させていく上で課題となった。つまり日本ではいかに垢抜けるか／伝統から脱却するかがテーマだったともいえる。

一方、モンゴル語ラップでは、当初、頭韻－ヘッドライムという伝統的なリズムを援用した。すなわちモンゴルの場合、いかに伝統と近代を接続するかというほうに力点が置かれたといってよい。しかしやがて脚韻に重点が置かれるようになっていったが、後に示すとおり従来の口承文芸の韻踏みの技術がラップ・ミュージックを実践する上での重要な資源となっていった。これに加えてTATARやQuizaといった韻踏みの達人たちは新たな韻踏みの技法も生み出している。

このようなラップの韻踏みのテクノロジーは、シャーマンたちが自らを「憑依状態」へと導く精霊の召喚歌にも連なるものでもある。この章で見ていくのは、そのようなモンゴル語ラップのテクニックとシャーマニズムに間を通底する韻踏みの「憑依文化」である。

ライムの理論

モンゴルにおけるヒップホップの受容を知る上で欠かせないのがLuminoのラッパー、MCビーツによるヒップホップ解説本 *The Secret of Hip Hop* である。その中で本場アメリカの英語によるライムの分類を紹介しながら、その理論的説明やモンゴル語ラップでいかに適用したか解説がなされている（MCBEATZ 2011）。ライムの方法論については、日本語ラップに関しては、言語学者の川原繁人が音韻論や音声学的な分析を発表している（川原 2006、2017; Kawahara 2007）。また日本語ラップの教本や韻踏みの解説書も出版されるようになってきた（猪俣 2010:2014、細川 2015、晋平太 2016、DARTHREIDER 2017、Zeebra 2018 など）。

とりわけ細川の『声に出して踏みたい韻』は、「あいうえお」方式ではあるものの、日本語の韻の理論や歴史に関する言及もなされている。同書で注目すべきは、日本語で韻が踏みづらい理由として発音上の問題と文法上の問題が挙げられている点である。前者は英語のme/seaに比べて日本語のわたし／うみでわかるとおり「母音が含む情報量が、日本語は圧倒的に少ない、というものである（細川 2015:90）。これは私がプロローグで述べた「日本語は子音と母音がセットで拍を構成するので、高速でリズム感あふれる凝ったフローがつくりづらい」というのと同じ指摘だといってよい。

後者の文法上の理由については、「食べる」「歩く」など動詞が画一的に「ウ」の音で終わり、なおかつそんな動詞が必ず文末に来るという「最悪のパターン」なのだと説明している（細川 2015:91-99）。実は、モンゴル語も日本語同様に動詞が文末に来る。そもそも語順が日本語とほぼ同じである。しかしモンゴル語には、母音調和という規則があるので、動詞の語尾の母音が四種類と多様になっている。これは「TATAR のライム技法」という項で触れていきたい。

ラッパーたちによる教本に関しては、母音と子音を分けない「あいうえお」単位の「譜割り」方式であるが、国際的に見てかなり特殊な方法論だと思われる。一方、「あいうえお」方式ではなく、母音と子音を分けた上でライムについて理論的な説明をほどこした教本は多分にして聞かない。先述のエドワーズのラップ教本は、ラッパーの経験談が多く収録されているものの、そこまで理論的に整理されたものではない。

おそらく日本で最初にもっとも体系的に英語圏のライム理論を紹介したのは、DJ／トラックメーカー／音楽評論家の Neralt であろう（Neralt 2015）。彼が紹介したのは、アメリカの文学研究者パット・パッティソンのライム理論である（Pattison 2014）。ここでは Neralt によるパッティソン理論の説明に依拠しながら、MCビーツ本も参照しつつ、モンゴル語ラップの特徴を考えてみたい。

最初に確認しておかなくてはいけないのは、音節（シラブル）である。日本語の場合、単純な子音＋母音（「か」ならば k ＋ a）か、母音のみで音節が構成されるパターンがほとんどである。英語の場合、音節は、母音と子音から成るのだが、その組み合わせがかなり多様である。母音（Vowel）をV、子音（consonant）をCとして記述すると、以下のように最大で子音が三連続する。

1 VC（母音が冒頭に配置され、子音が一つ後続するパターン）
例）an on in
2 CV（子音が冒頭に配置され、母音が後続するパターン）
例）bee go through
3 CVC（子音が冒頭に配置され、母音が後続し、最後に再度子音が配置されるパターン）
例）cat big love
4 CVCC（子音が冒頭に配置され、母音が後続し、最後に子音が二つ配置されるパターン）
例）land cast gift
5 CCCVC（子音が冒頭に三つ配置され、母音が後続し、最期に子音が配置されるパターン）
例）strong

（Neralt 2015）

一方、モンゴル語の場合、ＭＣビーツは、音節に関してモンゴル語の特徴を抽出していない。モンゴル語の場合、プロローグで書いたとおり、英語と同じ子音が三連続することもある。しかし言語学者の山越康弘によると、子音連続に関してモンゴル語が英語と大きく違うのは、英語は音節頭（特に語頭）で子音連続があるのに対して、モンゴル語の子音連続は音節末にあるという点なのだという。[55]

例えば、「やっちゃった！」に相当するモンゴル語は *aldchikhsan!* だが、口語では、末尾の母音が短くなる

55 山越康弘とのパーソナルコミュニケーションから。

ので実際は、なんと子音四連続（VCCCC）の *aldtsn*（アルドツン、ts は一子音）となる。[56] 重要なのは、動詞の変化語尾、すなわち文末が子音クラスタになっているという点だ。さらにモンゴル語は、文末で子音が圧縮される傾向があるので、明らかに脚韻が踏みづらい。こうした場合、モンゴル語ラップでは、倒置法を使い母音終わりの主語の「俺（*Bi*）」やおまえ（*Chi*）を文末に持ってくるといった対応をしている。[57] そのほか、語尾の母音を引き伸ばしたり、短縮させたりするような技法もかれらは持っているが、ここでは長くなるので省略する。

さてパッティソンによると、ライムというものが安定度の高い順に以下の5つに分類できるのだという。

1　パーフェクト・ライム　lead/weed
2　ファミリー・ライム　lead/beep
3　アディティヴ・ライム／サブトラクティヴ・ライム　lead/knee
4　アソナンス・ライム　lead/scene
5　コンソナンス・ライム　lead/food

パーフェクト・ライムは　fat/cat や beat/cheat のように冒頭の子音以外が「全て同じ」のライムである。いわゆる完全韻である。

次のファミリー・ライムは、一音節をなすCVCのうち、母音のみが同じだが、語末の子音が「子音ファミリー」すなわち同系統の子音であるパターンである。子音は、破裂音（b,d,g/p,t,k）、摩擦音（v,th,z,zh,j/f,th,s,sh,ch）、鼻音（n,m）の三系統に分けられる。これがファミリーだ。斜線を隔てて前半が有声音、後半が無声音であるが、同じファミリーであることに変わらない。ファミリー・ライムの例として、fead と beat や vine と rhyme が挙げられる。真ん中の母音は同じ音で韻を踏んでいる。しかし語尾の d と t は、前者が有声音、後者が無声音という違いがあるが、どちらも破裂音である。語末の母音が同じではないが、同じファミリーの破裂音にすることで韻を踏むのがファミリー・ライムである。

3のアディティヴ・ライム／サブトラクティヴ・ライムは、足し算と引き算のライムといってもいいだろう。アディティヴ（additive）は加法、サブトラクティヴ（subtractive）は減法という意味である。アディティヴ・ライムの例を出すと、free と speed という韻を踏んだとする。free と spee だとパーフェクトなライムになるが、この例は spee に d という「追加の c」すなわち子音を足し算することでつくったライムである。

サブトラクティヴ・ライムは逆に子音を引き算するライムである。例えば dance と ass、Fast と class のように前者（dance, fast）に比べて後者（ass, class）は、子音が一つ少ないが、韻は踏めているようなパターンだ。

4のアソナンス・ライムは、母音を一致させる押韻の技法である。パッティソンの定義では、dive/ride や doom/booth のようにはじめの子音と後続の子音は異なるが、母音だけが一致するライムのことである。ただしファミリー・ライムにもなっていない点、つまり最後の子音が同系統の子音でないのがアソナンスの特徴である。

5のコンソナンス・ライムは、lose/eyes や push/dish のように音節内の母音は異なるが、最後の子音が一致

---

56 音声学を専門とする植田尚樹によると、aldtsn は、音声的に四子音連続で、音響的にも母音が確認されない可能性が高い。植田とのパーソナルコミュニケーションから。

57 モンゴル・ヒップホップの音声学および音韻論上の特徴に関しては、私の専門外であるのでこれ以上の掘り下げはしない。専門家による探求が待たれる分野だ。

しているパターンのライムである。いわゆる前出のエドワーズが「言葉を曲げる」といったのは、このライムである。

実は前章で紹介した伝統的な掛け合い歌、ダイラルツァーの歌詞には、このライム理論の五パターンのうちファミリー・ライムを除くすべてが揃っている。しかもそれらライム・パターンが複合的に組み合わさっている。興味のある読者は、ラテン文字に転写したモンゴル語を追ってどの部分がどのタイプのライムが探してみてほしい。

MC ビーツ *The Secret of Rap*（2011）書影。

そのほか、パッティソンは、通常のライムより微細な音の構造をコントロールする方法として部分的ライム（partial rhyme）などを挙げている（Pattison 2014:59）。部分的ライムは moving/you や striking/night のように単語の一部分がライムとなっているパターンである。

また音のつながりによるラップの方法論としてインターナル・ライム（internal rhyme）、アソナンス、頭韻（alliteration）ヴォイス・リーディング（運声法）と韻律（prosody）を挙げている（Pattison 2014:77-106）。インターナル・ライムとは、以下の文のように一行の内部に韻を入れてリズムを整えるパターンだ。

It at last grew so small he knew nothing at all.

ヴォイス・リーディングや韻律は英語ならではのテクニックがあるが、ここでは以下の音の繰り返しだけを紹介しておこう（Pattison 2014:104-105）。なぜなら後に示すモンゴル語ラップでこの技法が使われることも少なくないからだ。ここでは、二重線でd終わりで韻を踏んでいるだけでなく、波線部分がすべてn終わりで繰り返すことでリズム感が出されている。

Begin and end, and then again begin

MCビーツのラップ理論

一方、モンゴルのラッパーたちは欧米のライム理論をどのように理解したのだろうか。モンゴルにおいて最初の、そしてほぼ唯一のヒップホップの概説本は、二〇一一年に出版されたLuminoのラッパー、MCビーツ著の *The Secret of Rap* である。タイトルは英語だが、中身はモンゴル語で書かれている。

この本はヒップホップの歴史や用語の概説書であると同時にラップやライムの理論や機材の使い方なども説明した教本でもある。ただし構成が複雑である上に他のラッパーに対するディスや、アメリカのヒップホップに関する誤情報[58]が書かれており、扱いに注意を要する本だ。ともあれ、この本に寄り添いながら、モンゴル語ラップの特徴をみていこう。

本書は以下の一四章から構成されている。

はじめに／1モンゴル・ラップの歴史／2ヒップホップとは何か（アメリカのヒップホップについて）／3MC／4フロー／5ライム／7ヒップホップのジャンル（オールドスクール、西／東海岸、ギャングスタにはじまりクラ

58　例えば、同書ではクール・ハークというジャマイカ人が最初のラッパーと書かれている（p41）が、正確にはクール・ハークはブレイク・ビーツを発見した人間である。

ンクまで）／8ドラム・マシーン／9R&B／10ヒップホップをいかに正しく実践するか／11グラミー賞／12ペンタトニック賞／13トップ・プロデューサーたち／14グレート・ヒップホップ・アルバムズ

モンゴルのラップの歴史の後にアメリカのヒップホップの歴史がくるなどモンゴル俺様感の強い構成となっている。しかし第一世代のモンゴル人ラッパーが外来のヒップホップという文化をどのように理解したか（1章、5章、10章）そして彼らオリジナルのラップの技法などが記されているという点で貴重な本だ。

この中で著者が語るモンゴル・ヒップホップの独自の特徴や方法論を抽出すると以下の六点になるかと思われる。

1モンゴルの伝統的な押韻とヒップホップのライムの相違の指摘／2ホーミーとビートボックスの発声法の類似の指摘／3ラティーノ・ヒップホップにおけるライムの新技法／4創作歌謡的ヒップホップ（*zokhiolyn hiphop*）というジャンル／5ラブソングとしてのヒップホップ（*Khairyn Hip Hop duu*）が多いこと／6モンゴル語ラップの進化について

まず1について、著者のMCビーツは、モンゴル人はジェイソンに教わるまでライムを知らなかったのだ（MCBEATZ 2011:15）とした上で「ライムとは、詩で脚韻を踏むことである」と説明している（MCBEATZ 2011:52）。ただしモンゴルの詩にも脚韻が踏まれているものもあり、それがラップの曲として使われたとの指摘は慧眼である（MCBEATZ 2011:50）。

一方、ジェイソンから学んだライムの技法としてMCビーツは、「パーフェクト・ライム」「アソナンス・

ライム」「スラント・ライム」「ハーフ・ライム」「イン・ライム（インターナル・ライム）」の五種類を挙げている。

2のホーミーとビートボックスの発声法の類似の指摘については研究の成果というより、ミュージシャンの経験測からきた指摘であろう。MCビーツは、両者の違いを前者はメロディーを発声するのに対し、後者はリズムを刻むものだとしている（MCBEATZ 2011:28）。

3のラティーノ・ヒップホップにおけるライムの新技法とは、二〇〇二年デビューのスネップ（Snep）というグループがモンゴル語の音声上の特徴である母音調和を無視した歌詞作りをしたというものだ。モンゴル語の母音は、a, o, u, e, ö, ü, i の7つの母音があるが、男性母音（a, o, u）と女性母音（e, ö, ü）と中性母音（i）に分かれる。母音調和とは、一つの単語内に男性母音と女性母音とが共存できないという法則である。わかりやすくいえば、例えば「ウ」の音（女性母音）と「ア」の音（男性母音）が一つの単語の中で混ざることはない、という規則だ。ところがあえてそれを無視した言葉のつながりをラップでつくったのがスネップなのだという（MCBEATZ 2011:55）。

かつて二〇〇〇年代の初めにモンゴルに留学していた「オサム」という名の日本人学生がいたが、モンゴル人の教師は彼の名前を正確に発音できなかった。それもそのはず、モンゴル人からすると「オサム」の「オ（u）」が男性母音、「ム」のウ（ü）は女性母音で、母音調和しておらず発音しづらいのである。その結果、そのモンゴル人教師は、彼の名前を母音調和させ「オサマ」とオサマ・ビン・ラディンのように呼んだのだった。フランス人が語頭のHが発音しづらい（ヒロシマはイロシマになってしまう）のと同様に、モンゴル人は母音調和していないと単語を発音しづらいのだ。

さて4の創作歌謡的ヒップホップとは、モンゴルには、「創作歌謡」と呼ばれるアジア音階の入ったポピュラー音楽がある。モンゴルに関わる日本人の間では、「モンゴル演歌」と称されることが多いジャンルだ。この創作歌謡を聞くのは主に地方の遊牧民である。この創作歌謡のトラックでラップを刻みフックではアジア音階のメロディーが流れるようなヒップホップがつくられた。その例がOld Schoolというグループの「バラの花（Sarnai Tsetseg）」という曲だ。MCビーツは、「ヒップホップのメロディーはモンゴル的である以上にもっとアーバン（都市的）なものでなくてはならない」と創作歌謡的ヒップホップを批判した（MCBEATZ 2011:106）。その一方でLuminoは、アジア音階の現代音楽「白い仏塔」をサンプリングした曲「ラマ僧さんの涙」（Lambugain unlims）でペンタトニック賞の「最優秀エスニック歌謡曲」賞を受賞している。どうやら馬頭琴やホーミー、オルティンドー（長い歌）との融合はクールだが、ペンタトニック音階の創作歌謡との融合は田舎くさいという感覚が彼らにはあるようだ。

5のラブソングとしてのヒップホップに関して、MCビーツは、コマーシャル・ヒップホップだと否定する（MCBEATZ 2011:108）一方で、反商業的なヒップホップのアルバムを作っても売れない（MCBEATZ 2011:115）といった矛盾する言説をしている。そしてMCビーツのLuminoというグループ自体、ラブソングで売れはじめたことに対しては他より質がよいのだとする（MCBEATZ 2011:108）。

確かにモンゴルでは、ポップス・ラップと呼べるようなラブソングを歌うヒップホップ・グループが多いのは事実だ。ただしポップスとの融合は、モンゴルのヒップホップの歴史のごく初期から始まっていた。その端緒となったのは、九〇年代を代表する女性シンガーの一人、アリオナーの「何もいわずに去ってしまったあなた（Üggüi moridson chi min）」[59]（一九九七）という曲である。この曲でラッパーのマルカは、間奏部分でラップを披露している。

こうしたラブソング系のヒップホップ・グループといえば、Luminoに加え、ゼロ年代前半に活躍したデジタル（Digital）やゼロ年代中盤〜二〇一〇年代前半に活躍したムンヒーン・ラップ（Mönkhiin rap、永遠のラップの意）といったグループが挙げられる。デジタルは二〇〇二年にリリースしたメロディアスなラップ曲「君に（Chamdaa）」が大当たりしたことで有名だ。ムンヒーン・ラップは、小田和正のようなハイトーンボイスが印象的なシンガー、ハグワ（本名 B.Lkhagvatseren）とラッパーのミガーB（本名 P.Myagmarbayar）とバジャー（本名 Ts.Batjargal）の三人で構成されたグループである。二〇一四年にリリースされた「永遠の水」は二〇二〇年一〇月時点でYouTubeの動画再生二〇〇万回を超える大ヒットとなっている。実は、この曲は九〇年代の歌手バト＝オルギルの同名の曲のカバーである。

最後の6のモンゴル語ラップの進化については、Luminoがモンゴルにおけるライムの創始者であり、TATARが発展させ、Quizaが進化させたと言うが、その理由は示されていない（MCBEATZ 2011:54）。

TATARのライム技法

ここでは、MCビーツのみならず、ライムがうまいとされるTATARとQuizaのゼロ年代の代表曲を事例に彼らのライムの技法を見てみよう。あらかじめ言っておくと、モンゴル語は、単語の最後の母音は伸縮自在なのでライムがつくりやすい。例えば、行くという動詞の現在形*Yavna*は、最後の母音aを発音してヤヴナと発音してもよいし、最後のaを除いてヤヴンと発音してもよい。まずこの時点で「歩く」「行く」など動詞の語尾が必ず「ウ」の音（母音U）で終わる日本語と大きく異なる。

さらに母音調和という規則のせいで動詞の語尾の母音は四種類とバリエーションがある。例えば、「行く」

59　Ариунаа feat. Марка - Үгтүй мордсон чи минь (Official MV) https://youtu.be/v1jTfWQaY94

は、ヤヴナ（yavna）なのでア（A）終わり、入るはオルノ（orno）なのでオ（o）終わりとなる。「見る」や「試す（現在形）」はウズネ（iizne）なのでエ（e）終わりで、「あげる／くれる」は、日本語にない母音が登場するが、あえてカタカナ化するとウグヌ（ögnö）なのでウ（ö）終わりということになる。

この母音調和という規則は、子音を揃え母音に変化をもたせるコンソナンス・ライムにぴったりである。例えば、行くという動詞ヤワハ（yava-kh' 原形）は、男性母音 a で構成された語である。これを「〜してください」という丁寧な助言や命令の形にする場合、語幹の yava に変化語尾アーライ（aarai）をつけてヤワーライ（yavaarai）という形になる。ところが女性母音 e で構成された「見る（ウゼヘ iizekh' 原形）」を「見てください」という形にする場合、同じ女性母音の e を含む変化語尾エーレイ（eerei）をつけてウゼーレイ（iizeerei）という形になる。つまり母音調和という規則のせいで「してください」に相当する変化語尾が、語幹の母音に合わせて「アーライ」「エーレイ」「オーロイ」と三種に変化するのである。すると、モンゴル語で「行ってください、見てください」と言うだけで「ヤワーライ、ウゼーレイ」となり、コンソナンス・ライムが簡単に作れることになる。こういった特徴から多様なライムの技法が使用可能なのが理解できるだろう。

最初に挙げるのは、TATAR の名曲「他人に敬意を払え（Khairyg khündel）」[60]（二〇〇四）だ。この曲は坂本龍一作曲の映画『ラストエンペラー』のサントラからサンプリングした荘厳なトラックにライムの効いたラップが響く。ちなみに坂本にオフィシャルに許可をもらってサンプリングしたといわれる。曲の内容は、当時、ウランバートルで多発した水道工事屋による窃盗を描き出したものだ。

1 Tereer khulgai sain khiin (e) ööriin chadal khireer
やつらは泥棒をうまくやるよ　自分たちの力を発揮して

2 Santyekhnigch nereer hünii khöröng (ö) oron gereer
水道工事屋を名乗って　多くの家から他人の財産を

3 Üne tsenetei del sul yum
金目になる散らかったモノを

4 Ünekheer ikheer erj khaidag
本当にがっつり探して見つけるんだ

5 Ter ikh aidag tsagdaagaas emeej baidag
奴はいつも恐れる。警察をいつも恐れるのさ

6 Tüünd bolomj garval ailyn khaalgyg ülgeriin yum shig neene sh dee geene sh dee
やつらはチャンスさえあれば、人の家のドアを伝説みたいに開けるんだよ。開けたまんまにするんだよ

7 Ajilaa duusgaad yag l tend ul mör üldeene sh dee
仕事が終わると、現場には何の形跡も残さねえんだよ

（後略）

60 Respect the Love (Hairiig Hundel) で検索すると音源にアクセスできる。

この曲では1行目の冒頭から、四角囲いの部分で示すように「エレール（*ereer*）」という音でヘッドライム（頭韻）、イン・ライム、フットライム（脚韻）が繰り返し踏まれている。しかも二音節から成るマルチ・シラブル・ライム（多音節の韻）だ。ちなみにこの頭韻と脚韻のループは口承文芸で登場した早口言葉ジョロー・ウグと同じ手法でもある。

さらに興味深いのは1行目真ん中の四角囲いのイタリック太字で示した部分である。なんと、「やる」を意味する動詞 *khiin*（*e*）の最後の母音を発音せずに、次の「自分たちの」を意味する *ööriin* をつなげてリエゾン化してヒヌール（*khiinöör*）と発音している。このヒヌールは、冒頭のテレールと母音違いのコンソナンス・ライムの関係になっている。リエゾンは自然状態のモンゴル語ではまず見られない。したがってこのライムはリエゾン化することで人工的に生み出された高度なライム・テクニックだといえよう。これを「リエゾン化によるライム形成」と呼んでおきたい。

これに加えて4行目冒頭の *Ünekheer* は、冒頭からの「エレール」の韻の連なりであると同時に3行目の冒頭の *Üne* と頭韻の関係になっている。さらに4行目の二つ目の四角囲いの *ikheer* は *erj*（探して）と続けることで密かに韻が踏まれている。

また3行目のデル　ソル　ユム（del sul yum、散らかったもの）という定型表現だが、これ自体がそもそも短いライムである。4行目から5行目の文末から文中、文末にかけて aidag という音が三連続するマルチ・シラブル・ライムが続く。ここでは「いつも～する」という意味の動詞の変化語尾「*dag*」に、あえて ai とい

TATAR1st アルバム『TATAR』（2004）。

う語幹がつく動詞を選んで配置することで、ライムの多音節化を図っている。最後の6〜7行目の文末も、「〜なんだよ」を意味するエーン・シデー（een sh dee）という音が繰り返しながら、最後に音を加えるパーフェクト・ライムからアディティヴ・ライムへの連なりだ。

以上のようにこの曲では冒頭の七行だけでもこれだけ複雑な韻が踏まれていることが了解できるだろう。

Quizaのライム技法

次に紹介するのはQuizaのライム技法である。TATARのラッパー、ザヤーをしてQuizaには適わないといわしめたテクニックとは、どんなものなのだろうか。Quizaといえば、そもそもジェイソンからヒップホップの薫陶を受けた「一期生」である。Luminoの一員であったものの、諸事情あってMCビーツやスキゾらと袂を分かっていった。

その彼が再び登場するのは二〇〇七年である。この年に発表したアルバム『ヒーモリン・サン（Khiimoriin san、風馬香経）』と同名の曲は、年末のペンタトニック賞で最優秀ヒップホップ曲に選ばれる。あの映画『モンゴリアン・ブリング』の冒頭で登場する高速ラップの曲だ。

「ヒーモリン・サン（風馬香経）」とは、本来、男性の運気（ヒーモリ）を上げるために読誦されるモンゴル仏教の経典である。ヒーモリとは、いわゆるチベット語のルンタ（rlung rta）のことである。明治大正期にお経のパロディとして生まれた阿呆陀羅経を日本のラップの真髄だとしたのは、昭和の音楽評論家中村とうようだったが（中村 2005:125）、現代のモンゴルのラッパーもラップの経典をクリエイトする。読経は国境を越えてヒップホップと相性がいいのかもしれない。この曲は、ヴァースもフックもどれが頭韻でどれが脚韻かわからなくなるほど、韻だらけだ。

1　Boljee Quiza odoo Bogd met tsatsakh geegüi Boortsog

よっしゃ Quizaが今　活仏様のように配るとは言わねえが　ボールツォグ（ドーナツ）を

2　Bodoo, Danzan khoyor shig boshigyg khaly

ボドーとダンザン[61]のように敷居を超えよう

3　Taizna aa uragshaa bish khoishoo uraldaj baigaa bükh oduudad tursh'y

舞台の上で前向きじゃなく後ろ向きの競争をしているすべてのスターたちに挑戦しよう

4　Taizan deerees lekts sedev n' urlag onol praktik

舞台の上から　俺の講義のテーマは、芸術、理論、実践

5　Jinkhene Hip tegee (d) Hop khiij üzüül'y

本物のヒップ　そんでホップを　やってみせよう

6　Odoo yag khelsen neg üg bolgon chamayg ööd n' tatn (a)

今俺が言った一語一句がお前をやる気にさせる

7　Tsug (a) khiin (e)　/ Khig yog dar'y　/Khuuchin bükhniig nug (a)

一緒にやろう　不愛想さを抑えよう　古臭いものはすべてつぶせ！

8　khedii gashuun ch ges (e) n bid zövkhön kheln (e) üneniig

どれだけ辛くったって　俺たちは本当のことを言うだけだ

（中略）

この曲の特徴は、まるで憑かれたかのようにくり出す高速ラップが刻む究極のリズム感である。曲の冒頭は、ビートボックスで始まるが、あたかもパーカッションが続いているかのように自然にリリックに移行している。それは、韻を踏みまくっていることはもちろん、一音節の単語を多用することで言葉そのものをリズムにしているからである。しかもリズムの一拍に二音節の単語を配置したりもしているので、非常に高速でパーカッシブなラップとなっている。

まず1行目の冒頭Boljeeから2行目にかけて四角囲いをしたようにほぼ単語が「ボ（bo）」の音で始まる頭韻が踏まれている。構造としては頭韻が内韻に連なり脚韻にもなっている。

この曲でも、あの早口言葉「ジョロー・ウグ」の脚韻から頭韻へループする手法が使われていることがわかる。Quiza本人に訊ねたところ、このリリックを創るときジョロー・ウグを全く意識していなかったという。「ただ直感的に出てきた言葉をリリックにしていったのだ」と話してくれた。この「直観」は、作家のセレンゲムルンが語った記憶の貯蔵庫としての「胸（ツェージ）」に文化的な蓄積があってこそ、できる技であろう。ちなみにQuizaはMCITが敬愛した詩人チョイノムの作詩理論をかなり研究したとも語っていた。

さらに2行目からは平行して下線部のようにシグ *shig*、ギグ *gyg* とインターナル・ライムが続く。また2、3、5行目の文末が二重線で示したとおり、*khaly*（超えよう）、*tursh'y*（挑戦しよう）、*üzüül'y*（みせよう）と脚韻が踏まれているが、これは7行目の真ん中のdar'y（抑えよう）にまで続いている。

61　ボドー（Dogsomyn Boduu、一八八五～一九二二）とダンザン（Soliin Danzan、一八八五～一九二四）は、二〇世紀初頭に活躍したモンゴルの革命家である。モンゴル人民党を結成した最初の七人のうちの二人だが、ともに権力闘争に敗れ処刑された。その経緯に関しては青木（2011）が詳しい。

3行目と4行目の冒頭も四角囲いで示したとおり、頭韻。3行目太い下線部の *uragshaa* と *khoishoo* は、子音を揃えたコンソナンス・ライムである。それだけでなく三語目の *uragshaa* 六語目の *uraldaj* も *ura* と二母音をそろえて韻踏み。

極めつけは、5行目である。冒頭の四語をあえてカタカナ表記すると、「ジグネッ／ヒッ、テゲッ／ホッ」のように非常にリズミカルに聞える。実はここでは、非常に複雑で高度なテクニックが採用されている。

まず冒頭の *Jinkhne*（本物の）と三つ目の *tegee (d)* が、音の足し算、引き算でライムとなるアディティブ／サブラクティブ・ライムの関係にある。それと同時に言葉をはさんで二語目の Hip と四語目の Hop も子音が揃ったコンソナンス・ライムとなっている。

Quiza のアルバム『ヒーモリン・サン』(2007)。

さらに本物を意味する *jinkhene* の最後の e はモンゴル語の口語では弱化されほとんど発音されないことが多い。しかしここではあえて発音している。一方、対となってライムを構成する *tegee (d)* の d はあえて発音しない。この二つの人工的な母音の伸縮や人工的な子音の排除という操作によって、「ジグネッ―テゲッ」という音の対を生み出しライムを完成させているのである。あえて名づけるとするならば「母音伸ばし／子音はずし操作」によるライムである。

7行目から8行目にかけて下線部でイン・ライムが踏まれている。それと平行して八行目の四角囲い部分も高度な韻踏みテクニックが登場している。すなわちモンゴル語の二音節以降の母音が弱化するという性質を利用したパーフェクト・ライムである。具体的に言うと、8行目のges（e）nは、二音節目のeの音が弱化しkheln（e）では語尾のeの音が弱化するので、結果的にほぼ完全な韻となるのである。これを「母音弱化によるパーフェクト・ライム」と呼んでおこう。

一応、フック（サビ）の部分のライムも見ておこう。実は、LuminoもTATARもフックの部分は頭韻を踏むことが多いが、クイザの場合、フックも頭韻・脚韻の両方を使う。

フック

1　Bid rep duulj bain (a)!　Bügd sons!
　俺たちは　ラップを歌ってるんだよ　みんな聴け！

2　Bair suuria khaij bain (a)!　Pop, Rock!
　ポジションを探しているんだよ　ポップやロックよ！

3　Zaluu khünii songolt. Zaaval sons!
　若者にとっての選択肢だよ　必ず聴け！

4　Bükh yum chölöötei. Hip Hop niigemd nölöötei
　すべて自由だよ　ヒップホップは社会に影響力がある

もう説明はいらないだろう。同じ下線や同じ四角囲いの部分がライムとなっている。なんとフックの部分まで隅々まで、すさまじく韻踏みあっている。

実はこの曲は毀誉褒貶の多い曲でもある。二〇一五年にモンゴルの名曲一〇〇選（*Mongol Tuulgatry Shildeg 100 dun*）の中にヒップホップから唯一選ばれた一方で、エミネムの「Shake That ft.Nate dog」のパクリだとの批判も受けている。確かにエミネムが同曲で Get buzzed Get drunk Get crunk get up と一音節を重ねる手法を Quiza は模しているかもしれない。とはいえ、上に示した「母音伸ばし／子音はずし操作」や「母音弱化によるパーフェクト・ライム」といったテクニックは、モンゴル語だからこそ創りえた技法であり、それを彼が生み出したのも事実だろう。トラックの類似は批判者が指摘するほど、類似しているとも思えない。

ちなみに Quiza のもう一つの功績は、馬頭琴やホーミーとヒップホップの融合をこのアルバムで果たしたことである。エスニック・ヒップホップを最初に形にしたのは、Quiza だといって間違いない。

おそらく Quiza はある意味、モンゴル語ラップの韻踏みの技法の完成者であろう。しかしこれ以降、アメリカのヒップホップの歴史がそうであったように、モンゴルでもラップのテクニックを競うより、リリックの内容やメッセージへと力点が置かれるようになっていく。

シャーマニズムと押韻

このような韻踏みでつむがれるラップの言葉は、時に人の心を掴んで離さない強力なパンチラインとなる。それは、何かが降りてきているとしか思えない言葉たちだ。もしかすると、ラップの韻踏みは、シャーマンに憑依する精霊たちの言葉に連なっているのではないだろうか。ここではシャーマニズムの憑霊技術を手がかりにラップの言葉がいかにつむぎだされるのか、考えてみたい。

前述したとおり、モンゴルではシャーマニズムの祈祷歌や精霊の召還歌は口承文芸の一ジャンルに分類されている。祈祷歌や精霊の召還歌は、韻が踏まれており、ラップと類似するような面を持っている。モンゴルの口承文芸、とりわけ英雄叙事詩は、馬頭琴のような擦弦楽器を演奏しながら歌われるのが一般である。

これに対して、シャーマンたちが歌う祈祷歌や精霊の召還歌は、革張りの巨大なハンドドラムの伴奏で歌われる。実はこのようなシャーマン・ドラムのことをシャーマンたちは「精霊の乗り物」として観念している。事実、ドラミングのリズムは、馬のギャロップにそっくりだ。これに対して、メロディーとドラムによる伴奏が両方あるのがヒップホップのラップだといえる。シャーマンは、世界中であの世とこの世をつなぐ架け橋のような存在として観念されてきた。彼ら／彼女らは、あちら側の世界の声をいかにして聞いているのだろうか。いや、そもそも本当に「死者」の声は実際に彼らに聞こえているのだろうか。

従来、シャーマンが精霊や死者といった超自然的存在と「交流」する儀礼において、繰り返されるあくびや激しい痙攣といった現象が観察されてきた。こうした超常的な存在と「接している」ときの彼らの精神状態は、心理学や文化人類学において「トランス（忘我）」や「変性意識状態（Altered States of Consciousness）」といった用語で説明されてきた。

確かにシャーマンたちが儀礼の最中、通常の精神状態ではないことは了解できる。しかし、いったい彼らが「何」と交流しているのか。この問いに対して心理学的アプローチでは、その「何か」を「心理現象」や「文化」に還元させる以外、他に道が見出せない。つまり「文化」としての精霊の実在を語る以外、方法がないのである。

フランスの文化人類学者アマヨン（Hamayon 1993）は、本来、シャーマニズム概念の揺籃の地、シベリアには「トランス」という概念に相当する現地語が存在しないということを指摘する。すなわち心理学的な現象としてシャーマニズムを捉えてきたのは、欧米の学者の側であって現地のシャーマニズムを実践する人々ではなかったのである。

では、彼らが聞いている「声」とはいったい何なのだろうか。ここでは現代モンゴルのシャーマンたちの

「憑霊」を巡る語りを手がかりに、「憑霊」という現象を「韻を踏むという身体技法」として読み解いていこう。モンゴルのシャーマンたちは、韻を踏みながら精霊の召喚歌を歌うことで霊の「憑依」を経験する。こうした「韻を踏む」という身体技法は、伝統的な英雄叙事詩の語り手（吟遊詩人）のトーリチにも共通する技法でもある。さらに言うならば、ヒップホップやレゲエといったポピュラー音楽における語るように歌うラップないしトースティングと呼ばれる技法と酷似している。

この押韻という言語技法に着目することで「トランス」や「変性意識」といった用語を使わずに「死者の声」を聞くという事態を理解できるのではないかと考えている。まずはモンゴルのシャーマニズムについて簡単に紹介した上で、彼らがいかにして、どのような声を聞いているのか、詳らかにしていこう。

精霊の声が聞こえないシャーマン

モンゴルのシャーマンは、外形的にはシベリアのシャーマンと酷似している。彼らはタイガの森や草原で、獣の毛皮を纏い、巨大な円形の革張りのドラムを叩きならしながら激しく踊り儀礼を行うことで知られている。ただし二〇世紀以降、シャーマニズムは、ダルハドやブリヤートといった辺境のマイノリティの間だけに残った。一七世紀以降、モンゴル高原ではチベット仏教が勢力を強め、シャーマニズムを駆逐していったからだ。

私は九〇年代後半より二〇〇〇年第前半にかけて、ダルハドやブリヤートの人々の間で実践されているシャーマニズムについてフィールドワークを行ってきた（島村 2011 など）。ダルハドやブリヤートのシャーマンたちは、衣装や道具、唱える祈祷詞は異なるものの、オンゴドあるいはオンゴと呼ばれる精霊（主に生前シャーマンであった先祖霊）を憑依させる「憑霊型」のシャーマンである。

さて、そんなシャーマンたちの儀礼に数多く参加してきて言えるのは、「シャーマンたちは精霊の声が聞こえない」ということだった。モンゴルのシャーマンたちはジャーナリズムなどで「精霊と語る人々」「精霊の声を聞く人々」などと形容されることが少なくない。しかし、多くの憑霊儀礼に接してきて言えるのは、彼らは精霊と語るわけでもなければ、精霊の声を聞いているわけでもないということだった。

シャーマンの憑霊儀礼は、獣の毛皮の衣装をまとい革張りの太鼓を打ち鳴らしながら、精霊を呼び寄せるための召喚歌（*duudlaga*）を歌うことで始まる。太鼓は基本的には、馬がギャロップしているようなリズムを刻む。時折太鼓を強く打ち鳴らしながら、激しく跳躍し、天幕の中を走り回る。そうしているうちにシャーマンは一際、太鼓を激しく連打して体を大きく揺らし、跳躍する。シャーマンの身体に精霊が入ってきたのである。

精霊が入ってくると、声色や身体の動きに大きな変化が起きる。男性の霊であるならば、キセルに火をつけてタバコをくゆらせながら語ったりするし、老婆の霊ならば腰を曲げて歩いたりする。このようにはっきりと外見的に別の人格だとわかる例もあるが、中には召喚歌の延長線上にいつの間にか、別の人格になっていたというパターンもあった。つまり、精霊は人間が話すかのように話す場合もあれば、召喚歌のメロディーに合わせて歌を歌うかのように人々に語りかけるパターンである。大抵の場合、精霊の言葉は聞き取りづらく、周囲の人々に精霊の言葉をわかりやすく伝える通訳のような人物がいる。

精霊が去るとき、シャーマンは再び太鼓を打ち鳴らし、歌を歌いながら踊る。ブリヤートの場合、最後に太鼓を強く叩きながら、三〜四回、垂直に跳躍すると、元の人格に戻っている。そして顔を覆っていた帽子をとりはずしながら、「精霊は、今なんと語ったのだ?」と周囲の人間に尋ねるのである。

シャーマンに精霊の憑依中の彼／彼女自身の意識について尋ねると、たいていは覚えていないという。あるいは真っ暗闇の中にいて何も聞こえないと答える。やはり、シャーマンは「死者の声を聞いていない」のである。おそらく一番、「死者の声を聞いている」のは、シャーマンの「通訳」たちであろう。

「精霊とは言葉のことである」

そんな中、「シャーマンと精霊の声」に関して、新たな展開を告げる出来事に遭遇した。二〇一〇年の春、ウランバートルでモンゴル人の研究仲間が「私の大学時代の友人もシャーマンになったんだよ」といって紹介してくれたのである。実は、辺境のマイノリティたちの信仰だったシャーマニズムは、二〇〇〇年ごろを境にして、徐々に首都ウランバートルへと伝播していた。そして瞬く間に都市の人々の間を席捲するようになったのである。その数や、二〇一〇年頃の現地情報によると一万五〇〇〇~二万人に達していた（島村2014、2015a）。ちなみに当時のモンゴルの人口は三〇〇万ほどであるから、いかにシャーマニズムが日常化していたかが了解できよう。

そのシャーマンは、Jという三〇代後半の女性だった。彼女はホテルのマネージャーをしていたが、親族の病気をきっかけに自身がシャーマンになる運命であることを告げられてシャーマンになったのだという。話の流れの中で、冷静な面持ちの彼女は件の「精霊の声」について以下のように語り始めた。

「オンゴド（精霊）とは、人間の姿をした先祖霊とかではなく、言葉そのものなんじゃないかしら」

彼女によると、シャーマンのオンゴドの召喚歌を唱えはじめるとき、最初は自分で自分のことをわかっているのだという。ところが、そのうち頭韻を踏んで召喚歌を唱えているうちに、自分でわかっているようでいて、知らないうちに言葉が出てくる。そして儀礼の終わった後になると不思議と全く覚えていない。「だから、自分で何を言ったのかわからないの。自分でわかっているようで自分でわからない言葉を話している感じ」なのだという。当然にして、「精霊に姿形などないのだ」とも言っていた。

Jの語った「言葉としての精霊」と、ほぼ同じことを語ってくれたのは、長年私のドライバーを務めたG（当時四〇歳、男性）である。二〇一二年夏、二年ぶりに会った彼もなんとシャーマンになっていた。彼はシャーマンなぞ、信じていなかった。しかし事業の失敗や、家族の病気といった不幸が立て続き、幼馴染の勧めで半年前にシャーマンとなったのだという。Gは以下のように語る。

「俺も最初はシャーマンなぞ全く信じていなかった。最初は、ただ召喚歌を唱えるだけで、精霊が入ってくるなんてことはなかった。でもある日、師匠から学んだ精霊の召喚歌を歌っているうちに、自然と言葉が出てきたんだ。そのときの意識？　自分の意識はあったさ。ああ、（もう一人の自分＝精霊が）適当に嘘くさいこと言いやがって、と思っていた」

つまり、「自然と出てきた言葉」に対して、彼は「嘘だ」と評する自分の意識を持っていたわけである。インタビュー当時、こうした経験は、「今のところ二回ほどしか経験できていない」と彼は語った。

さて、JやGの語りから考えられるのは、**自分が意識して語れる言語とは異なる、意識的に操作できない言語を自動的に語らしめるテクノロジー**としての「憑依」である。二人に共通しているのは、頭韻が踏まれた召喚歌をひたすら歌う練習をしていたということである。この韻を踏み続けるという実践の中に「精霊の声」の秘密があるのではないだろうか。

韻と憑依

このような「韻」と「精霊の声」という結びつきは、私の過去の調査の記憶を遡らせた。今から二〇年ほど前、モンゴル東部の辺境でブリヤート・シャーマンの調査をしていたときのことである。当時、私が一番苦労していたのは、シャーマンの精霊の召喚歌の採集であった。

シャーマンたちは、精霊を呼ぶときに唱える／歌う召喚歌をなかなか外部者の私に教えたがらなかったのである。その理由は、「歌を教えると、召喚歌を唱えた人のところにその精霊が入ってくる。そして、自分の精霊を他のシャーマンに使われることになってしまう」からだという。

当時の私は、この召喚歌の内容にこそ彼らのシャーマニズム実践の「秘密」があると考えていた。しかし今思い返すと、歌詞の「内容」ではなく押韻という「形式」にこそ、精霊の声の謎を解く「秘密」があったのではなかろうか。

事実、ブリヤートのシャーマンたちは新米シャーマンが祈祷歌を歌う修行を積んで精霊の声を発するようになる。このことを「口が割れる（*am khagalakh*）」と表現していた。「口が割れる」とは、言葉がすらすら出るようになるという意味なのだという。例えば、新人シャーマンが精霊を憑依させることができるようになったことを「あいつは、ようやく口が割れるようになった」といった言い方をする。これは、「新人シャーマンに憑霊の技法を学ばせる上で重要なのは、通常とは異なる言語を放つ技術の習得である」とかれらが考えている証であろう。ここから敷衍できるのは、モンゴルのシャーマンたちにとっての「憑霊」とは、韻を踏み続けることによって、意識外の言語＝精霊の言葉を新たに生み出す営為を指すのではないか、ということである。

さらに言えば、モンゴルでは、詩人や作家、音楽家などに創作のアイデアが急に湧いてくることを「精霊《オンゴド》が降りてくる（*ongod buuj irne*）」と言い慣わす。ともあれ、こうした押韻がもたらす、あたかも憑依のように無意識に自動的に発話する性質をここでは「韻の憑依性」と呼んでおこう。

この韻の憑依性は、シャーマニズムという領域と口承文芸という領域を橋渡しする概念ともなりうる。かつてモンゴルには、トーリチと呼ばれる、弦楽器を弾きながら英雄叙事詩を語る語り部たちがいた。モンゴルのジャーナリスト、ガラーリッドは、このトーリチにシャーマンと共通する属性を見出した。彼は、西モンゴルの大物トーリチ・アビルメド老の息子であり、最後の継承者でもある人物にインタビューを行ったが、その中でトーリが天の神に捧げる物語であったり、人々の厄除けのために語られたりすることが語られた。さらに語り部が物語を語るとき、「眠ってしまったかのように意識を失っているが、外から見ると物語を歌い奏でていることがある」と語った点に着目し、シャーマンに精霊が入った状況と同じだとする。以上のことを踏まえてガラーリッドは、口承文芸の担い手トーリチとシャーマンの類縁性を指摘する（Galaarid 2010:50-51）。

このインタビューの中でとりわけ興味深いのは、語り部が物語を語るとき「意識を失いながらも叙事詩を歌いつづける」と語った点である。こうした叙事詩もまた、シャーマンの召喚歌同様に頭韻を踏みながら語られることで知られている。さらにこの伝統的な語り手は、「トーリチは物語を暗記しない。大体、粗筋を覚えたら自分の知恵で言葉を出していくのだ」とも語っている（Galaarid 2010:45）。

つまり韻を踏み続けることの延長線上に、無意識的な歌詞の創造があることをこのインタビューは示しているのである。従来、西モンゴルには「シャーマンの地方には英雄叙事詩の語り手はおらず、英雄叙事詩の語り手のいるところにはシャーマンがいない」という言い回しがあったといわれる。このことからも、一部の研究者によってシャーマンとトーリチと呼ばれる語り手の社会的機能（厄除けなど）の類似性は指摘されてきた。しかしここで重要なのは、シャーマンもトーリチも新しい「言葉」（それが叙事詩であれ精霊の語りであれ）を生み出すテクノロジーとしての韻を使うという点である。さらにこうした異言は、いきなり生み出されるのではなく召喚歌やトーリといった「元歌」があって成立するという点にも注意したい。

ところでウランバートル市で増え続けるシャーマンたちの中には、あえて精霊を憑依させないという人々もいる。二〇一四年の夏、彼らの儀礼に参加してみたが、激しく体をゆすりながら歌い、ドラミングをするのは、他のシャーマンと変わりはなかった。大きく異なったのは、このグループのシャーマンたちは、まるでモンゴルの民族音楽のジャンルの一つとして知られるオルティン・ドー（長い歌）やホーミー（喉歌）といった歌詞のほとんどないメロディーだけの歌を歌っていたことである。かれらは、「韻踏まぬシャーマン」であったのである。そんなかれらは儀礼中、太鼓をたたき終わると、いきなり顔を覆う帽子をとって、「精霊たちは、こう言っていたよ」と、「通訳」を介さず直接クライアントに語りかけていた。シャーマンたちによると「太鼓を打ち鳴らしていると、精霊の言葉が思念（bodol）の形で入ってくる」のだという。そのとき、当然に自らの「意識」が失われることはないそうだ。そして「精霊を身体に入れることは可能だが、そうすると精霊がコントロールできなくなる。だから敢えてしないのだ」とも語った。つまり韻踏まぬシャーマンは、憑依言語を持たないのである。

シャーマニズムからヒップホップへ

従来、人類学では、精霊の憑依に関して「一人の人間の状態に対する文化評価であって、その真偽を判断するのは研究者ではない」（ルイス 1985:43）とするイギリスの人類学者I・M・ルイスの立場を踏襲してきた。

最近では、アフリカ・コモロ諸島の精霊憑依を研究してきた人類学者の花渕馨也のように、「憑依」をふるまいと捉えながらも、それが「ふりをしている」といった意識の二重性がない、「遊び」に没入するような経験だとする解釈も登場している（花渕 2005）。

一方、欧米のネオ・シャーマニズムやトランスパーソナルといったニューエイジ系の人々は、シャーマニズムを実態的な「意識変容」の技法として捉えてきた。彼らが特に注目してきたのは、シャーマンのドラミングと呼吸法であった（ハーナー 1989（1980）、グロフ 1989 など）。すなわち彼らはシャーマニズムのドラミングや呼吸法こそが、シャーマン的意識変容をもたらす、あるいは超自然的な存在と接触する技法だと考えたわけである。

これに対して、アメリカの臨床心理学者／文化人類学者のリチャード・ノルは、シャーマニズムを認知科学の立場からメンタル・イメージの能力開発（Mental Imagery Cultivation）の技法として捉える新機軸を開拓した（Noll 1983;1985）。まずノルは、人類学者は「精霊の語り」や「ふるまい」といった外部から観察可能な言語学的／行動科学的な事実に限定し、それらをテキストのように分析することしかしてこなかったと批判する（ノル 2019:88）。

ノルによると、シャーマンたちは自分の内観力を高めたり、脳内のメンタル・イメージを鮮明化する訓練をしたりすることで、実際に神や精霊を見たり聞いたり、感じたりできるようになっている。もちろんこれらは脳内イメージなのであるが、それが訓練によって事実上、「見えたり聞こえたりしている」としたところがノル理論の肝である。

彼の理論は、後にアメリカを代表する宗教人類学者ターニャ・ラーマンによって「宗教人類学にパラダイムシフトを起こした」と評価されている（ノル 2019: 93）。ちなみにラーマンは、ノル理論を継承し、アメリカのキリスト教原理主義者（福音派）の多くが実際に「神の声を聴く」経験をすることに対して「内的感覚の能力開発（Inner Sense Cultivation）」の技法として捉えている（Lurhmann 2012）。

宗教人類学では、エリアーデ以来、シャーマンの超自然的存在との交流の方法をめぐって長らく古典的な「エクスタシー（脱魂）型」「憑霊型」そしてこれに加えて「精霊統御型」という分類がなされてきた（佐々木 1984）。このような分類は宗教の起源を探求したり（エリアーデ 1974）、宗教文化による文化圏を構想したり（佐々木 1984）するために設定されてきたものである。

しかしこのような分類をいったん据え置き、シャーマンがいかに超自然的な現象を感知しているか、というインプットといかに情報を発信しているか、というアウトプットに分けて考えてみよう。そうすることでシャーマンの認識や実践の実態により近づけるのではないだろうか。その文脈でいうならば、ノルやラーマンの「メンタル・イメージ／内的感覚の能力開発」論は、シャーマニックなインプットの経験、つまり神や精霊との出会いを説明する上で現時点で最も説得力のある理論だと言えよう。

これに対して、シャーマンたちのアウトプット、すなわち精霊が憑依して語るという現象に対する学術的な説明はほとんどなされてこなかった。そこで重要になってくるのが、ここで提示した自分の意識と語る言語を分離させる身体技法としての韻踏みである。

人類学のシャーマニズム研究において、シャーマンたちの「韻を踏む」というテクノロジーは、ほとんど顧みられてこなかったといってよい。しかし「変性意識状態」「トランス状態」といった西洋由来の学術概念を据え置き、韻という言葉のテクノロジーを身体技法として捉えなおしたとき、シャーマニズムと口承文芸とヒップホップを結び付けていく新しい地平が開けてくるのではないだろうか。身体技法としての「韻」は、ヒップホップのミュージシャンたちが「フリースタイル」と呼ぶ即興で韻を踏みながら歌詞を生み出して行く手法と酷似している。彼らは、「無意識」に韻を踏みながらラップを生み出していくといわれる。一説によると、ラップの起源は西アフリカの叙事詩の語り手「グリオ」に遡ることを考えると、これもあながち偶然ではないだろう。

興味深いことにアメリカのラッパーたちはフリースタイルが完全にインプロヴィゼーションではなく、元々作られた歌詞や使いまわしのフレーズ（generic phrase）との混淆の中で生み出されることを語っている（Fitzgerald 2000）。また日本のヒップホップシーンの草分けの一人であるいとうせいこうもヒップホップは、クズやガラクタから音楽を作り出して行く「ブリコラージュ」として捉えていた（後藤 1997:56）。さらに新宿をレペゼンするラッパー漢 a.k.a.GAMI もフリースタイルのラップをするとき精神を集中していくと「神が降りてくる」瞬間があるのだと語る。

> ラッパーは相手のラップを聞きながら、そいつが吐き出している言葉のどこを拾って、どのタイミングで入って、どんなパンチラインをくり出して、どの部分で韻を踏んで落としてやるかをフル回転で考える。俺の場合も集中が高まると「神が降りてくる」瞬間というのがあって、そのときは頭の中でイメージしたラップがパパパパパッと完璧に口から出てくる。さらに集中が高まると、一種のゾーンに入って頭の中が完全に無の状態なのにバンバン韻を踏んでうねるようなグルーブが生まれていく場合もある
>
> （漢 a.k.a.Gami 2015:144-145）。

こう語った上で漢は即興ラップについて「事前に頭の中でリリックを作り込んでカマしていく計画性がある即興とゾーンに入りながらカマス即興の二段階がある」とまとめている。もはやシャーマンである。一方、

モンゴルのラッパーたちはどう語っているであろうか。

ゲル地区出身の大物ラッパー、Desantはトラックを作っているとき、言葉が入ってくるが、それを加工してリリックをつくるのだという。フリースタイルに関して「無意識のうちに言葉が入ってくるよ。それが時には自分でもびっくりするようなぴったりのライムだったりするんだよ」と話してくれた。とりわけリズムは重要らしい。「メロディーよりリズムが重要だ。トラックのリズムが鳴り始めると、言葉が降りてくる。リズムは人の心を震わせる力があるんだ」と彼は語る。そして「酒を飲んで身体が熱くなってきたときフリースタイルをやると、パンチラインがガチっと決まるんだ」と付け加えた。やはりリズムと韻踏みの延長に新しい言葉が生まれてくる可能性が示唆されている。

女性ラッパーのジェニーは、普段の会話の中で突然、韻を踏んでラップを刻みだすことも少なくない、韻踏みアディクトだ。彼女とチャットをしていると、突如「先生、今、精霊《オンゴド》が降りてきたよ。読んでみてくれよ」といって韻詩を書いてくることも少なくない。ただし「シャーマンみたいだな」という私の一言に対してジェニーは「私はシャーマンは嫌いだ。私には、生きるのに疲れ果てた者たちがシャーマンになっているように思えるんだ。そういう連中が他の者たちをシャーマンにして金儲けをする。ラマ僧だって同じだ」と切り捨てた。実は彼女はシャーマンやラマ僧を嫌う一方で、自身に降りてくる韻詩は、「生まれる前の世界」に言及するなど、非常に「スピリチュアル」だ。これについては六章「変成」で深掘りしていこう。

興味深いことにアメリカのラッパーたちが語った「使いまわしのフレーズ」をモンゴルのシャーマンたちも行っている。ベテラン・シャーマンのオトゴンスレンは、精霊の祈祷歌について以下のように語る。

「急に書きたくなって紙を置いたら言葉が入ってくるんだよ。所与の（*ögögdöl*）ものだと思う。精神状態が完全な時に魔法のような詩が降りてくるんだよ。後で見てみると、びっくりするくらいうまくできている。だけど詩の中にことわざも織り交ざっているんだよ」

シャーマンの紡ぎだす言葉もラッパーたちがフリースタイルで紡ぎだす言葉もおそらく同じ方法論で生まれたと考えて間違いなさそうだ。キーワードは韻と重低音のリズムである。

アウトロ

韻と重低音。どうやら「憑依」を創り出すには、この二つが欠かせないようだ。民族音楽学者の山田陽一は、音が身体にもたらす「反響」と「共鳴」に注目し、それを「憑依」と呼んだ。ここで言う憑依とは、単なる比喩でもなければ、心身二元論を前提とした心や身体のコントロールを喪失した「忘我」でもない。身体に音が充満し、飽和した「響きの充溢」のことである。歌い手は「音楽に取り憑かれながら」も自己をコントロールし、周囲の人々との協調関係を保ちつつ、様々な音楽的仕掛けを繰り出していく（山田 2017:251-252）。

モンゴルのシャーマンたちは、精霊が入ってくるとき、上半身をドラムで覆うかのようにしてドラムを叩きならす。ドドンドドンドドン、ドドドドドド……。革張りのドラムが打ち鳴らす重くて速いリズムは、シャーマンの胸の奥底から共鳴していく。

おそらくシャーマンやラッパーたちはドラミングやベース&ドラムの重低音の響きによって音に憑依されると同時に、なおかつ押韻によって言葉にも憑依されながら、ラップ／精霊の語りを自身から外へ放射しているのであろう。

現在、モンゴルのラッパーや歌手たちの中には、シャーマンになった者がいるが、これも不思議なことではないだろう。シャーマニズムという伝統とは無自覚に過去の習慣を繰り返すものではない。シャーマニズムは、精霊が憑依することで伝統的に伝統を創造する。もっとわかりやすくいうならば、文化を更新していくという行為を繰り返しているという意味で伝統的なのである。そういった意味においてもラッパーたちはシャーマンに近似した存在であるといえる。

一九九〇年代〜ゼロ年代にかけて、モンゴル・ブリヤートのシャーマンたちは、二〇世紀の女性たちが味わった苦しみを精霊の物語にして語っていた（島村 2011:394-454）。また鉱山開発が進むゴビ地域のシャーマンたちの精霊たちの声は、鉱山開発にあえぐ遊牧民たちの気持ちが代弁されていた（島村 2015b）。その一方でモンゴルのヒップホッパーたちも同様に社会の現状に敏感に反応して、韻を踏む（島村 2009）。そこで語られる声は、まったくの超自然的あるいは超人間的という言葉で表されるものではなく、むしろ、雑多な現実がブリコラージュされることで出来上がった、もうひとつのリアリティだといっていい。

次章以降は、こうしたラッパーたちがつむぎ出す現実に注目していこう。

第五章　憤激

ゲットーに響く声

遊牧民出身のラッパー、Desant。2018 年頃、Desant 提供。

イントロ

モンゴルのヒップホップ、とりわけゲル地区派の通奏低音となっているのは、怒りの感情だ。モンゴルが甘んじている経済の低迷。貧富の格差。「援助」や「開発」という名の下の外国の勢力の進出。高層アパートに住むエリートたちのゲル地区の市民への軽蔑。そして大気汚染などの環境問題。彼らはそうしたすべてに憤る。

ゲル地区派のラッパーとライバル関係にある都会派のラッパーたちもラブソングばかりを歌っているわけではない。ナショナリズムと排外主義的な傾向は、実はゲル地区派と共通している。

ナイーブな外国の研究者の中には、モンゴルが社会主義の崩壊によってソ連の軛《くびき》から解放してくれたアメリカを中心とした西側先進国に感謝している、と信じている者もいる。では、なぜ社会主義時代の反逆の詩人チョイノムが、なぜ今なおモンゴル・ヒップホップのアイコンとして崇拝されているのか。社会主義時代も今も抑圧的な社会であるのは、変わらないことを意味しているからだ。支配する側がソ連からネオリベ的な西側先進国に変わったのかもしれないが。文化帝国主義の中心たる欧米においてナショナリズムは抑圧言説として機能するが、モンゴルのような周縁の国におけるナショナリズムは、ある種、抵抗言説の様相をまとう。

すると、もともと反体制的な傾向の強いサブカルチャーが、「周縁」においては、逆説的にナショナリズム的な傾向を帯びるのである。ICE TOPにホヨル・フー。彼らは憤る。ポスト社会主義時代の道徳が崩壊した社会に。やりたい放題の外国人に。そして腐敗したモンゴルの政治家に。

またゲル地区での貧困や暴力リアルを歌うラッパーたちも登場する。実はインテリだった帝王Geeは、ゲル地区のために歌う。はじめてゲル地区を「ゲットー」だといったのは、ゲル地区のリアル・ギャングスタ、Desantだ。

ウランバートルのゲットーから響いてくる憤激の声。本章でのテーマはこれだ。

ICE TOPと社会批判

ヒップホップ・グループICE TOPは、鋭い切れ味のポリティカル・ラップを得意とするグループだ。マッチョで挑発的なリーダー格のハーギー（Haagii、本名E. Khatanbaatar、一九七八〜二〇一四）。ハーギーは、グループで一番の年長者でもある。次にスキンヘッドに金歯がいかついグループの顔、ICEMAN a.k.a. コビー（Kobe、本名S. Chuluunbayar、一九八〇〜）。そして高音でコミカルな裏声ラップを担当する細顔イケメンEYES COOL（本名B. Orgil-Erdene、一九八一〜）。逆に最も野太いダミ声ラッパーのマンライ（本名D. Manlaijargal、一九八二〜）、ドープな奇声と高音ラップが売りのバドガー a.k.a. Thug（本名S.Bat-Otgon、一九八二〜）、そしてS.S.にO.B.にTATAR（本名Bat-Orgil）の八人である。後に彼らはモンゴル・ヒップホップの代名詞とでもいえる存在になっていく。

ICE TOPは、ポリティカル・ラップを得意とする一方でMCITたちの失敗から学んでいた。社会批判だけではなく、ラブソングも歌うし、時にはコミカルな歌も歌う。[62] ラブソングは、ラップ自体もメロディアスで聞きやすい曲も多かった。例えば二〇〇二年のHITという名前のとおりの大ヒット曲は、非常にポップでメロディアスな曲だ。ラップでハモる感じはボーン・サグズン・ハーモニーの名曲クロスロード（Crossroads 1995）を彷彿とさせるが、HIT はよりメロディアスだ。またポップス歌手との積極的なコラボもしている。例えばゼロ年代を代表する女性アイドル歌手セルチマーの切な懐かし系のバラード「夜明け前の夢（Üür shönii züüd）」（二〇〇五）[63]では、ICE TOP のラップが絶妙にマッチしている。また二〇一〇年頃に大人気だったR&BシンガーのBXとコラボしたバラードの名曲「SAK（サイコー）」（二〇〇六）も大ヒットした。

こうしたポップな曲をリリースする一方で、同じグループだと思えないほど、激辛の社会批判をまくしたてる。それがICE TOP の特徴である。

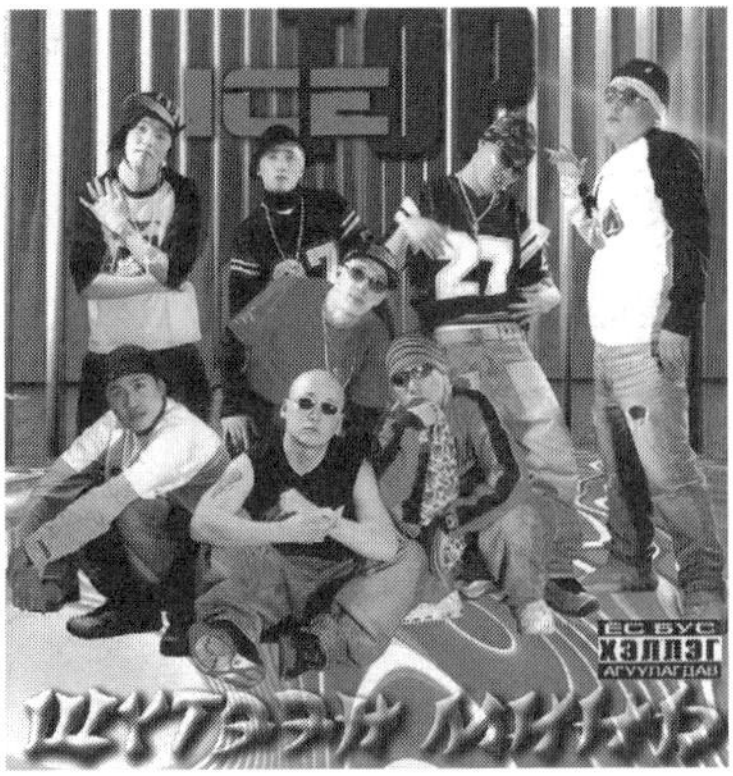

ICE TOP ファーストアルバム『俺の神様』(2002)。前列左からバドガー、ハギー、ICEMAN。後列左からマンライ、Eyes Cool、SS、TATAR、OB。

当初、彼らはダンスグループだった。一九九六年に第一地区の一六名の少年たちが集まって結成されたが、やがてラップを歌うようになる。ゲル地区の出身ではないが、メンバーの中には幼少時にゲル地区で過ごし、ティーンエージャーになって集合住宅に引っ越してきた者も少なくなかった。メンタリティ的にもゲル地区派だと言える。ちなみに彼らは団結力が強いことで知られているが、実は初期に何人かがDIGITALというグループを作って脱退し、途中で二〇〇四～二〇〇八年頃、S&Iというグループを作ってマンライとバドガーが抜けたが、後にICETOPに戻っている。

彼らのデビューアルバム『俺の神様（Shüteen min'）』の最初のイントロについで収録されている「哀しきわが首都（Minii Muu Niislel Khot）」のリリックは衝撃的な内容だ。多くの若者たちが売春に走っていたというゼロ年代初頭のウランバートルのアノミー的状況と当時の政府が喧伝していた「モンゴルは発展に向かっている」という言説との矛盾を抉り出す。

哀しきわが首都（**Minii Muu Niislel Khot**）　ICE TOP（二〇〇二）

哀しきわが首都　生まれ育ったときから何年も
市民や家族のいろんな顔を見てきたな
萎れるときは萎れて　煌くときは煌いて
今日まで俺たち生きてきて、楽しい暮らしもあったけど
同時に灰色の現象と事象
それらとともに歩んだわが首都
超最低を見ることになったわがモンゴル国民
（中略）
男も女も構わずみな売春　そんな人々をどうすりゃいいんだ
父さん、母さんにとっては愛娘

62　例えば二〇〇〇年頃の「チューリップ（*Altan Zul*）」という曲では、ICE TOPは、童謡にラップをいれている。また PVでコメディアン並みのボケ演技を披露している。
63　ICE TOP ft. serchmaa「*Uur Shonin Zuud*」https://www.youtube.com/watch?v=-yiuMdi0ynU&app=desktop

だが鬼か妖怪のように姿を変えて　顔に化粧を塗ったくり
男を漁って、高級品につられる
そんな女の子たちがおとなしければ、バーやホテルに気ままに出入りするならば
それが普通の現象になって　これらすべてが父さん、母さんの、母なる国の
このわが首都の、名誉や誇りとは関係ねえって言うのか

そうさ、本当にすばらしい哀しきわが首都
上昇します、進歩します、発展します、繁栄します
そのために俺たち尽力します

哀しきわが首都よ
酒飲んで、暮らし向きを良くさせられたっていうなら、だ
小さな体を身売りして、かわいくなることができたっていうなら、だ
語るばかりで実現しないことが実行されたっていうなら、だ
社会の幸せのために戦わされたっていうなら、だ
どんなことがあっても、わが哀しき首都は発展に発展を重ねるよ
売春婦だった女性たちは、せめて規則を守るようになる
まさか、違うだろ　口じゃなくて手を動かせば、一歩すすむごとにすべてを吸収、学習するならば
目上がちゃんとするならば、金持ちたちの何人かが、分別がつくようになるならば

貧しきものたちが泥棒をするのをやめるなら、
このひでえ暮らしにも夜明けが来るよ　俺は探し求める
（後略）

彼らのリリックスは一人で書くのではなく、全員でそれぞれのパートを書くという方式をとっているそうだ。メンバーのEyes Coolは、インタビューに「言葉は人を殺すし、生かしもするって言うだろう。だからリリックは一番大事だ。うちはグループ全員で一緒にいながら作詞をするんだ」と答えている（Nyamsuren 2014）。

グローバルとローカルの結節点としてのクラブ

実は、このようなリリックは、彼らが活動していたディスコやクラブで実際に起こったことが反映されている。モンゴルのディスコやクラブでは、ＤＪたちが欧米のヒット曲を流す。同時にそこはミュージシャンたちの演奏の場でもあった。モンゴルのポピュラー音楽の歌手やグループたちは、ディスコに集い、そしてＤＪによるダンスタイムの間をぬってミニ・ライブを行う。

市場規模の小さいモンゴルではポップスの「大スター」もディスコで歌い、曲を発表する。ディスコは、欧米の音楽文化の受容の場であると同時に自身の音楽を発信する場でもあった。大抵のディスコの場合、大型のスクリーンやモニターが設置されており、欧米のポップスのＰＶが流れ続ける。ディスコは、トランスナショナルな人的ネットワークが構築される場でもある。大型のディスコともなると、ダンスを楽しむウランバートルの若者だけではなく、モンゴルの金持ちや政府高官、欧米、韓国、中国、日本などから来た外交官、開発援助関係者、投資家、ビジネスマンにいたるまで多種多様な国籍や組織に属する人々が集まってくる。社会主義が崩壊して間もなかった一九九〇年代、遊興施設の少なかったウランバートルではディスコが、モンゴルの上流階級や外国人たちの交流の場でもあり、商談や政談の場でもあった。

そして彼らの多くには、もう一つの目的があった。そこに集まる若いモンゴル人女性たちである。もちろんディスコで踊っている若い女性のすべてが職業売春婦ではない。しかしプロかアマかの境界はあいまいだった。物価の高騰や失業の増加といった経済の混乱にあえいでいた九〇年代、普通の女子大生が学費や小遣いかせぎに「その日だけ」と決めて外国人に身を売るケースや、外国人の彼氏をつくって海外雄飛を夢見てディスコに来るといったケースも少なくなかった。

ともかく職業売春婦であれ、パートタイムであれ、彼氏作りであれ、その場で交渉が成立したら、外国人や金持ちたちは女性を伴って夜の静寂へ消えていく。ヒップホップの歌詞の中に登場する、外国人排斥や少女の売買春について歌った曲は、まさにこのようなディスコやクラブで誕生していったといえる。

またディスコの入り口には、スーツに身を決めた体格のいいガードマンたちに煙たがられながらも、ストリート・チルドレンならぬマンホール・チルドレンたちが金持ちや外国人目当てにたむろしていた。寒冷なモンゴルでは、ストリート・チルドレンたちは、「ストリート」で寝泊りすることはできない。彼らは温水管が通っているマンホールで寝泊りすることから、その名前がついた。マンホール・チルドレンたちは、ディスコの入り口で出入りする金持ちや外国人、売春婦相手にスリやひったくり、物乞いなどをすることで生計を立てている。かれらは、経済苦から親に捨てられた者が多いが、大人に組織化されて働かされ、「売上金」を上納させられているケースも少なくない。こうした組織化されたストリート・チルドレンたちは、「グループの者たち（*grupte*i）」と呼ばれていた。

当時のモンゴルのディスコは、世界の権力構造や経済格差の縮図のような様相を呈していたのである（島村 2009）。

政治批判

国会議員や政府の高官による贈賄、公金の横領といった報道や噂は、民主化以降、後を絶たなかった。総選挙の年であった二〇〇四年、ICE TOP のヒット曲「76」は、そのような国会議員たちを厳しく咎める内容となっている。76とは、モンゴルの国家大会議（国会）の定数である。リリックを聴いていると、何か他人事じゃないような気分になってくる曲だ。

ちなみにこの曲は、ダイン・バ・エンへのMCアーヴとナバの二人がラップで参加しているが、アーヴのハスキーな演歌っぽいラップがハードコアな内容に少しコミカルなテイストを加えている。

76　ICE TOP ft. Dain ba Enkh（二〇〇二）

柔らかい椅子からケツを上げることなく　毎日話し合い
正しいか間違っているか　たーくさんの法律を決めて
ほんのちょっとだけ　国民の前にテレビで姿を見せて
実行はしないくせに　口約束ばかりの七六人にこの歌を捧げる
（中略）
飲んで食って　腹いっぱいになって　喉につかえているじゃないか？

国をゴミにするためにおまえたちは、今しなくちゃいけないことを
やめたんじゃないのか？　人のためにこの社会の汚染を滅ぼそうぜ
国の繁栄のために貢献することを決意しろ！　決意しろ！　決意しろ！
（中略）
国民は見ているぞ　おまえらが議論して議論して
私利私欲のために利権を分け合って解散していくのを
きっと安心して家に帰っていっているだろうな
七六人がこんなふうなら　モンゴル国は滅びるぞ
（後略）

このような状況は、今も変わらない。モンゴルでは官僚のささいなものから政治家の壮大なものまで汚職がはびこっている。二〇一二年九月、エルベグドルジ大統領（当時）は、国連総会において「汚職とは感染症のようなものです。暗闇の中で成長し、投資家たちを追い払い、一般市民の機会を奪い去り、国家の維持に必要な免疫系を攻撃するのです」と演説している（エンヒジン 2014:58）。

ともあれこうした鋭いポリティカル・ラップで若者たちの絶大な支持を得ていたICE TOPだが、この曲が収録されているアルバムが彼らの将来を暗示していた。黒をバックに白で書かれたマリファナの葉。それが「76」が収録されたセカンド・アルバム『New Life』（二〇〇四）である。アルバムには「ネットワーク用語含む（*süljee khelleg agulagdav*）」との注意が書かれている。このネットワークとは、麻薬ビジネスのネットワークのことじゃないかと噂された。

二〇〇七年、メンバーのICEMANことコビーは、アイスつまり覚せい剤を使用したことで逮捕される。その頃より、ヒップホッパー＝麻薬と関係のある人々というイメージが少しずつモンゴルで浸透し始めるようになった。

ナショナリズムと排外主義

モンゴル最初のロック・バンドは、まさにモンゴル・ナショナリズムの象徴ともいえる「チンギス・ハーン」の名である。一九八九年、社会主義モンゴルに民主化運動が高まり始めたそのころ、彼らは活動を開始した。社会主義時代を通して、友好国ソ連の領土（ロシア）をかつて侵略した破壊者として、チンギス・ハーンの名前は口にすることを許されなかった。

　例えば、社会主義によって、抑圧されたナショナリズムに対する抵抗をバンド「チンギス・ハーン」は、「チンギス・ハーン」という曲を歌い、民主化の狼煙をあげた。メロディーは悲痛に、荘重で、チンギス・ハーンよ、あなたを忘れなさい、あなたのことを口にしてはいけないと言ってきたのは私たちの本心じゃなかった、そのように命じた人たちがいる、しかし私たちはおぼえていた、おゆるしください、といった内容であった（田中 1992:16-1）。

　この曲は、市民から熱狂的な支持を獲得することとなった。つまり当時のモンゴルにとって、社会主義体制の下で抑圧されたナショナリズムを歌うことは、ラディカルな反体制的行為だった。しかし社会主義が崩壊した後も、ナショナリズムを歌うロックやヒップホップのグループは後を絶たない。

　モンゴル初のラップ・デユオ「ハル・サルナイ（Brack Rose）」は、九五年、社会主義時代の詩人、D・ナッツァグドルジの詩「わが生まれし故郷（*Minii törsön nutag*）」をそのままラップにして歌い、人気を博した。

フックでは、「これぞわが生まれし故郷、モンゴルの麗しき国」というフレーズが繰りかえされる。またホルド（Khurd）というロック・バンドは、二〇〇〇年に「母国（Ekh oron）」というバラードを発表した。この曲でもやはり、「こんなに青い空がある国は、他にはない、モンゴルほど美しい国はない」といったフレーズがサビで歌われていた。ある種、九〇年代のモンゴルのポピュラー音楽はジャンルを超えて、ナショナリスティックな傾向が強かったといってよい。

ところがゼロ年代になると、ヒップホップはさらに先鋭化していく。民族主義者として知られているヒップホップ・グループのホヨル・フーは、「モンゴルの空（Mongolyn tenger）」という曲（二〇〇二）において、以下のようにラップする。

長しえに晴れ渡るモンゴルの空を俺はヒップホップで祝福する運命なのさ
これが俺のモンゴル　確かに俺はこの母国を愛しているんだ

（中略）

永遠の蒼天の下、俺は俺として生まれ、母や父の愛に甘えながら育ってきた
人を欺きさまよう多くの部族《ヤスタン》[64]どもは
モンゴルに来るのが好きなんだな　この空を見るために来るんだな
毒まみれのやつらの見せかけ（öngö）や金（möngö）にだまされるわけねえ
白鳥が飛び立つ澄みきった湖に他人の足跡をつけさせるな
汚れた手を水に浸すんじゃねえ

この歌詞に登場する「永遠の蒼天の下 (*Mönkh khökh tengeriin dor*)」とは、『モンゴル(元朝)秘史』において、チンギス・ハーンが大シャーマン、ココチュから永遠の蒼天のつづくところ、すべてがチンギス・ハーンの支配下になるべし、との託宣を受けたという故事からの引用である。

このような歌が成立する背景には、ポスト社会主義時代におけるモンゴルの経済が外国人によって支配されているという現状がある。九〇年代後半、モンゴル国のGDPのうち約二五パーセントが、外国からの援助と借款でまかなわれていた。その援助によって富を得ているのは一部の官僚と結託した外国人たちである。また、こうした現状は、プライドの高いモンゴル人の自尊心を傷つけているものの、援助や借款を切り捨ててはやっていけないジレンマにかれらは苛まされている。援助は代償を要求する。九〇年代後半の一時期、ある新聞に「援助侵略 (*tuslamjiin türemgiilel*)」という言葉が踊っていた。

ちなみに九〇年代末〜ゼロ年代初頭のウランバートルは人口が六〇〜八〇万人ほどで、外国人の姿が容易に目についた。外国人のほとんどはウランバートルに居住している。こうした背景の下、「中心」で生まれたサブカルチャーを受容しながらも、「周縁」のラッパーたちは、「中心」によって形作られている外部世界に対して、排他的なナショナリズムという抵抗戦術をとったのである。

また特定の外国人に対する攻撃もヒップホップの歌詞の中に見られた。おそらく、ほとんどのモンゴル人は、ゼロ年代も今も、中国人に対して民族憎悪の感情を抱いているといっても過言ではないだろう。ゼロ年

64　ヤスタン (*Yastan*) とは「モンゴル民族」の下位概念にあたるエスニックグループのことである。もともとは「同じ骨をもつもの」という意味の語である。骨はモンゴルにおいては父系的な血縁の象徴である。現在モンゴル国には三二の *yastan* が存在するといわれる。ただし、ここでは、民主化以降、ウランバートルにあふれかえる諸外国人のことをさしているようだ。

代半ばに登場したヒップホップ・グループのドゥルヴン・ズグ（4züg、四方向の意）は、「いいかげんにしろ、ホジャーども（Büü davaraa, khujaa nar.）」という曲（二〇〇六）の中で、極端な中国人排斥を訴える。ホジャーとは、モンゴル人たちが中国人に対し使う蔑称である。

手に米を握ったやつらは、わが国の政治も握って
俺たちの意思を預ける政府をホジャーたちにゆだねている
できることなら、やつらを全員、全員、ひとり残さず、撃ち殺して捨ててしまいたい
五種類の外貨の売春婦になったモンゴルの女の子たちよ
やつらの下には、野良犬になったモンゴル犬がいるぞ
やつらの料理のレシピは、毒入りで俺たちの飢えた腹にそのまんま入る
一気にモンゴル人の血を吸い上げるのさ
（中略）
背後からナイフで刺してくるジュンゴアー（中国人）よ
おまえは明日、真昼にチャドだか中国《ヒャッタド》だか
言う言葉をチャド、パッドとか言って簡単に思っていたら　マジでいいかげんにしろよ
（中略）
人間の倫理を学んで大人になったモンゴル人が
ゴミのようなホジャーたちに、こんなふうに辱められるなんて！
中国人たちを呼べ！　呼べ！　呼べ！

やつらをみんな、撃ち殺せ！　撃ち殺せ！　撃ち殺せ！
恥を知れ！　モンゴルの同胞よ！
目覚めよ　われらが母国の旗をはためかせ　国を強固に固めよ
（後略）

この歌の冒頭にある「米を握ったやつら」とは、中国人のことである。遊牧民のモンゴル人にとっての伝統的な食事は、肉と乳製品である。現在、都市のモンゴル人は米も食べるようになったが、ゼロ年代はまだ付け合せのサラダのような感覚であった。

つまり「米を食べる」ということは、彼らにとって他者性を感じる大きな指標であった。現代のモンゴル人の漢民族に対する憎悪感情は、一九五〇年代後半以降の中ソ対立の際、ソ連側に立つモンゴル人民革命党によるナショナリズムの形成の過程で構築されていったものである。不思議と中国人に会ったことがないのに「モンゴル人は遺伝子レベルで中国人が嫌いなのだ」などと唱える人々も少なくなかった。

しかしゼロ年代の若者たちが持っている不満は、もっと現代的な事情によっている。[65] モンゴルの鉱山資源に代表される中国の投資の増大、ミレニアム道路と呼ばれる幹線道路の舗装化や高層ビル建築のために中国人労働者の大量受け入れなど、モンゴルの経済・社会に対する中国の影響は日増しに強まっていた。また流入してくる中国人による買春も日常化しており、中国人労働者によるモンゴル女性への強姦・殺人事件など

65　ポスト社会主義モンゴルにおける中国の影響とモンゴル人の不満に関しては、ロッサビの『現代モンゴル　迷走するグローバリゼーション』が詳しい（ロッサビ 2008:263-276）。

も起こっていた。

中国から輸入される食料品に毒物や人体に影響を与える添加物が混入されているという報道も後を立たない。中国人とモンゴル人の間の殴打事件も数知れず起こっている。こうした状況下で、この歌は生まれたのだった。

こうした中国のプレゼンスの高まりと軋轢は、二〇一〇年代に入ってもむしろ強くなる一方だった。Geeは、食肉工場で吊るされた羊を背景に肉切り包丁を持ってラップで叫び始める。

ホジャー　Gee ft. Jonon（二〇一一）

ホジャー　ホジャー　ホジャー　ホジャー
胃袋で世界を考えるホジャーよりも
ずっと上等な俺こそはモンゴル人
だからホジャーどもよ　俺に跪け
おまえも「リー」って姓なのかよ
チンギス・ハーンの子孫の御前である
泥で汚れた草履をはいたお前を
草履（サンダル）ごと一緒に燃やすのは我なるぞ
俺の爺さんが　日本からおまえの国を解放してやったとき
くたびれたホジャーどもは　喜びのあまり死にかけていた

だが人の助けを水で返すという中国の奴らの真の掟が
（モンゴルの）独立を破壊して無力化したのさ
米の子供たちよ　俺は肉食のモンゴル人だぞ
十数人のホジャーどもをひねりつぶすのに　一人のモンゴル人で十分だ
弱すぎる　わき毛のような弱さだった
定住民たちはそもそも遊牧民たちのサンドバッグだった
最初からおまえらは、北のモンゴルの奴隷だった

九行目の「俺の爺さんが、日本からおまえの国を解放してやった」というのは、一九四五年八月、モンゴル軍はソ連軍とともに満州国および現在の内モンゴル東部にあった蒙古聯合自治政府に侵攻し「解放」したという歴史にもとづいた発言だ。モンゴル軍は中国を解放するというより、内モンゴルのモンゴル人同胞を日本の帝国主義から解放するという名のもとに行った作戦であるが、Gee は「中国を解放した」と理解しているようだ。いずれにせよ、彼の中国に対する憎悪はすさまじい。

また韓国人に対しても、ヒップホップは憎悪の刃を向けた。ICE TOP の一部メンバーが独立してつくったユニットS&Iは、「俺の国に目を向けるな（Minii nutgaas nüdee avl）」（二〇〇八）という曲の中で、海外に暮らすモンゴル人に帰国を呼びかけると同時に韓国人と韓国人に関係する若い女性たちを攻撃する。ホーミー（喉歌）やオルティンドー（長い唄）といった伝統音楽をサンプリングしながら、以下のようにまくしたてる。

韓国《ソロンゴス》の兄さん《アハナル》たちは女の子たちを信用しね《ソンジノー》えけど　選ぶだけ《ソンゴノー》選ぶ Fuck You!

狂《ソリョートイ》ったメスオオカミどもは　盲目になっているから　Fuck You!

モンゴルでは、九〇年代末より韓国人たちが凄まじい勢いで外食・風俗産業へ進出してきた。その結果、ゼロ年代には、ナイトクラブで働く若いモンゴル人女性のコンパニオンのことを、「アガシ」と韓国語で呼ぶことが当たり前となっていた。ここで歌われている「女の子たちを信用しねえけど選ぶだけ選ぶ」とは、韓国人ビジネスマンが、ナイトクラブ（その多くは韓国人経営）で一夜をともにする「アガシ」を選ぶことを意味している。また、「韓国人の兄さんたち」という表現は、かつて、社会主義モンゴルを導いていたソ連のロシア人たちに親しみをこめて「ロシアの兄さんたち」と呼んでいたことに由来するものだが、ラッパーは、このような表現をもじって韓国人に使ったのである。一方、韓国人男性についていくモンゴル女性に対しても「狂ったメスオオカミ」だと非難している。

日本人に関しては、私の知る限りロックやヒップホップの歌詞にあからさまな批判は見られない。しかし九〇年代後半には、日本語教師として来た日本人男性が、二〇〇六年には、海外青年協力隊シニアボランティアの男性が殺される事件が起こった。

また九七年頃、在モンゴル日本大使館を警備していた警察官の友人は、日本大使館が「売春館」（*yankhany yam*）と密かに呼ばれていることを私に打ち明けてくれた。大使館員たちが夜な夜な売春婦を館内の居住区に連れ込んでいると言われていたのである。

九〇年代末、日本の大使館員だけでなく、国連や海外援助機関のオフィサー、ビジネスマンなども売春婦を買ったり、愛人を囲ったりしているという噂は、恒常的に耳にした。正確に言うならば、噂だけではなく、ヒップホップやロックが流され、歌われるディスコやクラブという場で幾度となく目撃された。

援助であれ、外交であれ、ビジネスであれ、モンゴルにおいて国際的な力関係の差異は、ジェンダー化した関係となってたち現れていることを、ラッパーたちは自分たちの目で見て知っていた。だからこうしたリリックが生まれる。ゼロ年代のモンゴルのラッパーたちが標的にしたのは、中国人や韓国人といった特定の外国人ではなく、むしろモンゴル経済を動かし、やりたい放題のすべての「外国人」たちであった。

反キリスト教

外国の勢力の流入は、宗教の世界でも軋轢を生み出していた。モンゴルでは、社会主義崩壊直後より、福音派を中心とするキリスト教が入ってきたが、彼らが伝統的に信じてきた仏教との間で摩擦が起こる。

ポスト社会主義期、キリスト教福音派はゲル地区を中心とする「貧困」地域で食事や衣服を配給するなどの慈善活動で急速に信者を増やしつつあった。一方、伝統的な「モンゴル仏教」はといえば、厄除けの読経を行う以外、慈善活動は一切行っていなかった。

モンゴルでは、今も社会主義期も仏教は日常生活の中で「呪術実践」という形で広く浸透している。わかりやすく言えば、一般のモンゴル人にとって仏教との一番の関わりは、数珠などを使った占いや厄除けのためにラマ僧に経を読んでもらうことにある。この読経のことをモンゴル語では「ノム・オンショーラハ（経を読んでもらう）」という。寺には読経の料金表が貼られており、ウランバートル市民は、災厄の種類によって経を選び、料金を払って読経してもらう。この読経料は仏教寺院の主要な収入源となっている。

したがって人々の仏教の教義に対する関心は極めて低い。この点では日本と似ているといってよい。ただし厄除けと言えば、日本では神社であるが、モンゴルでは仏教寺院である。

また厄年など決まったときに寺院を訪れるのではなく、何か困ったことがあれば頻繁に寺を訪れてラマ僧に経を読んでもらうのも、モンゴルの特徴だ。例えば家族が病気になる、仕事がうまくいかない、あるいは人間関係に悩みがあるといった場合、モンゴルの人々はまずは寺院へ向かい経を読んでもらう。逆に何も問題がないときは、彼らは寺院に寄り付かない。つまり「困ったときのラマ僧頼み」、これがモンゴルでの仏教信仰の一番の特徴であるといってよい。したがってラマ僧の読経が「効かない」と判断されれば、人々は簡単にシャーマンなどに乗り換えていく。一般の人々にとって大事なのは即効性のある呪術なのであって、教義云々ではないのである（島村 2018b）。

そのような背景の下、読経よりも食糧や衣服といった「実弾」を配るキリスト教福音派へ傾倒していく人々が日増しに増えていった。九〇年代末、ウランバートルにあるモンゴル仏教最大の寺院、ガンダンテグチェリン寺院（通称ガンダン寺）の高僧にキリスト教の進出について尋ねたところ、「モンゴル人の伝統宗教は仏教だ。そう簡単にクリスチャンにはならないよ」と歯牙にもかけなかった。しかし宗教学者の滝澤克彦によると、二〇一四年には、教会数は六〇〇、信徒数も八万〜九万人（人口の約三パーセント）に達しており、しかもそれは一時的な現象とはいえない（滝澤 2015）。日本では、明治以来一五〇年を通じてキリスト教徒の信者は未だに人口の一パーセントにも満たない。ところがモンゴルでは社会主義崩壊以降、たった十数年で人口の三パーセントがクリスチャンになっているのである。

厄除けの読経をするラマ僧。ウランバートル市、2015 年 7 月、著者撮影。

その頃、信心深いハーギーを中心としたICE TOPの面々は、「オム・マニ・パドメ・フム（Um ma ni bad mi hum）」をリリースする。この曲は、一種の仏教ナショナリズムの表明だといってよい。曲のタイトルは、チベット・モンゴル仏教で最も唱えられる観音菩薩の真言である。日本人が「南無阿弥陀仏」や「南無妙法蓮華経」と唱えるのと少し似ている。この曲は僧侶の読経でビートが始まり、いきなりフックが全員で「オム・マニ・パドメ・フム」と絶叫することで始まる。かなり、インパクトの強い曲だ。

オム・マニ・パドメ・フム　ICE TOP（二〇〇二）

フック
オム・マニ・パドメ・フム　義理の母とは距離を置け
オム・マ・ホム・オム・マ・ホム　嫉妬深い女はマジで害だよ
オム・マニ・パドメ・フム　ゾリグの殺人犯は見つかるぜ
オム・マニ・パドメ・フム　浮浪児たちのためだとよ
オム・マニ・パドメ・フム

ヴァース1
間違ったことをしちゃいけないぜ
宗教に背く行為をしちゃだめだぜ
他人と同じように　人間らしく生きろよ

できるぜ　やろうというなら　できるぜ　大丈夫だよ
ゴミのような奴らからは距離を置けよ
被害にあった後で事件に巻き込まれないようにな
上から俺らを天や仏が見ているぞ
オム・マニ・パドメ・フム　毎日そう拝んどけ
拝んでおけば、やること為すこと、うまくいくってもんだ
そうだ　うまくいく　俺ら皆、お釈迦様を信仰しているだろ
信仰していたら　為すことすべてがうまくいくってもんだ
徳を積んで　仏を拝み　五体投地しろよ　それで許しを乞いな
自分自身を信じて行けよ　他人をはめるなよ
俺はキリスト教徒じゃなんかじぇねえ　自分が黄色い宗教だってことをわかっているぜ

冒頭にある「義理の母とは距離を置け」というのは、夫や妻の母がクリスチャンになって姻戚に布教するケースにちなんでいる。三行目のゾリグとは九〇年代初頭の民主化運動の父と呼ばれるサンジャースレンギーン・ゾリグ（一九六二〜一九九八）である。一九九八年一〇月、首相に指名を為される直前に自宅で暗殺された。いまだに犯人はみつかっていない。また最後の行の「黄色い宗教（*sharyn shashin*）」とはチベット・モンゴル仏教ゲルク派（黄帽派）のことである。

S&Iと殺人事件

二〇〇七年頃になると、ヒップホップ・グループが飽和状態となり、長年、ナンバーワンの名前を欲しい儘にしていたICE TOPも人気に少し陰りを見せていた。後にモンゴル・ヒップホップの帝王と呼ばれるBIG GeeことGeeの登場もあった。そうした中、バドガーは、マンライと組んでS&Iという名のユニットを作り、ICE TOPとは別行動の活動を始める。

マンライやバドガーによると、別にICE TOPの仲間と喧嘩したのではないが、八人もいるので自分の歌うパートが少ないのが不満だったという。それゆえ、二人でユニットを組むことにした。グループ一の低いダミ声のマンライとキーンとした高音の声を持つバドガーのコントラストのあるラップ。それに加えてハモりを入れたメロディアスな曲づくりもあり、S&Iは出す曲、出す曲がヒットする。

前述の「俺の祖国に目を向けるな」のようなICE TOP譲りのポリティカル・ラップもあったが、彼らのヒット曲はラブソングが多かった。例えば、「俺の目を覚ましてくれた恋（Namaig sergeesen khair）」（二〇〇七）という曲は、低音・高音のコントラスのあるラップに加え、バドガーが合いの手のように発する「オッオー」「アーッ」という剽軽な奇声が病みつきになる名曲だ。

リリックは、バドガーのソロ部分である「ひとりだけ　お互いに／この人だけを　その人だけを／その人だけを／人は　自分の恋人を／誰も彼もだ　愛せよ　その人をだ　みんな」といったラインで始まる。フックを歌う女性シンガー、ウーレーの透き通った声も健在である。

S&Iは、三年ほどの間にハモりラップを極めた名曲「信頼（Itgel）」や女性シンガー、ノミンジンとコラボした「What's Love」といったラブソングの他、貧困を扱った「金（Möngö）」といったヒット曲を出した。またこの間に三枚のアルバムをリリースした。

しかしやがて音楽で生活していくことに限界を感じたバドガーはヨーロッパに働きにいくことを決意する。二〇一一年二月、留学ビザを取ってスウェーデンに渡った。そこで仕事を探そうと思っていたのだという。ところがスウェーデンで暮らしはじめて半年も経たないうちに思いがけない事件に巻き込まれてしまう。二〇一一年七月一一日。この事件についてメディアの報道と彼自身の語りは少し異なる。

バドガーによると、スウェーデンではアジア人差別が激しいのだという。アジア人を見つけると殴る蹴るといったことは日常的に起こる。ただしあちらこちらに監視カメラがあるので、このようなリンチは二〜三分で終わるそうだ。ある日、ストックホルムで友人たちと、オープンカフェで酒を飲みながらくつろいでいた。そこを通りかかった男たちの一人が、一緒に酒を飲んでいたモンゴル人の若い女性の尻を掴んだのだという。それを見た瞬間、頭に血が上った。「異国でモンゴル人の女性が侮辱を受けたことを俺は黙ってみていることができなかったんだ」と当時を振り返る。気が付くと、バドガーはナイフでその男を刺していた。

一方、ニュースサイトZindaa.mnが伝えるところによると、ストリートでバスケットボールをして遊んでいた何人かのモンゴル人のところへアラブ人の男たちが現れて喧嘩を売ってきたのだという。「モンゴル人」や「チンギス・ハーン」を侮辱するアラブ人に激怒したバドガーは、そのうち二人をナイフで刺したのだという。そのうちのひとり、一八歳のアラブ人の男性、レベル・シャリフは出血多量で死亡した。スウェーデンの裁判所はバドガーの事件は自己防衛であったと認めたが、鋭利な刃物を使ったことから懲役一三年の判決を下した（Erdene 2011a）。

スウェーデンは死刑を廃止しているが、故意の殺人事件は無期懲役刑となっている。それを考えると、どうやら故意ではないと判断されたらしい。こうして彼は収監され、刑に服すことになった。この事件は、モンゴルではかなり同情的に報道されていた。何よりもモンゴル人の名やモンゴル女性が侮辱されたこと立ち向かったのは、もっともなことだと理解されていた。

今回、バドガーに侮辱的な言葉を投げかけたのはアラブ人であった。しかしそもそも欧米では、モンゴル人にとっての誇りであるチンギス・ハーンは否定的なイメージを持たれている。アメリカで暮らすモンゴル人がチンギス・ハーンの名前を自慢したところ、眉をひそめられたという話もよく聞く話だ。多くのアメリカ人からすると、チンギスは残忍な殺戮者に過ぎないのである。このような偏見に晒されながら、多くのモンゴル留学生や出稼ぎの労働者たちは、欧米の社会で生きている。

そんな中、ICE TOPのメンバーたちは、異国で受刑するバドガーを励まそうと考えた。

「スウェーデンでは受刑者に食事や衣服はきちっと与えられるそうだが、音楽を聴くことは制限されていたみたいなんだ。でも俺たちミュージシャンにとって、音楽を聴くなということほど辛いことはない。だから俺たちはバドガーを音楽で励まそうと考えたんだ」そのようにコビーは当時を思い起こした。

こうして生まれた曲が「友の絆に栄光あれ（Nökhörlöl mandutugai）」である。この曲は、全員で「心はいつも一緒だ　わが友よ　わが友よ」とコーラスするフックで始まる。


友の絆に栄光あれ（Nökhörlöl mandutugai）　ICE TOP（二〇一三）

フック
心はいつも一緒だ、わが友よ《ナイズ・ミン》　わが友よ《ナイズ・ミン》（Nökhörlöl mandutugai）
望みは一つだ　一人強く耐えているわが友よ　わが友よ
心いっぱいで一緒に歩んできた　わが友よ　わが友よ

ヴァース1
盟友（アンダ）らしい盟友として　名前を残そうぜ
人生にピリオドを打つまで　共に生きていくわが友よ
誰も異論を唱えない友といえば　おまえなんだよ
お前のポジションに　誰も代わりに入れねえ
盟友よ　よくがまんできた　中身は真の男だ　お前は
たった今　いう言葉をよく聞いて覚えておけ
長年　疲れ果てながらも歩んできた　あの長き年月を
わが盟友よ　俺たちは、お前ぬきで思い浮かべることなんでできない
すべての想い出の向こうに　いつもお前が一緒にいる
悪党の我が盟友よ　俺たちは有名にもなった
（後略）

牢獄の中でこの曲を聴いたとき、バドガーは涙を流して聴いたのだという。なつかしいメンバーたちの声。そして自分は見捨てられていなかった。しかしこの曲がバドガーのもとに届けられたのは二〇一八年、つまり曲がリリースされて五年経ってからのことだった。そして「友の絆に栄光あれ」を歌ったリーダー格のハーギーは、皮肉にもすでにこの世を去っていた。バドガーがそれを知るのは、一年後の二〇一九年のことである。スウェーデン政府が犯罪者の祖国への引き渡しを決定し、モンゴルに帰国してからバドガーはハー

ギーの死を知らされたのだった。

ゲル地区の世界

話はいったんゲル地区へと移る。モンゴルの「ゲル地区スクール」のラッパーたちの故郷である。[66]「ゲル地区」は、現地語でゲル・ホローロル（*Ger Khoroolol*）という。

丘の斜面に無秩序に広がる柵に囲まれたゲルや木造家屋。電気こそきているものの、上下水道や暖房などが整備されていない。ここ数年、舗装道路の敷設が進んでいるものの、ひとたび路地裏に入ると、そこは2メートル以上の高い塀に囲まれた見通しの悪い小道が迷路のように続いている。ウランバートル中心部の高層アパートが建ち並ぶ地区と同じ町かと思えないような景色が広がっている。そこで育った少年たちの中からギャングスタ・ラップの潮流が生まれていく。

ゲル地区の少年たちがつくったアンダーグラウンドのヒップホップ・グループGangsta Service（Pound, Panz, Desant, Tarasbone, Ghommie）は、ゲル地区を歌った「G地区（G-khoroolol）」（二〇〇九）という曲でゲル地区の路地裏を歩きながらラップをまくしたてていく。

俺たちはストリートの頭なんだと
名前を引っさげて　汚い金を儲けるビジネスマン

66　ちなみにモンゴル初のDJ OGは、アムガランやヤールマグといったゲル地区でも煙が少ない（大気汚染がひどくない）地域からは、不思議とラッパーが生まれていない、と話す。

荒くれ者たちが顔に付けた印
ギャングスタ・セルヴィス[67]のパウンドが抱いてきた遺伝子
フーディーで顔がはっきり見えないのが　ゲル地区の意味
ポケットにナイフを入れていないのは、ギャングスタじゃねえっていう意味
クズどもが目をつけたゴミのように
聴いたとおりにマネする奴らは　クセえプルコギみてえだ
野蛮な状況　犯罪じゃナンバーワン

（中略）

フック
ゲル地区はゴミだ
ゲル地区はクズだ
ゲル地区は××野郎[68]だって
と言ったってそこでイビキかいて寝るんだ
ゲル地区は△△[69]だ
文化の裏面だ

（後略）

ギャングタ・セルビスには後にゲル地区出身のラッパーとして大成功するDesantも名を連ねていた。
Desantは、あの露天市場があるデンジーン・ミャンガ（丘の千軒）をテーマにこの地域のリアルをラップす

る。曲のタイトルのD-thousandとは、もちろんデンジーン・ミャンガのことである。ここは、かつてダイン・バ・エンへのMCITとMCアーヴが出会った場所でもある。ゲル地区でアメリカの九〇年代のハードコア・ラップのグループであるMobb Deepを聴いて育ったDesantは、ゲル地区をゴミやクズとは言わずに「俺についてこい」といった男気を見せている。この曲は二〇〇六年頃作られたがPVを出す少し前の二〇〇八年頃からギャングタ・セルビスは、先に売れていたGeeの誘いにより、彼のクルーであるクリック・クリック・ブーム内の一ユニットとして活動を始めていた。

D-Thousand　Gangsta Service /Click Click Boom（二〇〇九）

言葉を覚えたての×××野郎
ABCを覚えたての×××野郎
ギャングスタ・セルヴィスはストリートがなければ意味がねえ
ちょいとばかり言葉をまぜたって時間がもたねえ
ゲットー区を俺が悪く歌うわけねえ
ビートを聴いて黙ってるなんてできねえ

67 Gangsta Serviceをモンゴル語では、「ギャングスタ・セルヴィス」とロシア語風に発音するのが一般である。
68 ロシア語のスラングで女性器を意味する語だが、ロシアでもモンゴルでも罵り言葉で使われる。
69 ここはモンゴル語のスラングで女性器を意味する言葉である。

このあたりの奴らは裏で陰口を叩いたりしねえ
ゲル地区中でみんな　俺についてこい
仔牛が二歳牛になるのはたわいもない
粋がった×××野郎　命を落とすかもしれねえぞ
俺の神は、Mobb Deep　なんだぞ
ここではメス狼を売っているぞ　やりたければ　結構ウォン[70]がいる
俺には誰もたてつけねえぞ　ここは空白地帯
腹が立つか　俺のアルバムは　プラチナだ

フック
ストリートじゃ　カツアゲ《バリア》されるぞ　あっち行け
強姦　強盗　泥棒　また強盗
石と　ナイフで　喧嘩が　多発
D-thousand だ　これを覚えておけ
（後略）

実は、この曲は、モンゴルで初めてゲル地区を「ゲットー」だと言った曲である。強盗や喧嘩、強姦が多発する地域。石とナイフに喧嘩が多発する地域。それをDesantは「ゲットー」だと見切ったわけだ。

ちなみに九行目の「二歳牛（*byaduu*）」とは、モンゴル語では「半人前」の喩えである。たとえば遊牧民たちは半人前が偉そうにすることを「二歳牛にもなっていないのに雄牛のようにクソをしやがる」（*Byaluu bologui baij buhiin baaasar baakh*）などと言い習わす。こうした遊牧民の伝統的なディスがリックの中に入っているのもゲル地区スクールのラップの特徴だ。都会派と違ってゲル地区派は遊牧文化が近い。

ギャングスタ、Desant

Desant。本名ガンディーン・バトボルド（Gandiin Batbold）。一九八八年、ザブハン県ヤロー郡生まれ。Gee と並んで、モンゴル・ヒップホップの第二世代の代表的なラッパーの一人である。モンゴルで唯一の本物のギャングスタと言われている人物だ。実は、彼はゲル地区の生まれではない。あの MCIT が生まれたザブハン県の一遊牧民の次男として生を受けた。三人兄弟の真ん中である。

Desant はサルトールという氏族の出身である。サルトールは、サマルカンドを都に中央アジアに建てられたホラズム朝がチンギス・ハーンに敗れた時にモンゴル高原に連れてこられた人々の末裔だと言われている。真偽はともかくとして、彼は少し彫りの深い顔をしている。何よりも大柄で独特の威圧感がある。その一方で、非常に人なつっこい笑顔をする人物だ。

Desant は、一〇歳のとき家族で草原を離れウランバートルに引っ越してきた。そしてゾーンアイル（*Zuun ail*、百軒の家）という、ゲル地区の中でも建築資材の店が集中する街で育った。かつて一九五〇年代、モンゴルの都市建設支援のために中国から派遣された建設労働者が多く暮らしていた地区である。そこから「百軒の家（ゾーンアイル）」という地名がついた。そしてここは、ウランバートルの中で最も空気汚染がひどい

70 韓国の通貨、ウォンのことである。

地区としても知られている。

ゾーンアイルは、ゲル地区と高層アパート群の境界に位置している。そういうわけで学校には、ゲル地区と高層アパートの子どもたちが両方、通っていた。切ないことに教師たちは「ゲル地区の子は起立！」「高層アパート《バイル》の子は起立！」と言って、どちらの地区の子かをまず把握するのだという。そしてゲル地区の子どもたちに対しては、少し見下したような妙な対応をするのが常だった。「俺らの年代の奴らならみな同じことを経験したはずだ」とDesantは静かに語った。ゲル地区と高層アパートの境界で育ったからこそ、彼はゲル地区に対する差別に敏感だったのだろう。

思い出話は続く。「都心の高層アパート地区の小学校にバヤンホショー（ゲル地区の一地名）の子どもが転校したとしよう。仲間はずれにされるんだ。おまえが所属している地区の学校に帰れよ、って。そんな話は数え切れない」「だから『G地区』も『D-thounsand』も、こんな曲を作ろう、といって作った曲じゃないんだ。実際、そういう世界が目についていたんだよ」と少し語気を強めた。

「そんな教師に反抗はしなかったのかい？」と尋ねると「教師に対しては、授業をさぼったり、学校の行事に行かなかったり、といった間接的な方法で嫌悪感を表明していたよ」と語った。

やがてティーンエージャーとなる。少年はヒップホップに興味を持つようになった。当時、ゲル地区の少年たちはみんなヒップホップに夢中だったという。ただDesantが他と違ったのは、欧米のヒップホップのリリックの意味を理解しようと努めたことだ。後に彼は、ジャーナリストのインタビューにそう答えている（Enkhchuluun 2014）。おそらくゲル地区＝ゲットーという発想も、このような「努力」から生まれたものだったに違いない。

その当時、同じゲル地区のマイ・メン（*minii khün*）だったパウンドとつるんでいたが、ストリートのフリースタイル・バトルでニグマと知り合った。そして二〇〇五年、ニグマのマイ・メンだったパンズを加えて四人でギャングスタ・セルヴィスを結成する。彼が一七歳の頃である。「ギャングスタ」とはDesantに由来した名なのだという。彼はすでにゲル地区では指折りの不良だったのである。

ちなみにDesantというMCネームは、ロシア語で「空挺部隊」を意味する「デサントニク」から取った。

Desant（左）とプロデューサーのデギー（右）。ウランバートルのTOONOTスタジオにて。2019年9月、著者撮影。

「みんな英語をつけたがるからな、あえてロシア語にした方がかっこいいと思ったんだ」と話す。

こうして作った曲がモンゴル初のゲル地区を歌ったラップ、「G地区」だった。ビートは、ニグマが家でフルーティ・ループス（作曲用ソフト）を使って作った。プロデュースはDesantが担当。ラップはパウンドとDesantだった。ちなみに「G地区」の「G」とは、ゲルというより、ギャングスタやゲロイ（ロシア語でヒーローの意）の意味でつけたらしい。つまりゲル地区をギャングスタやヒーローに読み替える意思の表明だったといってよい。ともあれ、彼らはアンダーグランド・シーンで活動を始めたのだった。

だがヒップホップは、そう簡単に金にならなかった。そこでDesantたちは、オーディオ製品を売るなど様々な「ストリート・ビジネス」をしながら金をつくっていたのだという。

高校を卒業する頃、Desantはすでにヒップホップと関係する仕事に就こうと決めていた。両親に話すと、「おまえがそう決めたならわかった」という一言の返事。Desantも「じゃあ、そう決めた」と言うやいなや、そのまま鞄に荷物を詰めて家を出た。二〇〇七年の初夏のことである。それ以来、家を出たっきりだという。旧正月などで帰省することはあっても、実家に逃げ帰ることはしていない。

それともう一つ、この時期、彼の人生において大きな変化があった。家を出て間もない頃、知り合った彼女と同棲を始めたのである。事実上の結婚だった。モンゴル語の口語では、結婚することを「人と住む(*khüntei suukh*)」という。つまり結婚と同棲の線引きは不分明で、子どもが生まれてから結婚式を挙げるという事例も少なくない。こうして彼は結婚し、やがて子どもが生まれた。二〇二一年現在、三三歳、二児の父である。

家を出て一年の間にDesantの暮らしは大きく変わった。結婚、クルーの結成、そしてアルバムの発表。彼は着実にラッパーとしてのキャリアを重ねていった。二〇一八年四月、Desantは自分の人生を振り返って、フェイスブックに以下のような詩/歌詞を投稿している(Desant 2018)。

俺は草原《フドー》で暮らしていた。山の谷間で
俺は都会で暮らしてみた　ウランバートルで
俺はゲル地区で暮らしてみた　ゾーンアイルで
俺は高層アパートで暮らしてみた　第三、第四地区で
俺は先生だってやってみた　スタジオで
学生だってやってみた　大学で
俺は　交差点に来て信号を待つ運転手をしてみた

携帯電話も持ってみた　ユニテル、モビコム、スカイテル
物事をすべて知っているわけじゃないが
笑いの向こうに苦労があるってことを

傲慢な態度の向こうに人間らしい優しい心があるってことを
俺は知っている

無一文だって　心が満たされて幸せなことも
煌びやかな暮らしをする金持ちだって　最低の悪意を持っ
ていることを
俺は知っている。

（後略）

ゲル地区から（ゾーン・アイル）ウランバートル中心部へ向かう道。2010年、著者撮影。

Gee の生い立ち

Desant いわく、二〇〇七～八年頃のことだった。HiFi 989 というFMラジオ局の番組で、携帯電話同士でラップ・バトルをするという企画があった。マイクロフォン・ティング（*Microphone thing*）と言うコーナーで、司会はラッパーの B.A.T. と Quiza だった。

その携帯ラップ・バトルに現れたのがGeeだった。すでにそのコーナーでチャンピオンとなっていたGeeとの対戦。そのときはお互いに知り合いでも何でもなかったから、言いたい放題のディスり合いをしたのだという。軍配はすでにプロデビューをしていたGeeに上がった。

Desantが Geeとリアルで邂逅を果たすのは一年後のことである。GeeはDesantより五歳年上だった。実際に会って話してみると、気も合うし、モノの考え方も似ている。そこで一緒に活動することとなったのだという。Geeとの関係は今も続いている。

そのGeeである。今やモンゴル・ヒップホップの帝王と呼ばれる人物だ。二〇一七年九月にネットで行われた人気ラッパー投票で四二七四票（全投票の二〇パーセント）をとり、二位のICE TOPの五七一票（一三パーセント）や三位のロキット・ベイの四六八票（一一パーセント）に大差をつけて第一位に君臨している（Zandaa 2017）[71]。彼のラップの特徴は、歯に衣着せぬストレートなメッセージ。そしてゲル地区をレペゼンしていること。二〇一六年からMCネームをBig Geeに改めている。

二〇一九年九月、その彼に会った。指定された都心のカフェの個室に現れたGeeは、スキンヘッドにトレードマークの長い顎鬚をたくわえている。服装は黒のフーディーに金のブリング。いかにもラッパーらしいいで立ちだ。何よりもずしっとした威圧感を放っている。いわゆるスターのオーラというものであろうか。

Big Gee。本名トゥグスジャルガリーン・ムンフエルデネ（Tögsjargaliin Mönkh-Erdene）。インタビュー当時三六歳。一九八三年生まれなので、七〇年代後半〜八〇年初頭生まれの第一世代ラッパーたちとそこまで年は変わらない。Geeは、ゲル地区出身のラッパーとして名を馳せているが、実は貧困層の出身でもなければ、遊牧民の出身でもない。彼の父は職業軍人（士官）である。そして母方の祖父は国営通信社であるモンツァメ通信の編集長を務めたTs・シャグダルという人物だ。つまりGeeはエリート層の出身だといってよい。

ただし彼は幼少時、ゲル地区で過ごしていた。ムンフエルデネ（Gee）が生まれたとき、一家はバヤンズルフ区の陸軍の士官会館の北側に広がるゲル地区の小さなゲルで暮らしていた。しかしモンゴルの軍人は、転勤族であるため、部隊の配属が変わるたびにモンゴル国中を移動する。Gee の家族も彼が幼稚園児の頃、ウブルハンガイ県へ引っ越している。そこで学校に入った。

「小学校に入った頃は優等生だったんだよ。学級委員長だったたし。実は小学校に入る前に読み書きができるようになっていた。それには理由があったんだ」Gee はうれしそうに話す。

実は、幼稚園の頃、ムンフエルデネはよく先生の目を盗んでは幼稚園を脱走したのだという。幼稚園も家も軍の基地の敷地内にあったので近かった。一目散に家に帰ると、先生に見つからないようにベッドの下に隠れる。当時、軍の官舎では、皆ベッドの下に新聞紙を広げて干し肉を干していたのだという。ベッドの下に潜り込むと、目の前の新聞の文字が気になりはじめた。そこで五年生の兄にアルファベットを教えてもらうようになった。

そうしているうちに、すっかり字が読めるようになったのである。なぜ五年生の兄が家にいたのか。当時のモンゴルでは、教室不足に対処するために、小中学校が午前の部と午後の部に分けて授業を行っていたのである。ムンフエルデネの兄は午後の部の児童だったので、午前中は家にいたのだった。

ある日、彼の母が仕事から帰ってきたとき、ムンフエルデネは座って新聞を読んでいた。「何にしている

71　モンゴルではCD売り上げやダウンロード数などのランキングデータがないため、Youtube の再生回数が一番参考になる指標である。またラッパーの人気投票に関して、ここに提示したニュースサイトの Arav.mn 以外で行われた形跡がない。

の？」と訊く母に彼は答えた。「新聞を読んでいるんだよ。母さん、バターの値段が高騰しているらしいよ」と言ったところ、母はびっくりして「この子はいつの間にか字が読めるようになっているよ！」と言う。

そこで今度は「じゃあ字は書けるのかい？」と彼を試した。そこで新聞で字を学んだムンフエルデネ少年は、筆記体こそ書けなかったがブロック体で字を書いてみせた。仰天した母親は、ジャーナリストの父親（Gee の祖父）のところに連れて行き、本を読ませる訓練をさせることにしたのだという。

祖父のシャグダルは幼稚園児のムンフエルデネに本を読ませ、言葉の意味を訊く。正解すると、清涼飲料水を買ってくれた。Gee は言葉のプロである祖父から英才教育を受けたといってもよいだろう。

ちなみに今でも彼は読書家として知られる。Gee が手元に常に置いている本は、あの反逆の詩人チョイノムの名著『廃寺の風吹き石（*Sümtei Budaryn Chuluu*）』（一九八九）[72]だった。あの MCIT が敬愛した詩人の本である。

ヒップホップとの出会い

小学二年生が終わる頃、ムンフエルデネの一家は、父の転属でウランバートルに戻ってきた。しかしウラ

Big Gee。2019 年 9 月、ウランバートルにて。著者撮影。

ンバートルの基地内で転属が続いた結果、彼は一〇年間の初等・中等教育（日本で言うところの小学校から高校まで）の間に六回、転校を繰り返したのだという。その間、ゲル地区を離れて、集合住宅で暮らした時期もあったが、ゲル地区に戻ったりもした。

転校でいじめられたり仲間はずれにされたり、ということはなかったらしい。「俺は協調性が高い子どもだったんだと思う。どんな奴とでも友だちになれる。それがやんちゃな奴であろうが、おとなしい奴であろうが。だから誰とでも仲良くしたよ」と笑った。意外であった。どうやら彼は転校を繰り返すうちに、そのような社会性を身につけたようだった。

また家で本を読むのも好きだった。祖父の影響か、家には本がたくさんあった。それを片っ端から読みはじめた。それで飽き足りず、学校の図書室に通い詰めた。モンゴルでは、図書の貸し出しを行っている学校は少ない。閉館の時間まで図書室で本を読み続けるムンフエルデネ少年に、図書室の司書は「持って帰っていいから、読んで明日持ってきなさい」といって密かに貸してくれることもあったのだという。

そして祖父に倣って詩を書き始めた。祖父は詩人でもあったのである。当然にして、モンゴルでは詩といえば、韻が踏まれている。

そんなムンフエルデネ少年がヒップホップと出会ったのは一三歳の時。一九九六年のことである。クラス

72　この本はチョイノムの死後に出版されたので、本人が名付けたタイトルではない。チョイノム研究者のD・ガンボルドによるとチョイノムが生まれたドルノゴビ県ダランジャルガラン（Dalanjargalan）郡に「風吹き石（ボダリン・チョロー）」という地名がある。折々に風が吹く大きめの石が転がっている場所なのだという。そこでチョイノムは育った。その地にはかつて寺院があり、社会主義による宗教弾圧で破壊され廃墟となっていた。これらにちなんで同書のタイトルはつけられたのだという。

メートの少年が学校に「Rapper's Delight」というダブルCDを学校に持ってきた。アメリカやフランスや他の国の名曲ラップを集めたCDだった。もちろん、その頃、ハル・サルナイやハル・タスといったモンゴルのラップも聴いていたが、どちらかというとダンスグループという印象だった。一方、このCDを聴いたとき、ムンフエルデネは「この人たちみたいに自分の書く詩を音楽にのせてしゃべったらいいんだな」と思ったのだという。

これをきっかけにヒップホップにはまったムンフエルデネは、欧米のヒップホップを好んで聞くようになる。まずはDr.Dre、スヌープ・ドッグに始まり、Ice Cubeを聞くようになった。2Pac、DMXに至ってはすべて聞いたという。それからウェストコーストのサイプレスヒルにもはまったという。ただエミネムだけは聞かなかった。Desantも同じことを言っていた。ゲル地区スクールのラッパーたちは、どうやら白人ラッパーは聞かないらしい。

興味深いのは、Geeはかなりフランス語のラップにはまっていたことだ。九〇年代末、モンゴルではケーブルテレビでフランスのMCMという音楽チャンネルが流れていた。彼は、MCMの金曜と土曜日にヒップホップが流れる番組を欠かさず見ていたのだという。

Geeの口からは、その時好きだったアーティストとして、シュプレームNTM、セネガル生まれのラッパーMCソラー、アイアム（IAM）、フォンキー・ファミリー（Fonky Family）といった名が挙がった。

それからロシアのORTというチャネルでドラマを見ているうちにロシア語が理解し、話せるようになったのだという。そこでロシア語のラップもカセットを買って聞くようになった。また音楽を聴いているうちに、今度は自分でリリックを書きラップを始めるようになった。ただビートをつくってくれる人が見つからない。そこで外国の曲に自分で作ったモンゴル語のリリックをかぶせていく。そんなことを家で一人、こもってやっていたのだという。

こうした中、ラップ好きが興じて当時、モンゴル初のヒップホップのスターとなっていたダイン・バ・エンへのMCアーヴを紹介してもらった。一七歳の時である。MCアーヴは友人の姉の夫だったのである。

当時、ムンフエルデネはトルゴイトというゲル地区に住んでいたが、バスに乗って高層アパート群の1地区の高校に通っていた。新婚のMCアーヴも巣《ウール》（アジト）を出て1地区のアパートに新居を構えていた。ちなみに1地区といえば、ICE TOPのメンバーたちの出身地でもある。トルゴイト、バヤン・ホショー、オルビットといったゲル地区からそう遠くない1地区は、二〇〇〇年代の初頭、モンゴル・ヒップホップの震源地になろうとしていた。

MCアーヴはムンフエルデネを気に入り、ビートに合わせたラップの言葉の作り方、韻の踏み方などを教授した。「ラップの基礎はすべてMCアーヴに教わったんだ」後にGeeはそう語る。そのころ、ムンフエルデネは高校の友人たちと「ゲーム勝者（Togloomd khojigch）」というヒップホップ・グループを作って活動していた。

TVのバトルで優勝する

高校を優秀な成績で卒業したムンフエルデネは、ラジオ・テレビ放送大学に入学する。ジャーナリズムに興味があったのである。大学へ入学すると、グループは霧散してしまい、ソロのラッパーとして活動することにした。

作った曲をラジオ局に持っていき、放送してくれるよう頼んだ。ところがGeeのメッセージ性の強いラップを聞いたディレクターたちは「この曲でいったい君は何を言いたいんだ。なんで音楽を使って人を罵っているんだ」と怒る始末。中には「こんなのはヒップホップじゃない。お前の歌はラブソングになってないじゃないか。サビのコーラスでポップなメロディーが流れないし」とまで揶揄した。そのラジオ局の制作部は「これ歌を聞いてみろよ。笑えるぞ」といって回し聴きした挙句、Geeを追い出したのだという。

「奴らはヒップホップってものをわかっていなかったんだ。俺を追い出した後で、よくわからないまま2Pacを流したりしていたんだぜ」とGeeは振り返る。二〇〇二年〜三年頃のことである。当時のモンゴルでは、ダイン・バ・エンへはほぼ表舞台から消え、ヒップホップといえばLuminoやDIGITALといったラブソングを歌うグループばかりだった。ICE TOPも活躍していたが、彼らもポリティカル・ラップばかりを歌っていたわけではなかった。明らかにモンゴルのヒップホップの主流はラブソングの方に傾いていた。それでも彼はあきらめなかった。さまざまなFM局に自分の曲を持ち込んでは追い返されるということを繰り返していた。

二〇〇五年、転機が訪れる。当時、B.A.T.とQuizaがMCを務めるFMラジオのバトル番組、「マイクロフォン・ティング（*Microphone Thing*）」に出場したのである。この番組では、携帯からラジオ局に電話して生でラップを披露する。その何組かの出演者の中からその週のチャンピオンを決めるというやり方だった。

当時、Geeは母親が始めた商店の手伝いをしていた。携帯からラップをした後、電話を切った。携帯電話の通話料のチャージがなかった。中古のエクセル（韓国車・ヒュンダイ社製）で母親と店へ移動中のことだった。携帯電話の通話料をチャージしてなかったのでこちらからは、それ以上、ラジオ局へ電話はかけられない。だから一回きりのバトル参加だった。

当時、Geeの家庭はそんなに裕福ではなかった。おしなべて軍人の家庭といえば、社会主義時代は「赤い貴族」として豊かな暮らしを享受していた。ただし一九八八年生まれのGeeは、その豊かな時代を知らない。そして民主化とともに軍人の給料は紙切れ同然となってしまう。いわば没落貴族である。Gee の父親がいつ退役したはわからない。ただ社会主義崩壊の混乱期に多くの職業軍人が早期退職し、新たに生きるすべを探したといわれている。そのような中、Gee は母親の仕事を手伝い、また学費を稼ぐために母の韓国車で白タクをするなどして、家計を助けた。もちろんゲル地区に住んでいたので日々の水汲みや火起こし、石炭の運搬などは日課である。

ところがバトル終了後、司会者の B.A.T. がなんと直接 Gee に電話をかけてきたのである。「Gee か?」と訊く司会者に「はい」と答えると「君が優勝だ。テレビでのバトルに君を招待したい」という。こうして Gee は、音楽番組「ヒット」のフリースタイル・バトルのコーナーに出演することが急遽決まったのである。

「ヒット」は、当時、モンゴル民族テレビ(MNT)[73]で放映されていた人気音楽番組だった。音楽ジャーナリスト・アナウンサーのダワーニャム(D.Davaanyam、一九七一~二〇一二)の司会によるモンゴル初の本格的なポピュラー音楽番組だった。一九九七年の放送開始以来、PVの紹介やアーティストのインタビュー、ダワーニャムによる欧米のミュージシャンの紹介や解説など盛りだくさんの企画内容だった。当時のモンゴルの少年少女たちがかじりついて見ていたのは言うまでもない。その番組で二〇〇五年、フリースタイル・バトルのコーナーが始まったばかりだった。

日本で笑っていいともに出演しタモリに会うことが芸能人にとっての一種のステイタスであったように、モンゴルのミュージシャンにとってダワーニャムの「ヒット」への出演は一流アーティストの仲間入りを意

73 モンゴルにおける公共放送局。社会主義時代からある最も古いテレビ局だが、今も国家予算からの運営金で運営されている。

味していた。

そこで週のチャンピオンとなり、週ごとのチャンピオンを集めた四人による決勝戦でその月のグランドチャンピオンになった。グランドチャンピオンにはCDを出す権利がもらえた。Geeは見事にCDのリリース権を獲得し、審査委員でもあったラッパー&プロデューサーのB.A.T.のホームスタジオでレコーディングが始まった。また「ヒット」のフリースタイル・バトル・コーナーの審査員を務めるようにもなった。

モンゴル・ラッパーVS欧米留学組

しかし金銭上の問題が起きて、CDの発売は遅れる。二〇〇六年にレコーディングは終わっていたが、最終的にリリースされたのは二〇〇八年だった。プロデューサーのB.A.T.は、こうした問題をいくつも抱えていたようだった。その間、自身のクルー「Click Click Boom」（略称CCB）を結成した。二〇〇六年一一月のことである。このクルーに後にDesantが加わるようになる。

紆余曲折を経てリリースされたアルバムが記念碑的な作品『モンゴル人ラッパー（Mongol Rappen）』（二〇〇八）である。

ちなみにこのアルバムに収録しきれなかった六曲をミニCDとして二〇〇九年七月に発表している。その時、自身のスタジオでレコーディングをしてくれたのがMCIT エンフタイワンだった。「だからMCITは恩人なんだ」とGeeは語る。

Big Gee『モンゴル人ラッパー（Mongol Rapper）』（2008）のジャケット。左上は、伝統的なモンゴル文字（タテ文字）で「モンゴル」とグラフィティとして描かれている。

ともあれその表題作「モンゴル人ラッパー（Mongol rapper）」（二〇〇八）でGeeは高らかにモンゴルのラッパーとは何かを歌う。この曲では、「モンゴルは目立たない」「何かに繋がれている」といったコンプレックスが語られる一方で「外国の文化は関係ない」とも言い切る。モンゴル人ラッパー宣言は、こうした二重意識の中で生まれたといってよい。

この曲でGeeがかみついたのは海外留学経験のある都会派ラッパー、Quizaだ。彼は当時、酒造会社のCMに出演していた。それがGeeにはがまんならなかったらしい。「ヒップホップは金儲けの道具ではない」と彼は憤った。それにいくらエリートの出身とはいえ、ゲル地区で火をおこし水汲みに行く生活をしていた者として、簡単に金を稼ぐQuizaが許せなかった。次に示す「G地区」という曲でGeeは「水をくんで運ぶのは　毎日の仕事／口答えは　自分への自信／ここで大人になった人々と／白い手をした奴らは口論するな」とラップしている。「白い手」とは、水汲みのような肉体労働をしたことのない高層アパートの住民の手のことだ。

ヴァース1
俺はスターなんかじゃねえ　モンゴルは目立たねえ
俺に不満を持つな　あるものはみんな何かに繋がれてしまっている　それ一番重要
もしそうじゃないなら　アフリカの猿のように
大変だろうよ　アフリカのペンギンだ
呪われた外国を褒めて　ムスリムたちはクレージーになる
どこにいるのかさえわからずにハリウッドだと勘違いしている

奇妙な××野郎たち　その最初の小者はQuizaだ
どこにでも顔を出す　あのクソガキは　お笑い芸人のような顔で吠える
正しい手本のように酒とジュースを宣伝し
「未来だけのために」だなんて、うそっぱちのラップをかます
（中略）
フック
俺はモンゴルで生まれたモンゴル人ラッパーだ
呪われた外国の文化は俺には関係ない
俺はモンゴルで育ったモンゴル人ラッパーだ
俺はお前らとは違う　驚いたか　××野郎

しかし後にQuizaは「Geeだって、そのあとでCMに出るようになったんだ。あいつだって金儲けだ」と反論していた。おそらく都会派であろうと、ゲル地区派であろうと、ヒップホップは金儲けの手段でもあることは間違いない。彼らがお互いに許せないのは、やり方の問題だったのだろう。

ちなみにQuizaはその後、ヒップホップの世界を一時離れ、民主党に所属し二〇一二年〜二〇一六年の間、ウランバートル都庁芸術部の部長を務めた。二〇一八年の来日時、「ラップで批判するより具体的に政策立案をすることで社会を変える方に関心が変わっていったんだ」と話していた。

Geeは、この曲でさらに都会派ラッパーのツェツェーにも応酬する。ツェツェー（本名ツェエッツェンビリグ、Namnandorjiin Tsetsenbilig、一九八八〜）は、当時アメリカ留学中だった。本人が作ったモンゴル語版のウィキペ

ディアによると、ツェツェーは、都心の二二〇ミャンガト地区で生まれ育った。この地区はロシア大使館や国立サーカスがあるウランバートルの中心部である。とはいえ、ツェツェーは大金持ちの息子ではない。両親は、発電所の技師の父とロシア語教師の母で彼はその末っ子だった。ツェツェーは二〇〇六年からアメリカに留学し、工業デザインを学んで帰国した（Wikipedia 2020）。

　このビーフが発生した二〇〇八年頃、ツェツェーはアメリカで大学生をしていたが、アソールトという掲示板でGeeをディスるラップをアップロードしていた。Geeは、最初は無視をしていたが、何度もディスられたので、ラップで応酬したわけである。

ヴァース2
ナムハンドルジ（背の低いドルジ）から生まれた坊主の未熟児の二本の牙《ソヨー》
縦長の帽子でかっこつけているが、頭の中は誇大妄想　ヨーヨー
ラップしているのは、コメディアンと同じだ　アンビーとボーヨー[74]
ツェツェンビリグ少年を　いくつか言葉でかまってや《トーヨー》ろう
人間というには小さすぎるぜ　お前はただのピグミーだ
（中略）
数百《ホロー》人の兵士《ツェレグ》[75]たちに穴を掘られるためにやってきたのか

74 アンビーもボーヨーもモンゴルで有名なコメディアンである。
75 本来、ホロー・ツェレグ（*Khoroo tserеg*）とは、大隊のことである。

220ミャンガト地区がやばいってマジ勘違いだしな
コメディアンの少年にみかじめ料払う幼稚園児だっていやしない
コメディアンの××野郎　アメリカからモンゴル・ラップに文句を言うな
ハリウッドでスターになったなら　そんなにえらそうにするんか

フック
俺はモンゴルで生まれたモンゴル人ラッパーだ
呪われた外国の文化は俺には関係ない
俺はモンゴルで育ったモンゴル人ラッパーだ
俺はお前らとは違う　驚いたか　××野郎

ヴァース2の一行目でツェツェーの父親の名前ナムナンドルジをあえてナムハンドルジ＝背の低いドルジと言い換えることで、背の低いツェツェーをディスっていた。

一方、ツェツェーは、モンゴル帰国後プロデビューすると、二〇一〇年代の都会派をレペゼンするラップ・ユニットVanquishを率いるようになる。いわば、Geeとのビーフがきっかけで売れたといってもよい。

アメリカ留学組の真実

そのツェツェーだが、「モンゴル人ラッパー」の翌年「ヘイト・オン・ミー（俺を嫌え）」でGeeに反撃する。欧米留学経験のある都会派であるツェツェーは、都心に育ったからって金持ちでもない、と訴える。そしてアメリカ留学はバイトに明け暮れる毎日で夢の世界でもないと弁明する。そして留学中、クローゼットの中でレコーディングをして曲をネットにアップロードしていたことなどが語られる。

Hate on Me　Tsetse（二〇〇九）[76]

俺を馬鹿にする人々に捧げる
年上ってだけの　おまえらみたいな大口たたきがいる
数百人《ホロー》の兵士《ツエレグ》たちが俺の側にいる
かなり黙って見ていたが　我慢の限界だ
中高生のガキが　俺の悪口を言っているように見えたぜ

（中略）

自分のことを「俺はスターだ」なんて誰が言ったか
異国でバイトに明け暮れる　俺のようなスターをお前は見たことあるのか
歌のレコーディングは　クローゼットの中だったよ
罵っているのなら　ごめんなさいよ
真っ暗な部屋の中で　ＣＤを二枚つくったぞ

76　Tsetse - Hate on Me（Official Music Video）　https://youtu.be/BeqVEvugV4Q

（中略）

八八年生まれの　俺の思想は民主化している
俺より背の低い人が　大統領選で勝っている[77]
都心だといえばお前　天国だと思っているのか
俺のすみか《ドシ》にやってきて　俺の仲間にでも殴られたのか
二二の後ろにゼロが四つ[78]
二二〇ミャンガト地区の者は一蓮托生
地元の先輩には恐れるが、お前ら××野郎なんか怖くねえ
アメリカのビザを取るために　裏口なんかねえんだよ
両親だって普通の市民だ　そうだ働き者だ
俺の頭の中にあるものは、誰の者でもねえ　俺の財産だ
酒を飲んで　へらへら遊んでいなかった
曲《アイ・シャーハ》をパクっていた時代を　俺は隠したりはしねえ
人が俺に対する態度と同じ態度を俺はとる
女のような××野郎は、俺と勝負しろよ
都心で育ったのは本当だ　（ゲル地区の）柵《ハシャー》の中で迷った経験もない
2DKのアパートでぎゅぎゅう詰めだ　いっぱい部屋があったわけでもない
汗水流して得た金を　海外に行く資金にしたんだ
いなかからやってきた肉まん《マントー》どもを見ると　やる気がなくなるぜ

（後略）

実際、ツェツェーが歌うようにアメリカで暮らすモンゴル人は夢のような暮らしをしているわけではない。民主化以降、多くのモンゴル人が経済的理由から海外へ出稼ぎに出て行った。その中で最も人気があったのは「夢の国」アメリカである。学費がただのドイツも魅力的だった。あるいは労働ビザが簡単におりる韓国。ＩＯＭ（国際移住機関）の情報によると、二〇一六年時点で一三万人のモンゴル人が海外に移住しているという（IOM 2017）。およそ人口の四パーセントが海外に流出しているということになる。もっともこれは公的なデータなので実際はもっと多いことだろう。アメリカへ渡った者の多くは留学ビザを獲得して渡米するが、ビザが切れて違法移民状態になっている者も少なくないといわれている。

アメリカの有力なシンクタンク、ピュー研究所のデータによると二〇〇〇年六〇〇〇人だった在米モンゴル人は、二〇一五年には二万一〇〇〇人に増えている（Pew 2017）。繰り返すがモンゴルの人口は三三〇万人ほどである。モンゴルの人口の四〇倍の日本の国民のうち四六万人程度しかアメリカに住んでいないことを考えると驚くべき数字である。

しかし在米モンゴル人の二六・一パーセントは貧困ライン以下で生活しているというデータもあった。これは、アメリカ国民の貧困率が一五・一パーセント、アジア系が一二・一パーセントであることを考えると非

77　このラインは、当時のモンゴル大統領エルベグドルジ（在任二〇〇九〜二〇一七）は、小柄だったことを指している。

78　かれのホーム二二〇ミャンガト（220 myangat）とは、二万二千という意味である。二二の後ろにゼロを四つつけると二万二千になる。

常に高い数字だといえる。また在米モンゴル人の平均収入は二万二〇〇〇ドルとなっており、これはアメリカ国民の個人の平均収入、三万五六〇〇ドルの三分の二にも満たない数字である(Pew 2017)。

その一方でアメリカに渡っているモンゴル人は高学歴者が多い。在米モンゴル人の二四パーセントが大学院卒、三五パーセントが大卒、二七パーセントが短大／専門学校卒となっており、高卒以下は一四パーセントしかいない。ちなみにアメリカ国民全体だと大学院卒は一一パーセント、学部卒は一九パーセント、短大／専門学校卒は二九パーセントであり、四一パーセントが高卒以下となっている(Pew 2017)。ところがアメリカ国務省の情報によると、アメリカの大学で学んでいるモンゴル人はたったの一五〇〇人ほどなのだという(U.S. Department of State 2017)。

以上のデータから浮かび上がってくるのは、ほとんどの在米モンゴル人がモンゴルでは高学歴でありながらも、語学学校などの留学ビザでアメリカに渡って、賃金の安い労働に従事しながら必死で生きている姿だ。アメリカで暮らすモンゴル人の実態は、モンゴルで暮らす者たちがうらやむようなものではない。むしろMCITがかつて「大統領への手紙」で歌った通りだったのである。しかし、それでもゲル地区の人間がアメリカのビザを取得できる可能性はかなり低いということも忘れてはいけない。彼らは、資金力や留学するための情報、コネクションといった文化資本が都心の高層アパート住民に比べて圧倒的に低いからだ。

ともかく九〇年代末、ダイン・バ・エンへとLuminoに始まったゲル地区派と都会派のビーフはゼロ年代になっても続いていた。ゲル地区派のラッパーは、都会派を金持ちで外国に簡単に行けることを羨み罵ってきた。しかしツェツエーが言うとおり、都会派がそこまで裕福でもなかったのは留意しておく必要がある。その一方で、明らかに都心の人間の方が比較的裕福なのも事実であるし、ゲル地区のように毎日の水くみや石炭運びといった仕事からも解放されている。しかも海外に繋がる機会やコネクションが多いのも事実である。

大事なのは、ゲル地区と高層アパートという二つの地域に分かれた市民が、お互いが理解しづらくなるくらいの認識の壁がウランバートルという町にできてしまったということであろう。

ゲル地区とGee

Geeといえば、ゲル地区をレペゼンしているイメージが強い。彼のMCネームもゲル地区のGから来ていると思われている節がある。しかし本人によると、英語で悔しい時に出す声「Geez」から来ているそうだ。しかも彼の場合は、ゲル地区出身といっても軍人の息子だ。そこまでの貧困は経験していない。また高校も名門のイレードゥイ高校の出身で優等生だ。ある意味、インテリ・ラッパーだといってよい。とはいえ、彼の心情はゲル地区とともにあったようだ。彼の師匠は、ダイン・バ・エンへのMCアーヴである。MCITとも親しくした。だからDesantとも気が合った。

インテリであるがゆえに、「G地区（G Khoroolol）」（二〇〇九）という曲で理詰めのラップで勝負する。この曲は「**Geeのすみか　G地区／Geroi**[79]**（ヒーロー）って名前が強烈に似合っている／本物のラッパーたちがいっぱいいる場所／これが俺たちのすみかのアンセムだ**」というリリックで始まる。2ヴァース目が非常に説明的だ。

79　ロシア語でヒーローの意。

ゲル地区はウランバートルの一部から名前を消された
とはいえ、都心の区の一部に分けられて所属しているんだぜ
信じられねえなら、これについて書かれた報告書が出版されているから
反対したって意味ねえぜ　自分の運命と向き合えよ
俺が暮らす住所は、そういうわけでいつも奴らより下だ

（中略）

G地区のストリートの塀と木造家屋が俺の住所
小さな子どもたちだけじゃない　みんなヒップホップスタイルだ
てなわけでこの地域の者たちをリスペクトしろよ
G地区の生活は平穏だぜ　他の地域のように素晴らしい
トルゴイト、オービット、ハンニィ・マテリアル、そしてバヤン・ホショー
テレビ局《テレビーズ》通り、シャルハド、ヤールマグ、みんな同じ人間の暮らす環境だぜ
デンジン・ミャンガ、士官会館《オフィツェル》通り、空港《ニセフ》、ダンバダルジャー
ウランバートルの八〇パーセント[80]がG地区で暮らしているじゃねえか

事実、Geeが言うとおり、「ゲル地区」という名前は公式には存在していない。ウランバートル市は六つの行政区（*düüreg*）からなり、各行政区はホロー（*khoroo*）という最小行政単位によって構成されている（滝口・八尾 2018:6）。

実はゲル地区の「地区（*khoroolol*）」とは、二〇世紀中頃に始まる都市計画の中でソビエト式の都市計画単位「ミクロライオン（小区）」の訳語で用いられたが、第二次世界大戦後、ウランバートルでは都市中心部から集合住宅の建設が開始された。この集合住宅の建設単位が第一ホローロル、第二ホローロルと序数で示される中、都市周縁部に指定されたのが「ゲル・ホローロル」であった（滝口・八尾 2018:7、ロブサンジャムツ 2018）。

ゲル地区は、ウランバートルの北部を中心に東西にもスプロール化しているが、行政区に跨がって存在しているのが特徴である。というのもウランバートルの行政区は、飛び地やハンオール行政区などの例外を除くと、基本的に南北に境界線が引かれているからだ。

そこはアメリカのヒップホップの中心地の一つであるロサンゼルス郊外のコンプトンとは異なるところだ。ロスの場合、富裕層の住む場所と貧困層が暮らす場所が行政区としてゾーニング（土地の区分け）されているのに対し、ウランバートルのゲル地区はあくまで「非公式」なゾーニングである。ただし近代的な高層アパートとゲルや木造小屋という対比は、行政上のゾーニング以上にはっきりと可視化されたゾーニングであることに注意したい。ウランバートルにはロスのような要塞都市――ゲーテッド・コミュニティはそれほど顕在化していない（cf. デイヴィス 2008（1990））。一部の高級住宅地や高級マンションには高い塀とゲートが誕生

80　ウランバートルの人口の八〇パーセントがゲル地区の住民だというのは誇張かもしれない。ゲル地区を調査してきた人類学者の滝口良によると、おそらくゲル地区の住民はウランバートルの人口の五〇パーセント強ではないか、とのことである。滝口とのパーソナルコミュニケーションから。

しているが、まだ行き来ができているという点はロスと異なる。

しかしゲル地区の人間を「黒人」や「オルク」と呼んで差別する現実があるのも事実だ。

そしてゲル地区派のラッパーは、そのように貶められることに我慢がならない。Vanquish という都会派のラッパーの呼びかけで高層アパートの都会派ラッパーとゲル地区のラッパーが集まり、それぞれ自身のフッド（地元）をレペゼンして歌うという企画があった。

そこで Gee は、以下のように吠える。

Gee が言う言葉にびびるなよ　G地区は俺らの住み処
どの文明も平等だというが、この地はひどく低い
そうだ、俺はギャングスタの故郷育ち
俺の帰属は、カツアゲの常習犯が所属する場だ

（Vanquish "Hood" の Gee のパートより）

鉱山開発と環境問題

ゼロ年代になると、世界最大級の金／銅鉱山オユ・トルゴイやタワントルゴイ炭鉱の開発が始まった。しかし地下資源開発によって引き起こされる環境汚染は周辺地域に暮らす牧民たちに深刻な影響を与えていった。こうした中、モンゴル・ヒップホップの帝王 Gee は、鉱山開発による自然環境の破壊を批判した曲、「俺に故郷を残しておくれ（Minii nutgiig nadad üldee）」[81]（二〇一二）を発表する。ビデオクリップは、環境破壊に

よって滅んだモンゴルの近未来が舞台となっている。荒地をさまよいながら、悲しみに打ちひしがれる一群の男女。その中で本当の豊かさとは何なのか、Gee は問いかける。

フック（Bayaraa）
俺に故郷を残しておいてくれ、わが祖霊よ！
わが望みは金ではないことをわかってくれ
自分のためだけに生きるのはやめてくれ
モノやカネの前にひざまずくなよ、おまえら

ヴァース１（Gee）
俺はこの大地の主だ　伝え継いできたわが祖先たちよ
今の今まで他人にとられてこなかった大地を
最後に子孫たちは、モノやカネの交換できるってことを知った
俺はついてない男だ　まったく運のない男だ
父が俺に命を授けてくれたとき、決して俺を見捨てたりはしなかった
だが、俺たちは自分の子供や孫たちのことを忘れちまった

81 Gee vs Jonon feat Bayaraa- Minii nutgiig nadad uldee

カネだけがあればいいんだよって、バイラグ（豊かさ、資源[82]）を売っちまった
富や資源っていうが、物質的なものばかりを探し求めているだろう？
でも本当の豊かさ《バイラグ》ってもんは、その大地の下になんかに、ねえぞ
おまえの血、おまえの知恵、おまえの大地　そしてその地に育つ植物
それが本物の豊かさ《バイラグ》ってやつさ
金や銀を売っても、カネを人間は食うことはできねえんだよ
草を家畜が食い、家畜を人が食っているってことをわからなくなったっていうのか？
まさかだろ？　将来、モンゴルという名の砂漠を俺たちは見ることになるかもな

（後略）

Gee の哲学

Gee はヒップホップで一番大事なのは、メッセージだと語る。「どこからどこまでメッセージを伝えようとしているのか、Gee という男はここトルゴイト（ゲル地区の一地名）にいる。トルゴイトから人々にどんなメッセージを伝えようとしているのか。ラップの本質はそこにあるんじゃないか、と思っているよ。今はトルゴイトには住んでいないがウランバートルにいる。ウランバートルからモンゴル国中にいる人々に何を伝えるのか。それだけを考えてラップをしているんだ」と Gee は語った。そんな Gee の哲学がうかがい知れるのが以下の曲だ。

何のために（Yunii tölöö）　Gee　ft. Zambalgarav（二〇一二）

みんなが俺に訊く　ヒップホップは何のためにあるんだと
誰かが困っている　それを言葉にして行動するために
お互いに助け合い支え合う　正直者の兄弟たちのために
俺たちの未来　小さなモンゴルの子どもたちのために
俺の心臓のリズム　俺の心臓の鼓動
そこから生まれる言葉を聞く　人の頭の振動
別に無意味に盛り上がっているんじゃない　ある物事を見る理解の方法だ
誰かに前もって言おう　生きていくための知恵を
どうあるべきか　どうやって乗り越えるか
クソッタレの人生の中で　人はどうやって人間らしく生きていくか
自分が正しいと言うけど　他人とうまくやるための道具さ
これをモノやカネと関連づけていっしょくたにするなよ

何のために　俺はいつもリアルを語ったのか
何にために　俺はお前の意見や夢を代弁したのか
あいつのために　ときおり　厳しい言葉で罵ったことだってある

82　モンゴル語でバイラグ（*Bayalag*）という語には、「豊かさ」と「資源」という二つの意味がある。

おまえのために　俺は生きる　クソッタレのおとなしいGeeよ

フック
人生は一度きり　といって失敗を恐れて
だまって過ごしているのが　運命だっていうのか
誰の子どもの誰々っていう名で　この世に生を受けて
自分が発する言葉、お前がおこなうことは　何のためなのか

（後略）

シャーマンになるヒップホッパーたち

信頼できない政治や拡大する貧富の格差の中、ラッパーたちの憤激の声は、社会に響き渡っていく。こうしたラッパーたちの叫びは、モンゴルという国が急激にグローバルな世界と接続された結果次々と引き起こされた難題を可視化し、時にはアンプリファイしたのかもしれない。しかしゲル地区のラッパーたちが標的とした高層アパートに住む「富裕層」は、実はそこまで豊かでもなかった。ある種、格差を巡ってディスの応酬をする中で、この二つの地区の分断は実体化していった可能性も否めない。

ともあれ、ラッパーたちの憤激の声は、やがて意外なものと共鳴を始める。シャーマニズムである。Geeがシャーマニズムに傾倒しはじめたのは、二〇〇九年頃のことからだという。以前は宗教を信じていなかったが、今はシャーマニズムを固く信じているという。その理由について彼は多く語らない。しかし彼が二〇一一年に発表した「天空神よ　赦し給え」は、もはやシャーマンの祈祷詞かと思えるようなリリックだ。

この曲はシャーマンがドラムを打ち鳴らすことで始まる。

天空神よ　赦し給え（Tenger örshöö）　Gee（二〇一一）[83]

暗闇の空間に主がお座りになった
黒の荒ぶるわが天空神《テンゲル》よ
熱い炎に挨拶だ
招きに応じてお越しになったか　我が父よ
永遠なる蒼天の下で
ハルハ族の血を保ってきた
あなたの息子のムンフエルデネは
あなたに相談したいことがあります
息子はあなたを崇拝し生きてます
あなたのエネルギーを十分に受け取らなかった子どもたちは
深刻な物事に対処しようと
モンゴル固有の血を自分の知性から捨てようとしています
わが天空神よ　赦し給え　あちらの息子たちは馬鹿になってしまった

83 Tenger urshuu で検索すると音源にアクセス可能。

世界一の国になると　モンゴル国は宣誓した
あなた方の功績を　あちらの息子たちは無視しています
大地の主たちや聖なる山の主が何を守ろうとて、あいつらは後退しています
（後略）

実はシャーマニズムに傾倒しているのは、Geeのようなヒップホップのアーティストたちだけではなかった。多くのモンゴル国民が不安定な社会を生きる中、シャーマニズムに救いを求めようとしていた。二〇一〇年前後、モンゴルでは次々と人々がシャーマンとなりはじめていた。現地メディアの情報によると、当時人口三〇〇万人弱のモンゴルにおいて、その数は一万五〇〇〇～二万人に達すると言われていた。シャーマンは首都ウランバートルを中心にエスニシティや年齢、ジェンダー、貧富に関わらず、感染症のように日に日に増え続けていた。

こうしたシャーマンたちの活動はカルト宗教的ですらあった。二〇一〇年の冬には、あるシャーマンは干害を防ぐために一八歳の少女の心臓が必要だと主張し物議をかもした。別のシャーマンは二〇一一年の春に首都での大地震を予言し、それを信じた一部の市民が大挙して首都を脱出するという騒ぎも起きた。このシャーマンは「マヤ暦」に基づいて二〇一二年一二月二三日に世界が滅びることを予言したが、その日が過ぎるまで「世界の滅亡」を信じる市民も少なくなかった。あるシャーマンのイニシエーションにおいて師匠シャーマンが沸騰したアルコール蒸気の吸引を強要し、弟子が死にいたるという事件も起きた。また、高額なイニシエーション料金をとって師匠から弟子へ弟子から孫弟子へと次々シャーマンが生み出されていることから、マルチ商法ではないかという批判もおきた。

つまり、現代モンゴルにおいて、シャーマニズムは深刻な社会問題としてたちあらわれているのである。その一方、現地の文化人類学者の〝監修〟の下でシャーマニズム情報誌が創刊され、ゴールデンタイムにシャーマニズムについての情報番組もテレビ放映されるなど、シャーマニズムは「モンゴルの伝統宗教」として社会的に認知されるようにもなった。

歌手ウーレー。2011 年、ウランバートル、著者撮影。

そんな中、ヒップホップのアーティストたちの中にもシャーマンになる者が出はじめた。

その一人がヒップホップの人気女性歌手ウーレー（一九八四～）である。一〇代から二〇代にかけてICE TOPやLuminoと組んで大人気を博した彼女は、男性歌手ムンフバットとデュエット・アルバムを出し人気は頂点を極める。そんな中、酒量が増えていった。

ある日、酒で酔いつぶれ意識を失った。それ以降、酒を口にすると量の多寡にかかわらず、酔いつぶれてしまう。そして意識が朦朧とする中、周囲の人の前に影や雲のようなものが見えるようになったのだという。

そんな中、二〇〇五年の夏、四〇人近い歌手仲間と地方巡業でドルノド県に行ったとき交通事故にあった。ウーレーは、なぜか乗っていたバスが事故にあう予感がした。草原のオフロードから舗装道路に乗り上げようとしたとき、バスは傾き横転した。幸い死者は出なかったが、ウーレーは四〇分以上、荷物に押しつぶされて心臓も一時止まったのだという。それが始まりだった、とウーレーは語る。ウーレーの母がシャーマンに尋ねたところ、彼女を妬んだものの仕業（呪い）だったのだという。

二〇代後半になると歌手としての仕事が減っていった。ストレスのせいか、酒と食事の量が増え、体重も増えていった。その頃、ある男性と出会い、結婚した。しかし酒におぼれて夫にも暴力をふるったこともあった。

その頃、ウーレーは再びシャーマニズムと出会った。相談した女性シャーマンは、彼女の人気の低迷や飲酒の理由を「ルーツ（精霊）にシャーマンになるようにねだられているのだ」と説明した。その言葉を信じ、歌手ウーレーは、シャーマンとなった。しかしシャーマンになるためには衣装や道具、儀礼に参加したり師匠に謝金を払ったりと金がかかる。一時は、食事に困るほど生活は低迷したのだという。家族の中は口喧嘩ばかりだったという。

シャーマニズムを嫌う夫にシャーマンの衣装を破き捨てられたこともあった。そんなこともあり、二年ほどシャーマンの活動を辞めた。しかし離婚を経て再び、シャーマンとしての活動を再開したのだという。

実際、ウーレーのように自己および家族の悩みの解決手段としてシャーマンとなる人々は後を絶たなかった。もちろん、病気が原因でシャーマンになる者もいる。あのICE TOPのラッパー、ハーギーことハタンバータルもシャーマンになっていた。ハーギーは敬虔な仏教徒であったが、二〇〇〇年頃から悪夢に魘《うな》されることが少なくなかった。そこでガンダン寺で厄除けの読経をしてもらったりしていたが効果はなかったようだ。

二〇一〇年頃、ハーギーはICE TOPのメンバーと少し距離を置くようになっていた。その頃に彼はイニシエーションを受けてシャーマンになったといわれている。

シャーマンになる人々の間では、不思議と共通した価値観が共有されていた。それは本人や家族に病気や交通事故、仕事がうまくいかない、家庭内の不和といった悩みがあると、どのエージェントを介在するにせよ、人々は「ルーツにねだられている」（あるいは天にねだられている）のだと解釈する「精霊災因論」的思考法である。人々に感染しているのは、まさにこの災因論だった。このルーツ災因論がウランバートル市中に伝播した結果、何か悩みがあると、人々はほぼ自動的に「ルーツにねだられている」と発想し、シャーマンになる道を選択したのである。

現在、新たにシャーマンとなった者たちは想像上の社会的地位を獲得することで、親族や信者から崇敬と畏怖の念を得ている。たとえば、かれらに憑依してくる霊は、かつての「王侯貴族」や伝説上の英雄だとされることが多い。中には失業者であった二〇代の高卒の若者がシャーマンとなることで「名誉教授」「博士」といった称号を名乗るという事例もあった。また、父親との不和に悩んでいた大学教授の息子がシャーマンとなることで、「偉大なシャーマン」であるとして父親にかしずかれるようになったという笑えない話もある。つまりかれらはシャーマンになることで、社会的な力関係を逆転させているのである。

こうした現代モンゴルのシャーマニズムは、もはや伝統的な狩猟・牧畜社会を支える信仰形態ではないことは確かである。また、イギリスの人類学者I・M・ルイスが唱えた、社会的に周縁の者がシャーマンになるという「周縁のカルト」といった概念でとらえきれない現象でもあろう。なぜなら、貧者や女性といった社会的弱者あるいは「周縁者」のみがシャーマンとなっているわけではないからだ。

競争社会とプライド

モンゴルは、グローバル経済に巻き込まれることで経済成長する一方で、拡大する貧富の差や大気汚染などの諸問題にあえいでいた。一九九二年の社会主義崩壊以降、急激な市場経済化によって社会経済が低迷・混乱した移行期を経験した。しかし二〇〇〇年を前後して地下資源開発が本格化することによって、急速に経済発展をしはじめた。二〇一一年にはGDP成長率が世界第一位の一七・五パーセントを記録した。こうした地下資源開発の多くは、グローバル企業の人と資金が流入することで成立しており、金や銅の埋蔵量において世界最大級といわれる南ゴビ県のオユ・トルゴイ鉱山も英・豪系のグローバル企業リオ・ティント社が実質上の経営主体となっている。

その一方で、地下資源の利権に絡む政治家の腐敗が連日のように報道され、それに対する市民の不信感も最高潮に達した。さらにこうした急速な経済発展の裏側で貧富の格差が拡大している。首都ウランバートルでは、高級なタワーマンションや一戸建て邸宅に住み、新品のフェラーリやベンツ、ハマーといった高級車を乗り回す富裕層がいる一方で、明日のパンにも困るような貧困層も少なくない。

ここ数年はインフレ率が二桁で推移しており、物価は目に見える形で日に日に上昇している。また、ゲル地区は拡大の一途を歩んでいる。そもそもゲル地区は、社会主義時代から存在した。しかし近年、地方から干害や寒害で家畜を失った遊牧民たちが、移動式住居ゲルを運んで移住してくることで拡大が進行している。

現在のモンゴルでは、資本主義的価値観が急速に浸透し、見栄えのする大型の自家用車や最新の携帯電話、高い社会的地位などを他者にひけらかすことによって自らのプライドを満たそうとする傾向が非常に強くなっている。現代モンゴル社会は自らの象徴財や社会的地位を巡って常に他人と争う「プライド競争社会」であるといっても過言ではない。

ウランバートルの市民の会話に耳をそばだてていると「誰々がどんな高級車に乗っていた」とか、どんな「新しいスマートフォンを買ったとみせつけられて自慢された」といったといった発話に出会うことが少なくない。

　特に自動車は、携帯電話と並んで現代モンゴル人にとってのプライドを可視化する主要な象徴財であるといえる。現代モンゴル人は、多少燃費が悪くても大型の車に乗ることを誇りとしてきた。彼らが大型車を好む理由はウランバートル市を出ると舗装道路がほとんどなかったことにもよるが、古来より大きな体躯の見栄えの良い馬を持つことが遊牧民たちにとってのステイタスであったこともおそらくは関係している。ウランバートルにおいてもＳＵＶ系の大型車が多く、軽自動車はほとんど見かけられない。

ICE TOP とウーレー（中央）。2020 年、ウールツァイハ氏提供。

　もっとも、こうした状況も二〇一三年頃から少し改善された。燃費のいいトヨタのプリウスが大量に輸入された結果、ウランバートルの主流となったからだ。その一方で、収入が増えると大型の高級ＳＵＶに乗りたがる傾向は今も変わらない。

　ウランバートル市の公共交通機関は、社会主義時代より路線バスとトロリーバスが中心である。しかし市民の中には「公共交通機関は学生と貧しい人の乗り物」と考える者も少なくなく、車を所有する者が公共交通機関を利用することはほとんどないといってよい。さらに「誰がどんな車に乗っているのか」という話題にウランバートル市民は強い関心を抱いている。

　また、携帯電話にいたっては、高価な機種のみならず、電話番号までもが象徴財化している。具体的に言えば、頭数が99である番号は、インターネットにおいて一〇〇万トゥグルク単位の高額で取り引きされており、99番代の電話番号を持っているということ自体がひとつのステイタスとなっている。この9という数字は、モンゴルでは伝統的に最も吉兆とされる数字である。ある大学生によると「金持ちは悪い番号からかかってくると電話すら取らない」し、「若い女の子たちも出会った男たちの電話番号がいい番号かどうかを気にする」のだという。

現代モンゴルでは日本以上に学歴信仰が強い。大学名のみならず修士、博士といった学位が高ければ高いほど社会的地位は上昇する。さらに学位は外国、特にいわゆる先進国で取ればなおさら、その価値は上がる。アメリカやイギリス、日本の大学で博士号をとって帰れば、三〇代前半で即座に大学教授や政府高官に就任するといった例もよく耳にする。こうした状況について、ある三〇代の女性会社社長は「モンゴルで出世しようと思うなら、大学を出ているというだけでは全く不十分だ」と語る。本人は大卒であるが、大きな仕事を取ろうとしても、国の官僚たちやクライアントとなる大会社の社長たちは「修士ももっていないのか」と彼女を歯牙にもかけなかったのだという。そして彼女はこうつぶやいた。「早く外国で学位をとってこれ以上、プライドを汚されたくない」と。

こうしたプライドのことをモンゴル語で「ネル・トゥル」という。直訳すると「名前のポリティクス」という意味となる。まさにかれらは自らの「名誉」をかけてしのぎを削っているわけだ。しかし、かれらのプライドの欲望が完全に満たされることは決してない。財産や社会的地位にのみプライドを見出す限りにおいては、際限なく「上には上がいる」からだ。ともあれ、こうした競争に疲れ傷ついたかれらのプライドを癒してくれるのがシャーマニズムであった。

たとえば、あるシャーマンに憑依してきた〝先祖霊〟は、妹が自慢げに持っていた高価なスマートフォンを「こんなものは本物のモンゴル人に必要ない」と破壊してみせることで溜飲を下げた。どうやら、シャーマンは韓国語通訳を職として比較的裕福な暮らしをしている妹を妬んでいたらしい。売れなくなった頃から酒浸りとなっていた歌手のウーレーは、その後シャーマンへの道を歩み始めることで自尊心を取り戻した。禁酒とダイエットにも成功し、二〇二〇年現在、彼女は再び、ICE TOPとの新曲づくりに取り組んでいるのだという。

シャーマニズムは、一刻一刻と人々に感染しつづけていった。これに対してモンゴル政府は、国民が新規にシャーマンとなることを規制すること試みたがうまくいかなかった。問題はそこではないからだ。感染するシャーマニズムは、急激な経済発展の陰で競争に喘ぐ人々の「苦悩のメタファー」なのだから。

ICE TOPは二〇一一年「訊こうじゃねえか（Am Asuuya）」という曲をリリースしている。リリックはIcemanことコビーが担当した。この曲のPVでは、シャーマンが太鼓を打ち鳴らして精霊を呼ぶ中、モンゴル帝国軍の兵士のような恰好をしたメンバーたちが怒りを吐き出すように「訊こうじゃねえか」と絶叫する。

フック
今こそ訊こうじゃないか　精霊を呼んで　道を訊ねようじゃねえか
モンゴルの兄弟たちが健康に暮らしていけるか　訊こうじゃねえか
我がモンゴルの全ての大地が大丈夫か　訊ねようじゃねえか
借金や抑圧がなくなるかどうか　訊ねようじゃねえか
大衆の貧困がどうなってのか　泥棒はだれなのか　訊こうじゃねえか

ヴァース1
いねえよ　答えられる人間なんていねえよ　訊くのはやめな
生前、賢くて人生に満足できなかった精霊を呼んで訊いてみろ！
政治家たちなんかに訊くのはやめな！
（後略）

感染症のように増え続けるシャーマン。本来、シャーマニズムは、何か社会的なリスクから個人や集団を守るために文化的に受け継がれてきた「文化の免疫系」のような存在であった。しかし近年、この免疫系がそのキャパシティを超えるほどの外からもたらされた「感染」に直面するようになったのである。その結果、免疫系は暴走を始める。現在の都市で蔓延するシャーマニズムは「文化の免疫暴走（サイトカインストーム）」と理解できるかもしれない。

それにしてもモンゴルの人々はいったい何に感染したのだろうか。何に対して「文化の免疫暴走」を起こし皆シャーマンとなっていったのだろうか。

おそらくそれは、世界中で人々を拝金主義と過激な競争へと駆り立てながら格差を生み出していく価値観や空気感だろう。こうしたネオリベラリズムの空気感は、テレビやインターネット、映画や音楽といったスーパー・スプレッダーを介して瞬く間に広まる。そしてそれによって生み出された貧富の格差は、犯罪や自殺といった社会問題を次々と引き起こしている。ネオリベ的価値観は、世界中で感染爆発を起こしているといってもいい。そう考えると、現代モンゴルにおけるヒップホップは、シャーマニズム同様、こうした感染爆発に抗する「文化の免疫系」なのかもしれない。グローバルなネオリベウィルスに抗するローカルな文化の免疫系としてのシャーマニズム、そしてヒップホップ。

アウトロ

このストレスフルな空気感のもと、人々は精神や身体の不調に対処するためにシャーマンとなる。とはいえ、免疫系が病に勝てないことだってある。二〇一二年頃から、ICE TOP のハーギーはグループのメンバーと少し距離を置いてソロ活動をしていたが、進行性の胃ガンになっていることが判明する。ICE TOP のメンバーがそのことを知ったのは二〇一三年のことである。そこで「熱い心（khaluun setgel）」と題したチャリティ・コンサートを行い、ハーギーの治療費を集めた。そしてハーギーを治療のために日本へ向かわせた。しかし彼のガンはすでに末期だった。彼はシャーマンとなっていたが、自分自身の病気はどうすることもできなかったのである。

ICE TOP は、翌二〇一四年の旧正月（二月）に Best of ICE TOP と題した「最後のコンサート」をウランバートルパレスで行う。これがメンバーで集まれる最後のライブだった。ファンたちはなぜ「最後のコンサート」と銘打ったのかを訝ったが、メンバーは理由を明かさなかった。

二〇一四年夏、ハーギーは退院し、ウランバートルの北部にある保養地に移った。美しい森と草原に囲まれたログハウスに ICE TOP のメンバー全員が集合していた。――あのスウェーデンで受刑中のバドガーを除いて。

ハーギーは、ベッドに横になっていたが「少し風にあたりたいな」と言った。体力が衰え、もはや一人で立ち上がることすらできない。メンバーたちは彼を抱きかかえ、外へ連れ出すと草原に寝そべらせた。仰向けになって寝そべったハーギーは、真っ青な空を見つめながら「ああ　気持ちいい」とつぶやいた。

そして静かに目を閉じた。それが最期だった。[84]

翌年、ICE TOPの残されたメンバーは「天へ向かって」と題した追悼歌を発表する。荘厳なピアノの演奏で曲が始まると、小さな男の子が「お父さん、ぼくはちゃんとした良い人間になるからね」というセリフが入る。ハーギーの息子だろうか。そしてゆっくりと「俺たちは友だちだ」と後ろを揃えたラップが始まっていく。フックのコーラスは、モンゴルを代表するロック・バンド「ハランガ」のボーカル、ハグワスレンン（Lkhagvasuren）だ。その後の3ヴァース目では、絞り出すようにハーギーの名前が連呼される。

天へ向かって（***Tenger ööd***）　**ICE TOP ft Lhagvasuren**（二〇一五）

ヴァース1
天がとどろき　海が乾いたって　俺たちは友だち《ビッド・ナイゾード》だ
足を踏み外して　すべって転んだって　俺たちは友だちだ
時間の流れの中で分け隔てられ　残ってしまったって　俺たちは友だちだ
いいところを誉め　悪いところをけなしていったって　俺たちは友だちだ
友と共にやってきたこと　成し遂げたことを　誇りにしてきた　俺たちは
踏みしめてきた懐かしい思い出があるのさ　俺たちは
俺たちの支えとなって　心の中で永遠に生きるわが友よ
今だって俺たちは一緒だ　友の絆に栄光あれ！　わが友よ

ヴァース2
勇気あるわが友よ　我慢強いわが友よ　賢いわが友よ
一生懸命働いて　多くの人々にリスペクトされ　星になって輝き
みんなの手本になって　やることを成し遂げて
寂寥感を残して　みんなを置いて去ってしまったとはいえ
俺たちに真実を気づかせ　信頼してくれた
昇る太陽のように　みんなの幸せを望み微笑んでいた
賢いわが盟友よ　お前の声が今でもはっきりと聞こえる

フック（ハグワスレン）
思い出を心に抱いて歌うぞ　お前の夢や希望をリスペクトし叶えるぞ
悲しみだけを残して流れ星のように去っていった
俺たちに真実を気づかせてくれた　わがアンダ（盟友）よ

ヴァース3
お前こそハーギー　こいつは生意気なハーギー

84　このストーリーはICE TOPに近い人物から聞いた話である。

お前のポジションを　誰も補うことなんでできねえ　ハーギー
ガキの頃からモンタラップ（モンゴルの不良のラッパー）のハーギー　ICE TOP のハーギー
両親の息子のハーギー　幼馴染のハーギー　ヒップホップのハーギー
お前は天国にいかなきゃいけねえぞハーギー　わが友ハーギー　ICE TOP のハーギー

（後略）

二〇一四年七月一六日、ICE TOP のハーギーこと、E・ハタンバータル、永眠。享年三六歳。

第六章　変成

今を生きる女性ラッパーたち

“覆面のフェミニスト” Mrs M。2016 年、Mrs M 提供。

イントロ

本章で描き出すのは、女性ラッパーたちの生き様だ。モンゴルの女性たちは強い。しかしそれが何も問題を抱えていないことを意味するわけではない。

確かにモンゴルは、女性の社会的地位が非常に高い国だ。チンギス・ハーンやモンゴル相撲のイメージが強いせいもあろうか、なんとなくマッチョな国だと思われている節がある。しかし実のところ、モンゴルでは女性の医師、研究者や教師も多く、会社の管理職も女性であることが多い。そもそも専業主婦がほとんどおらず、女性は皆、働いている。

こうした背景には、社会制度が整備されていることもある。例えば、幼稚園は夕方六時まで子どもを預かってくれる。仕事などで親の迎えが遅くなる場合は、夜の八時までは子どもを見てくれる。日本の幼稚園のように「二時でお迎え」だと当然、女性は働けない。さらにモンゴルでは「週一回はお弁当」や「雑巾を縫ってこい」といった母親に負担を強いることも一切ない。幼稚園が子どもの教育のみならず、働く女性をサポートするための社会制度だということがしっかりと認識されている。モンゴルはある意味、女性が活躍する社会だといっていいだろう。

三月八日の国際女性デーともなれば、ウランバートルの男たちは例外なく母や妻、恋人に花束をプレゼントする。逆にプレゼントしないわけにはいかない空気が漂っている。その一方で離婚率が高いことや、家庭内暴力といった問題もある。社会主義時代には存在しなかった男女の給与格差も広がってきている。

そこでまずは、モンゴルにおける女性とジェンダー格差に関する前説をしておきたい。それからジェニーやMrs M、NMNといった今を生きる女性ラッパーの話へと移っていこう。ジェニーはあの先駆者MCITが見出したモンゴル初の女性ラッパーだ。MCITの晩年も彼女の語りの中で登場することになるだろう。

遊牧文化における女性

モンゴル研究の前川愛（2014）によると、貧困やジェンダー問題を扱う国際ネットワークのソーシャル・ウォッチは、女性の社会的地位に関して二〇一二年、世界一五六カ国中、モンゴルを七位に位置づけたのだという。ちなみに日本は一〇一位だった。世界経済フォーラムによる世界男女格差指数においても二〇一二年、モンゴルは一三六カ国中三三位であるのに対し、日本は一〇五位だった。当時大学以上の高等教育における女子学生の割合は六五パーセントで、女性研究者の割合も四五パーセント。前川は、こうしたジェンダー・ギャップの低さの背景として以下の三点を挙げている。

第一にモンゴルでは「男子が女子より働き手や能力としての期待値が高い」からこそ逆説的に「女子はより高い教育を受けることによって、やっと生きていく能力が備わる」と考えられているということ。これは国家による公教育が始まった社会主義の前期に、家畜の少ない貧困世帯の子どもほど学歴が高くなった、という現象と共通する。第二に社会主義時代に徹底的に男女平等が進んだこと。現在でも女性研究者比率の高い国は旧社会主義国である。第三に子育てても、核家族には収まらず、家族や親戚の大きな範囲で子どもを見てもらえる環境にあること。モンゴルの母親たちは、子どもを見てもらうことに気兼ねせず、夜友達と外出したり、留学したりするのも普通である。それが当たり前なので、子ども自身も自分がないがしろにされているとは思わない（前川 2014:192-194）。

ただしモンゴルの女性の社会的地位の高さは、単純に社会主義や社会主義的近代化のせいだとも言い切れない。例えば、二〇一七年のデータで旧ソ連、今のロシアと比べると、世界男女格差指数の経済参加・経済機会に関して、モンゴルが二〇位であるのに対し、ロシアは四一位である（島村 2019b:20）。その背景には、宮脇淳子が示したようにそもそもモンゴル高原の遊牧社会では、女性の地位が高かったことも考えられる。

例えば、大ハーンが崩御すると次のハーンを選出するまでの間、政権を担当していたのはハトゥンと呼ばれる皇后だった。儒教の男尊女卑的な価値観を奉ずる中国の史書は、ハトゥンを「監国皇后」と訳した。つまり政治に強く関わる遊牧民のハトゥンは中国的な皇帝の妻に過ぎない「皇后」とあまりにかけ離れていたのである。また皇后や王侯の娘たちも直属の兵を持ち戦争に出れば配分をもらっていた。さらに一般の庶民も伝統的に財産の処分権が女性にあったといわれる（宮脇 2008）。

もうひとつ言うと「略奪婚」などで悪名が高い中央ユーラシアの遊牧民だが、同意の上での「略奪」が基本であった可能性が高い。二〇〇〇年に私がドルノド県で遭遇した「略奪婚」も同意の上で行われていた。彼氏がつきあっている彼女に相談して「実家から彼女を盗む日」と設定して「略奪」していたのだった。ただしお互いの両親には内緒なので、駆け落ちのようなロマンティシズムがあったといえる。

また、一七世紀のモンゴル・オイラート法典では、近代法と比べて遜色がないほどの家族法・婚姻法が定められていた（特木尓宝力道 2010）。その中で女性の財産の保護は認められていただけでなく、夫や舅・姑の暴力に対して、嫁は賠償金を請求できた。面白いところでは、同法典では以下のようなセクハラ禁止条項まであった。

女から髪または帽子の総《ふさ》をむしる者は、それから九頭を取り上げよ。子の流産の原因となる者は、それから月数（流産児の）だけの九頭を取り上げよ。（娘の）胸を掴むか、またはそれに接吻する者は、恥部を弾いてやれ。もし娘が十歳以上であれば、罰金を課される。もし、より小さい者であれば罰金は課されない（61条）（田山 1963：5-6）。

もちろん法制度と社会の実態を同列で論じるわけにはいかないだろう。しかし少なくとも女性が声をあげるからこそ、こうした法制度も出来上がってくると考えるのが自然ではないだろうか。このような遊牧民の社会的地位の高さは、彼らが移動生活をするがゆえに空間的な封じ込めを受けてこなかったことに由来するのかもしれない。ラテンアメリカ文芸批評の大家ジーン・フランコは、女性の従属的立場は、女性をもっぱらプライベートな空間にきびしく封じ込まれることによって成立したと主張する（Franco 1988）。フランコ説を紹介した今福龍太の秀逸な要約から見てみよう（今福 2003[1991]）。

ラテンアメリカ的世界において女性は、ファロス（男根）的原理との関係で三種類の位相に封じ込めを受けていた。第一は母親という位相である。結婚して子どもを産んだ女性は「家」という空間に封じこめられた。第二に既婚女性としての「母」の対極にある「処女」という位相であり、神の自己を捧げた「尼僧」という形で現れる。尼僧もまた、空間的には「修道院」という閉域に生きることを余儀なくされた、封じ込められた女性なのである。第三の位相が母親でもなく、処女でもないという存在、すなわち「娼婦」である。可動性を奪われ、性の私的収奪の目的のために「売春宿」に囲いこまれた娼婦もまた、閉域に封鎖された女性という意味で、母や尼僧と変わることがないのである（今福 2003[1991]:149-153）。

レヴィ・ストロース的に言うならば、女性は他の氏族との交換／非交換のために「家」に囲われた。そして神の嫁として、つまり超自然的存在との交換のために「修道院＝寺院」に囲われ、金銭交換のために「売春宿」に囲われてきた、ということになろう。ここで留意したいのは、ラテンアメリカに限らず、前近代、女性は空間的に閉域に封鎖されてきた可能性が高いということである。ヨーロッパにおいても中東においても、そして中国や日本においても同様だ。ただしそれは土地に縛られた定住社会において、である。

一方、広大無辺な遊牧世界には、女性を囲う「家屋」も「売春宿」も「修道院」も存在しなかった。というのも移動生活が不可欠な遊牧社会において、女性を空間的に封鎖することは不可能に近いからだ。ゲルという天幕は、封鎖するにはあまりに造りがもろい。寺院すら季節移動をしていた以上、宗教的な聖職者も囲いづらい。また、当然に遊牧社会内部に「売春宿」は存在しなかった。遊牧民の女性たちは男に掠《さら》われるリスクがある一方で、馬に乗って男から逃げる可能性も有していた。前近代において遊牧民の女性は男性同様に乗馬し戦争にも出かけた。彼女たちが男性と平等であったとは言わないが、定住農耕社会の女性たちに比べてかなり自由度の高い暮らしをしていたことに間違いはないだろう。

現在でも遊牧民の女性たちが馬に跨って颯爽と駆け抜ける姿は、神々しさを感じるくらい精悍だ。モンゴルの女性はブーツがよく似合う。ブーツは乗馬には欠かせない。またモンゴル女性の伝統的な正装に貴金属の装身具がぶら下がっているのは、女性が財産を身に着けて移動するためだったといわれている。しかし男性側が女性の乗馬による逃亡のリスクを低減させるために、あえて重い装身具をつけさせた可能性も否めない。

高い離婚率と家庭内暴力

しかしここ数年、モンゴルは世界経済フォーラムの世界男女格差指数のランキングを下げる傾向にある。

二〇一二年に三三位だったが、二〇一八年には五八位、二〇一九年には七九位とランクを下げている。ちなみに日本は二〇一九年、一五三カ国中一二一位であった。

この背景には、二〇〇八年頃から急激に男女の賃金格差が開いている(Anderson and Buchhave 2018)ことが考えられる。モンゴルのシンクタンク、オユニー・イノバッツ(知のイノベーション)によると、皮肉なことに二〇一一年「ジェンダー格差是正法」が施行されて以降、むしろ賃金格差が拡大していることが報告されている(Oyny Inovats 2019)。

もうひとつの大きな問題は、離婚率の上昇だ(Dulguun 2019)。ウランバートル市の家族問題研究所によると、民主化以降、結婚したカップルの五組に一組が離婚しており、ウランバートル市では三組に一組が離婚するのだという。その離婚事由は、一位が家庭内暴力、アルコール中毒あるいはコミュニケーションの欠如、二位が不誠実と婚姻関係維持の努力不足。つまり浮気や性的交渉の欠如である。三位が長期間の別居生活である。この三点目については、出稼ぎや留学で夫や妻が海外に長期間滞在することで、嫉妬や浮気などで信頼関係が損なわれ離婚に至るというケースだ(Dulguun 2019)。

とりわけ家庭内暴力は社会問題化している。特に男性による女性や連れ子に対する暴力が問題となっている。こうした中、若手の男性ラッパー、タンデルZ(ThunderZ)[85]は、「男らしい男であれ!(Er khün shig er khün bai!)」(二〇二〇)[86]という反DVラップをリリースし、男のあり方を問うている。

85 モンゴルでは英語をロシア語風に発音する傾向が強い。したがってThunderZをカタカナに転写する際、「サンダーZ」とするより現地のロシア語風発音に近い「タンデルZ」と転写することにした。

86 ThunderZ - Er hun shig er hun bai (Official Music Video) https://www.youtube.com/watch?v=HeT9Kjto9CU

フック

生活を支えて行くべき　立派な男たちはどこへ行った

多くのシングルマザーが　一家の大黒柱になっている現状をどうするってんだよ

問題を解決すべき　賢いモンゴルの男たちはどこにいるんだよ？

仕事もしないで　酒飲んで　中年女性を追いかけまわす

そんなことに時間をつぶして　どうするんだよ

フック2（女性コーラス）

男らしい男であれ　男らしい男であれ（×4）

ガタイのいいことだけが男の証じゃねえぞ

真実を探し求めろ　背筋を伸ばして座れ

常に自制しろ　とりとめのない行動をするな

自分の考えを押し付けるな

朝、家を出るとき　母親にちゃんとキスさせてやれ[87]

できるだけ　機嫌よくあれ

弟や妹をちゃんと愛してやれ

同年代の女性たちに　まっとうに扱ってもらいたいなら

俺は男らしい男じゃなかったかもしれない　でも
ラップをするとき　自分の名声のためにやっていないことは　知っている
俺は結婚してないし　家族をもっていねえ　それでも
誰とであれ　結婚は遊びじゃねえんだってことは　知っている

別れたがっているなら追うな
残りたがっているなら愛せ！

（後略）

タンデルZ（本名G. Ölzii-uchral、一九九五〜）は、ゲル地区のシングルマザー家庭の出身である。ストリートのラップ・バトル「ラップ・デンベー」で勝ち上がりプロのラッパーになったという強者だ。その一方で、彼はモンゴルで最難関のモンゴル国立大学でITを専攻する現役の大学生でもある（二〇二〇年現在、音楽活動のため休学中）。

二〇一七年四月、テレビのトークショーに出演したタンデルZは、「ゲル地区で育ったことを恥ずかしく

87　モンゴルでは出かけるときや別れるときに、親に頬にキスしてもらってから出かける習慣がある。かつてはお互いに頬の匂いを嗅ぎあうという身体技法だったが、いつの間にかキスする形に変容した。しかしこの風習を嫌がる若者も増えているようだ。

思うか？」と意地悪な質問をされたが、毅然とこう答えている。[88]

「恥じたことなんてありません。住んでいる場所や使っているモノで差別したりいじめたりするのは、頭が悪い人の特徴です。僕の母は二十数年間、僕らに継父を会わせることなく（つまり再婚することなく）僕らを育ててくれました。今も僕をテレビで見ていると思います。その母を前にして僕がゲル地区で育ったことを気にしていたら、それはバカでしょう？」

おそらく苦労して育ててくれた母の背中を見てきたからこそ、こういったメッセージソングがつくれるのだろう。しかし彼がこう叫ばねばならないほど、モンゴルの女性たちが置かれている立場は厳しいと言うこともできるだろう。

また出稼ぎや留学による別居生活も大きな社会問題となっている。モンゴルのニュースサイトNEWS.MNはモンゴル国民の六パーセント、すなわち一八万人が出稼ぎ、あるいは留学のために海外で生活していると伝えている（Ariunzaya 2019）。モンゴル人の結婚は早い。大学の同窓で卒業直後に結婚。でも留学したい。そうして若い女性が小さな子どもを親や兄弟、夫に託して留学するケースも少なくない。その結果、離婚してしまうケースも跡を絶たない。

いずれにせよ、現代モンゴルの女性たちは働きながらも給与格差や離婚リスクを抱え生きている。

初の女性ラッパー、ジェニー

「ジェニーというMCネームはタイワン兄さんがつけてくれたんだ。才能を意味する《genious》からとった名だよ」ジェニーは映画『モンゴリアン・ブリング』でのインタビューと同じことを初対面の私に話してくれた。二〇一八年一一月のことである。

タイワン兄さんとは、あのモンゴル・ヒップホップのオリジネーター、MCIT エンフタイワンのことだ。モンゴルでは近しい目上の男女を、まるで吉本の芸人のように「〜兄さん」「〜姉さん」と呼ぶ。学校や職場での先輩の呼び方も、この「兄さん」「姉さん」である。人類学的に言えば、擬制親族名称となる。これを使うと人間関係の距離は、ぐっと縮まる。ともかく彼女はエンフタイワンを「タイワン兄さん」と呼び続けている。

ジェニー（Gennie）。本名ボロリーン・ドラムスレン（Borolyn Dulamsüren）。一九八七年ウランバートル生まれ。母ボロルが一八歳のときに産んだ一人っ子である。ジェニーは父親の顔を知らない。生まれたとき、両親はすでに別れていた。あるいは本当に結婚していたのかどうかもわからない、という。奔放な母は家を空けることが多く、母に育てられた記憶はないという。「そういうわけで、私は祖父母の懐で育ったんだ」そんな思い出話を話すジェニーは、あっけらかんとしている。

彼女が育ったのは国立サーカスのあたりである。社会主義時代の高級官僚たちが住んでいた地域である。それもそのはず、彼女の祖父は国家統計局の技官だった。根っからの人民革命党員で厳格な人物だった。在スウェーデン大使館に七年間、赴任していたこともあったという。もっともジェニーが生まれるずっと前の話である。祖母は若い頃、民謡の歌手をしていた優しい人物だった。歌手の仕事を続けたかったが、夫が海外赴任することになったので、家に入った。祖父母には五人の娘ができた。その末娘がジェニーの母ボロル

88　Звүүн яриа-Залуу репер Thunder буюу Өлзий-Учрал 2017/04/15　https://youtu.be/lGi5LKHPQiU

である。

小学生の頃は、バスケットボールが好きで一日中、外で遊んでいた。男勝りな女子だったという。その一方で教育熱心な祖父の影響で読書も好きだった。子どもの頃、祖母のところには、伯母（母の姉）も一緒に暮らしていた。社会主義崩壊前後の混乱期、彼女はよく伯母と連れ立ってポーランドへ商売に出かけていた。一家は、祖父の給料では暮らせなくなっていたようだ。その伯母が欧州で手に入れたウォークマンを借りて音楽を聴き始めた。一九九三〜四年のことである。当時、ジェニーは六〜七歳だった。

そして九八年頃、伯母のウォークマンを通じて初めてヒップホップに出会う。ジェニー一一歳。初めて聞いたのは、ウータン・クランや2Pacだったという。当時、彼女が理解したのは、メロディーに合わせて「歌う」のではなく「しゃべる方法」があるんだな、ということだった。その頃、モンゴルでもハル・サルナイやハル・タス、ダイン・バ・エンへといったラップ・グループが登場していた。モンゴル社会の影の部分を抉り出す彼らの影響で、ジェニーは詩／詞を書きはじめたのだという。「当時のヒップホップにラブソングなんてなかったよ。だから私もモンゴルのリアルな暮らしを書こうと思ったんだ」とジェニーは語った。

このようなヒップホップ的作詩の訓練が功を奏したのか、七年生（一五歳）のとき、全国作文コンクールで優勝してしまう。タイトルは「新世紀のウランバートル」だった。なんと教育大臣から副賞としてシステムコンポを授与された。ラッパーの影響で詩を書きはじめ、その詩作で教育大臣賞を獲り、システムコンポをもらうなんて、やはりモンゴルはヒップホップ・モンゴリアだ。これは純文学の「詩」とポピュラー音楽の「詞」の区別がない、つまり「主流文化」と「大衆文化」の未分化な状態（海野 1999:147）にあるからこそ起きる現象だともいえる。

「コンポを手に入れたことは、私のその後の活動に大きな影響を与えたんだ」彼女は話を続ける。まずF

Mラジオがいつでも好きな時に聞けるようになったことは大きかったらしい。伯母に頼んでウォークマンを借りずに済むようになったのである。そして作った詞をラップにして二人の友人と三人で歌い始めた。それをコンポの録音機能を使って録音しはじめたのである。

二〇〇三年、コンポに初めて録音したのが「選挙（Songuul'）」という曲だった。二〇〇四年に選挙がある。モンゴルでは四年に一回、国政選挙が行われるのだが、彼女はあっちこっちで笑みを浮かべた人々のポスターが貼られるのにいらだちを覚えた。そこで「ほほ笑みながら約束したことを本当に実現するのかよ、それともしないのかよ。どっちの政党がいいなんて、うちらには関係ないし」といった内容のリリックをつくった。録音したデモテープをラジオ局に持って、録音してもらった。それが彼女にとっての最初のソロ「デビュー曲」だった。このときジェニーは一五歳。早熟のポリティカル・ラッパーの誕生だった。

若い頃、歌手をしていた祖母は喜んでくれたが、厳格な祖父はポピュラー音楽を軽蔑していたこともあり、ジェニーがヒップホップに傾倒していくのを快く思っていなかったそうだ。

MCITとの出会い

少し遡って二〇〇一年のことである。FMラジオを聞いていると、MCタウンというラップ・グループがインタビュー中に新メンバーを募集中だという。そこでラジオ局に電話して、MCタウンに会いに行った。「そこで件の録音した曲を聴かせたところ、新メンバーにいれてもらったんだよ」と彼女は語った。紅一点のメンバーだった。このグループのメンバーとして二〜三年活動したのだという。

二〇〇三年、ジェニー一六歳のとき、サンサル・ケーブルテレビで女性ラッパーのコンテストをやり、勝ち残った少女たちでグループを結成するという企画があった。そこでジェニーは、MCタウンのメンバーの許可を得て参加することにした。アマチュアの女性ラッパーの中で自分がどれくらいのレベルにいるのか、知りたかった。そこで思いがけず優勝してしまう。

この番組では、上位成績者の女子が集められ Asian Cool というグループが結成された。もちろん優勝したジェニーはメインを張るはずだった。しかし番組のプロデューサーに別のグループに所属していることを正直に話すと、そのグループを辞めない限り、Asian Cool には入れられない、という。仲間を裏切れなかったジェニーは、Asian Cool 加入を諦めるほかなかった。Asian Cool は、「偽りの恋（Khuuramch khair）」をリリースし、ラジオで流れはじめた。それを横目で眺めるしかなかった。

しかし思いがけずチャンスがやってくる。この番組の審査員に MCIT エンフタイワンの従兄弟のＭＪという人物がいた。ＭＪから連絡が来て Asian Cool の代わりに、MCIT がつくった「ヤルゴーン」というユニットに参加しないか、という誘いが来たのである。当時、MCIT と言えば、ウランバートルのヒップホップヘッズたちにとって神のような存在だった。あの MCIT と知り合えるなんて！　ジェニーは快諾した。

MCIT は、ジェニーというＭＣネームをくれた。「私の本名のドラムスレンって年寄りの名前みたいだからね」と笑う。チベット語で「ターラー女神の守護」という意味である。確かにこの手のチベット語の名前は、最近ではあまり聞かない。「ジェニー」というＭＣネームを聞いてその意味を尋ねたところ、MCIT は「ロシア語やモンゴル語で使う gen（遺伝子）っていう意味だよ」と答えたのだという。彼女自身は、最初はジェニーというと、響きがガーリーだし、ジョニーと間違えられたりもするので、あまり気に入らなかった。自分では密かに「フチト・ションホル」つまりパワフルな鷹、というＭＣネームを考えていた。

しかし何年も経ってから、辞書をめくってみるとこのＭＣネームの語源となっている Genious という語が「ソー・ビリグ（傑出した才能）がある」という意味があることを知った。それを MCIT に伝えたところ、「そうだよ。だからいつか、ソー・ビリグにＭＣネームを変えてもいいんだよ」と微笑んだのだという。映画『モンゴリアン・ブリング』でMCITは、ジェニーの才能を絶賛していたが、当初MCITは、それを本人には伝えていなかったようである。

いずれにせよ、MCITという優秀なプロデューサーを得てラッパー、ジェニーの快進撃が始まった。二〇〇四年にはヒップホップ・フェスティバルのフリースタイル部門で準優勝した。二〇〇五年には、MCITのプロデュースでミニアルバム『Born in Ulaanbaatar』をリリースした。表題曲の「Born in Ulaanbaatar」[89]はジャズシンガーのホラン（Kkhulan）をフィーチャリングした曲だ。この曲は、映画『モンゴリアン・ブリング』のエンディングにも使われている。二〇〇六年には、FM98.9が主催したマイクロフォン・ティングというラップ・バトルで優勝し、新曲のレコーディング権を獲得する。

しかし曲を書いてもレコーディングがいつまでたってもはじまらない。彼女の代表作である「自分自身を解き放て！」はその頃に書いた曲だ。映画『モンゴリアン・ブリング』に登場する、高速ラップをたたみかけていくようなアップビートの曲だ。トラックが完成し録音できたのは、結局二〇〇八年頃だった。映画では、翻訳がつけられていなかったので以下に訳出しておこう。

89　この曲のオリジナルヴァージョンはYouTubeには上がっていない。二〇一六年にジェニーがＦＭラジオに出演して歌ったものが以下。Gennie - Born in UB - Metrolounge 91.7　https://youtu.be/gly_OL5RspI

自分自身を解き放て！（Ööriigöö chölööl）　ジェニー（二〇〇九）[90]

フック
自分の力だけで、自分の力だけで、自分の力だけで（×8）
自分自身を解き放て

ヴァース1
私の目！　私のルックス！　他の子とは全然違う
私の言葉！　私の性格！　私の気性！　他の子とは全然違う
私の行動！　私の選んだ道！　私の運命！　他の子とは全然違う
私の声！　私の希望！　私の夢！　他の子とは全然違う
私のルックス！　私の気性！　私の運命！
夢だって全部、私だけのものを作り出すのさ
鏡に映った自分の姿　それが私なんだよ！

名前だってある　家族だっている
自分の名前をこの手に全責任を背負っていく普通の一個人だ
生きるために食べている　でも食べるために金を稼いでいる
金を稼ぐために真面目に働くことから逃げられない

真面目に働くために、同僚の期待に応えてなくちゃ
自立して道を突き進んでいくために
暇なときはウィンドウショッピングもする、洋服探そうって感じで
でもさ、それって自分のためじゃなくて他人を喜ばせるための選択をしてたりしている
でも辞めた、関係ねえわ　ラマ僧のおじさんたちと変わんないわ
自分で好きなようにぜんぶ、自分で決めよう！
これは、確かに本当のことだって言える

フック
自分の力だけで、自分の力だけで、自分の力だけで（×8）
自分自身を解き放て

「なぜ、あのようなリリックを書いたのか？」という私の質問に対して、ジェニーはこう答えた。「当時、人々は皆、自分を見失っているように思えたんだ。例えば、ある形の帽子が流行っていたら、皆同じ帽子を被るんだよ。似合う、似合わないに関係なく、被らないと遅れてしまうって思って、ワンパターンの行動をとってしまっていたんだ」

インタビューの後、彼女が発した言葉の意味を考えていた。あの時代、モンゴルの人々の間で自分を見失

90　Uurigu chuluul で検索すると音源にアクセス可能。

うほど流行していたもの。それはシャーマニズムだった。皆が何か不安なことがあると、シャーマンのところを訪れ、そして最終的に自身がシャーマンとなっていた。以前に彼女が「シャーマンもラマ僧も嫌いだ」と言っていたことを思い出した。「生きるのに疲れ果てた者たちがシャーマンになっているんだ」と吐いて捨てるように言っていた。

ジェニーのラップが頭の中で反響する。「でもさ、それって自分のためじゃなくて他人を喜ばせるための選択をしていたりする」「でも辞めた、関係ねえわ。ラマ僧のおじさんたちと変わんないわ」「自分で好きなようにぜんぶ、自分で決めよう！　自分の力だけで　自分自身を解き放て」彼女がこの曲で本当に訴えたかったのは、宗教を頼る人々に対して自分自身を解放するんだ、ということだったのかもしれない。

ラッパーとして生きる

「自分自身を解き放て！」を書いた頃、ジェニーは建築業界で働く一人の男性と知り合い、結婚する。そして二一歳のとき、長男を出産する。二〇〇八年のことである。結婚、出産というブランクがあったせいか、思うようにラッパーの仕事が出来なくなっていた。二〇〇九年にはアンダーグランド・ミュージック賞にノミネートされたが受賞を逃した。

その頃、オーストラリア人の映画監督ベンジ・ビンクスと知り合った。彼はジェニーの日常生活に密着した撮影をしはじめた。二〇一〇年には、MC Mo、オチローと三人で「Don't cry」という曲をリリースした。ビデオクリップも作成した。この曲は、モンゴルの置かれた厳しい経済状況や社会状況に対して、「泣かずにがんばろう」という応援歌だった。

しかし二〇一〇年当時、モンゴルのヒップホップ業界は、Gee や DESANT のようなゲル地区のリアルを歌うギャングスタ系か、Lumino、BX、Quizaや、ムンヒーン・ラップ（Mönkhiin Rap、永遠のラップの意）といったラブソング系にオーディエンスの関心が二分されていた。MCITの流れを汲むメッセージ重視のジェニーたちのラップは、若者たちからすると説教くさく映るようになっていた。この曲は思ったようなヒットをせずに終わってしまう。

国内での人気が落ちていく一方で、ベンジの後押しもあり、海外へ行く仕事のオファーが増えてきた。二〇一〇年の夏には、フランスとモンゴル共催の「ホス・アイス」フェスティバルにモンゴルを代表するラッパーの一人として参加し、一か月間、フランスの各地をライブして回った。同じ年にデンマークのコペンハーゲンで開催されたヒップホップフェスにも参加した。二〇一二年三月にはDesantらに誘われ、中国・内モンゴル自治区の首府フフホトや北京でのヒップホップフェスにも参加した。ここで内モンゴルのラッパーたちとの邂逅を果たす。そこでの内モンゴルのラッパーたちとのセッションは、南北に分断されたモンゴル民族の音楽を通じた新たな連帯を生み出す可能性を秘めたものだった。

しかしジェニー自身、ソロの新曲が生まれず、ラッパーとして限界を感じ始めていた。小さい子どもを抱えてヒップホップだけでは食べていけない。そこで発電所で労働者として働きはじめた。生活費が足りず、自動車の洗車工場との掛け持ちで働いた。

MCITとの再会

ジェニーは師匠のMCITに相談を持ちかけた。二〇一二年の六月頃のことである。MCITは、二〇〇五年頃、ダイン・バ・エンへが活動を休止して以降、日系の携帯電話会社モビコムでサウンド・エンジニアとして働いていた。いわゆる日本発の着メロの文化をモンゴルでも流行らせようというプロジェクトに関わっていた。しかし中国の安い携帯やiPhoneのようなスマホの登場により、日本式の携帯は次第に追い詰められていく。

ジェニーがMCITに再会したとき、彼はそんなモビコム社に見切りをつけて、小さな写真スタジオを始めていた。子どもの頃から写真が好きだった彼は、風景写真の撮影に没頭していく。その傍らで生きていくために写真スタジオの経営していたのだった。新曲が作れなくなって悩むジェニーに対してMCITは、こう言った。

「急ぐ必要はないよ。君や俺は未来から来た人間なんだ。いずれみんな、わかるようになるから、落ち着いて音楽の仕事をするんだ」

MCITの「未来から来た人間」という言葉に励まされた一方で、ジェニーは彼にいつもと違う何かを感じたのだという。彼は続けて不思議な話をしはじめた。「俺は最近、未来や過去を見てきたんだ。そこで過去からのメッセージを老人の声で、未来からのメッセージを若者の声で歌うラップの曲を作ったんだよ」そう言うと、作ったばかりの二曲を聴かせてくれた。それが「敗北（Yalagdal）」と「後で（Khojim）」という曲だった。リリックは、やはり頭韻が中心となっている。もはやモンゴルでも古い頭韻のラップだった。しかし内容は驚くほど冷静に、そして鋭利にモンゴルの現状を捉えていた。巷で流行る安易なモンゴル礼賛歌を吹き飛ばしてしまう起爆力を秘めた歌詞だ。

MCIT エンフタイワン（2010年頃）。B.ドラムスレン氏提供。

敗北（Yalagdal）　MCIT a. k. a. Khurz KaranQ（二〇一一）

戦争はもうすでに始まっている　でも終わってなんかいない
どんなふうに終わるのかさえ、誰も知らない　誰が始めたのかさえ忘れられてしまった
血を流す形の戦争は終わったんだ　汗を流す労働が武器になったんだ
強力な技術力は何の意味もなくなった　人口が多い国だけが強大になるだろうよ

世界を支配したのは、支配ルールを決める者だ　世界を支配する関心は二〇〇以上ある
紙の武器を投げ合い、それが激化し、空虚な権威のために怒り狂って互いに馬鹿にし合う
中心の空間で妬み嫉みの戦争が続いて　どれだけの年月が失われたことだろう
世界レベルの話は、さっきのヴァースで終わりだ　落ち着いてよく考えなさい

同志たちよ　大敗北を喫して　退却しつづけて　過去に戻って
八〇〇年前のモンゴル帝国の戦士たちに援助を求めようっていうのかよ　限りなく阿呆だ
身近な社会で力を蓄えて、奴らより上を目指すとき　天は我々に味方してくれるだろう
そうなった時、ようやく過去の戦士たちは俺たちの仲間になってくれるだろう

モンゴルの若者たちよ　君たちは敗北したんだ
いろんな文化に影響されて負けてしまったんだ

いろんな芸術に飲み込まれて　外国人になっちまったんだ
俺たちは何度もヒップホップに負けた
アメリカよりすごい曲なんてないだろう
あの韓国人たちにさえ負けたんだぜ
彼らよりも馬鹿になって　ただ座っているだけだ　俺らは
小麦畑を広げたといっても敗北だ
酒やビールをつくってロシア人と競いあっているだけだ
すげえ豪華な食事をしながら　まったく空っぽな中国に負けるのさ
廃墟のような都市で暮らすヨーロッパ人にも負けるのさ
ゴージャスでおしゃれな服は砂埃で汚れている

忙しく働いたって成功なんてしやしない
給料をもらったって　毎日のパンに消えていく
世界を導いた帝国の末裔が　世界から領土を圧迫されて、縮んでしまっている
過去の栄光を思い起こしながら　最低の国というまなざしを向けられ　負け続けていく
そして諸外国によりそって　統計データを公開しながら　退却しつづける

敗北　敗北　敗北　これは敗北だ

このリリックにそこまで説明はいらないだろう。
四行目の「強力な技術力」は日本、「人口の多い国」は中国のことだ。日本の敗北と中国の台頭が歌われているわけだ。そしてチンギス・ハーンと大モンゴル帝国の栄華に酔いしれるだけで、何も社会を変えようとしない、モンゴル社会を鋭く批判する。驚くことにMCITはヒップホップの実践ですら、敗北だと言い切る。彼がこだわったモンゴルの伝統的な頭韻スタイルのラップも激しい政治批判も、ゼロ年代後半にはモンゴル・ヒップホップの世界では影を潜めていた。MCITはそれを「敗北」だと解釈したのかもしれない。

とはいえMCITはヒップホップのアーティストとしての活動を辞めたわけではなかった。MCネームをKhurts KaranQに変えて密かに活動を続けていた。「漆黒の闇」という意味である。MCネームの由来を尋ねるジェニーに対してMCITは「漆黒の闇の中に光があるんだ」とだけ語ったのだという。

もう一つの曲は「後で（khojim）」といった。この曲では、「私はあなたを自分の望み通りに従え、信用させることなんてできない」というラインで始まる。そしてフックでは「後で平穏になる／後で平穏になるのだ／後で心が落ち着いて／染み渡るように苦難が緩和されていくのさ」と歌う。このフックのラインを聴いたとき、ジェニーは怖くなった。

後で（Khojim）　MCIT a. k. a. Kurz KaranQ（二〇一二）[91]

過ぎていってしまった時代に成功や繁栄を持ちこんで修復したんだ

91 Kurtz KaranQ - Hojim | Хурц ХаранхҮY - Хожим MCIT /агсан/ https://youtu.be/KFxmRtr3upY

過ぎ去っていく時間を切断することなんてできないのに
それをあなたは自分で持ち上げようとする
前日から繋がっている日　何をしたらいいのかわからなくなる日
今日と呼ばれるこの日　始まりの続き　終わりの日

今日　あなたはどう過ごして何をするのか　何をするのもあなたの勝手だ
でも過去にある暮らしを未来から知ろうとして来てみたら明瞭なんだよ
来て見ろ！　といって未来という名のまだ来ない時から来た真実は
どんな主義の知識がそこにあるのか、未来から送られてきたものを
ここから未来へ向かう道を、メッセージで送られてきたものを　受け取ったんだ
未来の人々と後で会うことにしよう

後で平穏《タイワン》になる　後で平穏になるのだ
後で心が落ち着いて　染み渡るように苦難が緩和されていくのさ

ジェニーがMCITの死の報に接したのは、それから半年ほどたった頃のことだった。二〇一二年一二月一四日。MCITエンフタイワンa.k.a. Kurz KaranQ逝去。享年三六歳。

ジェニーはその日のことをよく覚えているという。その年、ある女性シャーマンがマヤ暦に基づきながら今年の一二月に世界が滅亡すると予言し、世間を騒がせていた頃だった。その「滅亡の日」が二〇一二年

一二月二一日。ちょうどMCITが亡くなった一週間後である。世界は滅亡しなかったが、MCITはひとりこの世界を去ってしまった。そして彼の死因は明らかにされていない。

亡くなる三か月ほど前、彼のフェイスブックのタイムラインには、謎めいたポストが二回、投稿されていた。

二〇一二年八月一五日「社会階層　差別への抵抗」

二〇一二年九月一九日「古い世界の新しい人々　新しい世界の古い人々」

それが最期の書き込みだった。

「MCITは憧れであり、師匠であり、一人っ子の私にとって心を開いてなんでも相談できる兄でもあったんだ」ジェニーはそう振り返った。

母の死

MCITという精神的な支柱を失い、次第にジェニーのラッパーとしての活動も減っていった。しかし映画『モンゴリアン・ブリング』の影響なのか、あいかわらず外国関係の仕事のオファーは来ていた。二〇一四年一〇月から一二月にかけてアメリカのサンフランシスコでアメリカのミュージシャンたちとライブをして回った。二〇一五年の五月には中国の内モンゴル自治区のエレンホトやフフホト市でライブを行った。その一ヶ月後には、フランスのパリで開催される第一〇回「PARIS HIP HOP」フェスティバルに招聘され渡航した。パリでモンゴルをレペゼンして歌う彼女の雄姿があった。海外に出かける仕事が多くなり、夫とのすれ違いが増えてきた。夫は出ていき、気づいたらシングルマザーとなっていた。

そんな中、母ボロルが亡くなった。二〇一六年五月一七日、四七歳だった。「実は子どものころ、母なんて死んでしまえばいい、と思っていたんだよ」とジェニーはポツリとつぶやいた。

ジェニーの母ボロルは一九六九年、祖父母の五番目の娘として生まれた。乳幼児の頃に人獣共通感染症のブルセラ症にかかった。そのせいで足の成長にゆがみが生じて、よちよちと足を引きずって歩くようになった。だから母は障がい者手帳を持っていた。ジェニーは母の「醜い足」が嫌いだった。

母のボロルという名は水晶という意味である。「水晶なんて砕けるような名前をつけたから、こんなふうになったんだ」と祖父はその名づけを悔やみ、孫娘のジェニーには、仏に守られるようにとチベット語でドラムスレン（ターラー女神の守護）という名をつけたのだという。そんな母がジェニーを身ごもったのは一七歳のときである。そして一八で彼女を出産した。モンゴルで民主化運動の始まる少し前のことだった。「おそらく一八歳で子どもを産んだことで、周りからいろいろ言われ、孤独だったんじゃないかな」とジェニーは振り返る。

モンゴルでは障がい者に認定された者が働く機会はほとんどない。グループと呼ばれる障がい者の班に登録され、わずかばかりの年金が支給される。その一方で社会から「隔離」されてしまう。でも本人は社会に出て働きたかったらしい。

社会主義崩壊直後の混乱の中、人民革命党のエリートであった祖父の給料でも一家は暮らしに困るようになっていた。祖父は退職し、昔のコネクションをつてに欧州に商売に出かけるようになっていた。そして母も、ジェニーが物心がついたころには、すでに中国やロシアへ商売に出かけるようになっていた。商売仲間と飲んで酔っ払って帰ってくることもしょっちゅうだった。だから母が家にいることは、ほとんどなかった。

母らしいこともしてもらったこともなかった。そして「障がい者なんだから家にいろ」という厳格な祖父と母は事あるごとに口論になった。家庭の中はいつも喧嘩が絶えなかった。

「今風に言えば、母は『ギャングスタ』だったと思うよ。でも、うちの家では母は『アル中《アルヒチン》』っていう称号を与えられていたんだ」とジェニーは笑う。「でも、私たち家族の知らないところで、彼女は社会にちゃんと仲間をつくって活躍していたんだよ」と付け加えた。

実は、母ボロルは家族に内緒でカトリックの洗礼を受けていた。そしてシスターたちと炊き出しや、牢獄や老人ホームの訪問といった慈善活動を続けていたのだった。ジェニーがそれを知ったのは、祖父が亡くなってからのことである。祖父は二〇〇三年の冬、病死した。厳格な人民革命党員であると同時に熱心な仏教徒でもあった父親に対して、ジェニーの母は自分がカトリックの洗礼を受けたとは、口が裂けても言えなかったらしい。

滋賀県立大学の学園祭にてライブをするジェニー。2018年11月、滝澤克彦撮影。

かつて死ねとまで母を嫌っていた自分。ところがその自分が母親になって気づいたのは、自分の苦労なんて彼女の苦難に比べたらなんでもないということだった。少し母と歩み寄りはじめた矢先の死だった。家族との口喧嘩が絶えなかった過去の母についても、ジェニーは考え方を改めるようになった。「むしろ母は、身体障がい者を社会参画させない当時のモンゴル社会の犠牲者だったんじゃないかな」という。

そのころ、ジェニーには新しい彼氏がいた。しかし籍を入れていなかった。自分も母と同じシングルマザーの道を進み始めていたことに気づく。そうした中、今度は、最愛の祖母が亡くなった。母が亡くなって一年も経たないときのことだった。母の死の悲しみが癒えない中、ガンで寝たきりになっていた祖母の下の世話も含めて自宅で介護し、最期も看取った。

悲しみに打ちひしがれる中、新たな命がジェニーの体に宿った。なんと陣痛が始まったのは、母が亡くなってちょうど一年目の命日の二〇一七年五月一七日だった。そして翌一八日、無事、次男が生まれた。その翌日の五月一九日は、祖母の四十九日だった。モンゴルでは人は死後四十九日が経つと、近くの親戚に生まれ変わると信じられている。チベット・モンゴル仏教の輪廻転生思想である。ただラマ僧たちは母が死んだら、娘になって生まれ変わると占った。

「でも関係ない。あたしは数字を信じる。うちの次男は、母の生まれ変わりであるし、同時にばあちゃんの生まれ変わりなんだ」とジェニーは少し涙を浮かべながら笑った。祖母が亡くなったとき、ジェニーは左の肩に灰でしるしをつけた。生まれた息子は右足の踝《くるぶし》に痣をつけて生まれてきた。「ほら、しるしをつけると反対側に出るっていうじゃないか。あたしは、ばあちゃんの魂は息子に入ったと信じているんだ」という。

「さて息子を迎えに行かないと。今日は友だちの家に預けているんだ」インタビューの最後に彼女はそう言うと、愛車のプリウス二〇系に乗って去っていった。二〇一九年九月一二日夜七時。ウランバートルはいつもより寒い冬になりそうな気配だった。

三日ほどして、ジェニーから電話があった。「先生、母のことでリリックが出来たから聞いてくれよ」という。それは、ジェニーの母への想いを自分自身に言い聞かせるような詞だった。原文はしっかりと頭韻が踏まれている。

愛のコード（Khairyn khelkhees）　ジェニー（二〇一九）

今朝、あたしは母さんのことがすごく恋しくて目が覚めた
つま先に跪いて　母の足で祝福を受けたく[92]思ったんだ
過去の記憶は　年を経るごとに　曖昧になっていくけど
天に去っていった日は　昨日のように痛むのさ

人は皆　それぞれの思いの中で　母親を神のように崇拝している
少しだけでも　恩返しをしたいなんて希望を抱いている
誰かが　自分の母親を　他の母親と比較している
あそこにも一人　自分の母親を　他人の母親と比べてみている
残念なことに　人は皆　母親とは、あああるべき　こうあるべきといって
理想を唱えては　責め立てている
でも　あたしはそんな人たちに同意はできない

92　チベット仏教系のモンゴル仏教では、アディス・アワハ（*adis avakh*）といって高僧が信者の頭に手を当てて祝福する習慣がある。ここでは、ジェニーが、足に障がいがある母にその足を自分の頭に当てて祝福を受けたいということを意味している。

なぜだって？　彼女は　ものの善悪や道理を知らない女子なのに
小さな我が子を　清らな子宮の中で　何カ月も抱えて
多くの人の噂話に震えながら　周りの詮索に耐え
嘘だか誠だかわからない　愛も喜びもない中で
歯を食いしばり　骨を軋ませ　気絶しながらも　肉体を維持し
耐えられないほどの痛みを乗り越えて
忍耐の限界まで体力を振り絞って
赤子のおまえに　この人生を授けようと
暗闇の中を闘い　産めばどうなるかという不安を振り切り
当てにならない女の子を産もうと決めた
明日がどうなるか想像できたけど　それに賭けた
親戚たちに責められながらも
愛の結晶である我が子のために
幸せを遠ざけ　悪行を捨て
涙を隠して生きた　勇者だったよ

ゴミや袋の中に嬰児を入れて捨てやしなかった
毒を飲んで自殺する道も選ばなかった
そんな母さんを　愛してあげなさい

望まぬ関係で身ごもったが　望んで子どもを産んだ
そんな母を　リスペクトしなさい
（後略）

ジェニーはこの詩を見せた後、こう話した。

「私は思うんだけど、みんな、うちの母は何々をしてくれなかった、とか、他の母親と比べてどうだとか、言うよね。あれはおかしい。産んだ時点で母親は子どもに借りはなくなっているんだ。むしろ借りがあるのは子どもの方だろう」

この境地に辿りつくまで、いったいどれだけの葛藤と苦しみがあったのだろう。ジェニーはラブソングを歌わない。今もMCITに教わった通り、人生の哲学をラップしつづけている。そして、きっと――。きっと、こうした精神性を持つ母親からタンデルZのような若者が育っていくに違いない。

覆面のフェミニスト、Mrs M

ジェニーは、男に頼らず生きていく道を選んだといえる。もちろん「君を守りたい」男がいないモンゴルでは、女性は強く生きていくしかないという側面もある。その代わり、モラハラ男やDV男に媚びる必要もない。一方、男を利用して生きていくあり方もある。それはともすれば、男に依存する生き方に移行する危険性を孕んでいる。すれすれの実践だと言ってよい。場合によっては、他人からは男に頼っているという受動性に焦点が当てられてしまう。自立した女性からすると、男を利用する女は「男に頼る女」にしか見えず、攻撃の対象となるのである。

そんな「男に頼る」ブランド狂の女子たちを女性ラッパーのMrs Mは、嗤う。二〇一六年リリースの「Bang」[93]という曲だ。フックのところでグッチ、グッチ、プラダ、プラダとブランド名を連呼するのが耳について離れなくなる。ルイとは、ルイ・ヴィトンのことである。このリリックで、グッチやフェンディを「あたしに頂戴」といっているのは、ブランドのために男にすり寄る女子たちである。

私は、ときどき、しゃれた女子たちを見るためにクラブに行く
マジで、Badでいてほしいと思っているわ
でも言わしてもらうわ
ドレスにハイヒールの時代は終わったんだよ、女子たちよ
フロアを見つめて踊るのも古いわ
みんなおんなじように頭を揺らすわ、このリズムに合わせて
みんな同じことをする　暇さえあれば、オヒン・ナイル[94]（ワンナイト・ラブ）
でもあたしはこうする　あんたが呆気にとられるまで言ってやるわ
あんたが呆気にとられている間に　医学が進歩しきってしまうわ
たまにするんだって言っても関係ないわ
両親だって関係ないわ
男に夜、釣られるような馬鹿な女になるのはやめな
熱くなるって、騒ぐのはやめな
人肌で温かい布団に困らない

誰もあんたを口説けないような女になりな
あたしに頂戴！

フック（×3）
グッチ、グッチ！　ルイ、ルイ！
フェンディ、フェンディ！　プラダ、プラダ！

いつもいる可愛らしい女の子たちとまだ付き合ってんの？
あたしに頂戴！
グッチ、グッチ！　ルイ、ルイ！
フェンディ、フェンディ！　プラダ、プラダ！

Mrs M。本名をA・タミル（Ariunboldyn Tamir、一九九三〜）という。ウランバートル生まれ、ドイツ育ち。彼女は自身がフェミニストであることを強調する。そして決してスカートを穿かない。実は、彼女の母親はモ

93　Mrs M Bang OFFICIAL MV　https://www.youtube.com/watch?v=NBxrETq_VwE&t=6s
94　ここで便宜的に「ワンナイト・ラブ」と訳したオヒン・ナイルは、直訳するならば「女の子の宴」となる。実際は、男たちがクラブでナンパをし持ち帰った女性と一晩を楽しむことを意味するのだという。つまり男目線の「ワンナイト・ラブ」だが、Mrs M はあえてそうした言葉を使うことで、釣られる女性たちを皮肉っている。

ンゴルで有名な女優、エンフトール（O.Enkhtuul、一九六七〜）である。母の名前で売れたくなかったので隠していたが、自然に噂が広がり知られてしまったのだという。

母エンフトールは最初の夫、つまりタミルの父親と離婚し、ドイツ人の実業家と再婚した。タミルが小学二年生のときである。「だから私の下には、〝混血〟(erliiz)の妹や弟が二人いるんだよ」と言った。継父クラウスは、生ビールサーバーを備えたウランバートル初の本格的なビアバー「ハン・ブロイ」「ブロイ・ハウス」の創業者である。継父は一緒に暮らすようになると、タミルにドイツ語を教えはじめた。そしてタミルは、モンゴルにあるドイツ学校「ゲーテ校」に転校する。そうした変化をタミルは「家庭にドイツ文化が急激に入ってきた」と表現する。その後、二〇〇八年、タミルが一五歳のとき、一家はドイツに移住することになったのである。

しかし思春期をドイツで過ごすのは、楽なことではなかった。自分だけが周囲と違うアジア人。孤独だったという。モンゴルにいた頃は、男勝りで活発な女の子だった。友だちとつるんでやんちゃすることもしばしば。勉強は嫌いで、得意科目は体育と音楽だった。そんな自分がドイツでは、いつの間にか臆病でおとなしい子になっていた。

いつしかタミルは、周りとは距離を置き一人で過ごす時間が多くなっていた。しかしそれがよかったのだという。「人は孤独になったときこそ、自分らしくいられるということがわかったのよ」と彼女は語る。タミルは一人で絵を描いたり、文章を書いたり、歌を歌ったりしはじめた。ロックが好きだった。

ドイツで暮らしている間、タミルは、ずっとモンゴルに帰りたかったのだという。継父は優しく、実の子のように扱ってくれたが、やはりモンゴルが恋しかった。そこでドイツで専門学校を卒業すると、両親や兄弟と別れて、ひとりモンゴルに帰国することにした。帰国すると、ウランバートルの祖母の家で暮らしはじめた。二〇一二年、タミル一九歳のときである。厳格な祖母は、ドイツ語ができる孫娘を外交官にさせようと思っていた。

しかしタミルは子どもの頃からスターになるのが夢だった。母の影響もあるのかもしれない。よくバスルームで鏡に映る自分を見ながら、歌ったり踊ったり、そしてインタビューに答えるスターごっこをやっていたのだという。また一〇代の初めからギターも弾きはじめた。ただしヒップホップには興味がなかった。ヒップホップは毛嫌いしていたと語る。

ともかくモンゴルに帰国すると、タミルはロック・バンドをつくって活動をはじめた。そのうち一人で歌いたくなり、ギターを弾きながらソロで歌いはじめた。

音楽活動していると、夜飲みにいく機会も増える。そうした中、タミルはクラブ活動に目覚めてしまう。DJがいる方の夜のクラブである。モンゴルでクラブといえば、ヒップホップが主流だ。夜な夜なバーやクラブをハシゴしているうちに次第にヒップホップが好きになってきた。そしてDJやラッパーたちを見ていて、こういう世界で生きるのもありかな、と思うようになった。

そこで試しにラップをやってみたら出来る自分に気づいた。こうして作った曲が「たったひとつ」である。

二〇一三年、タミルは二〇歳になっていた。

ラッパーになりたての頃、祖母にばれるのが怖くてサングラスをした。それがやがてトレードマークになっていく。覆面ラッパーMrs Mの誕生である。ちなみにMrs MというMCネームは、「モンゴルの貴婦人(*Khatagtai*)」という意味をこめてつけた名前なのだという。Mはモンゴルの M だ。Mrs というMCネームとは裏腹に彼女はデビュー当時も今も（二〇二〇年一一月時点）独身だ。

自立する女

彼女を有名にした曲に「うざったい（Yadargaa）[95]」（二〇一五）というチル系のナンバーがある。アルバム『Gentleman』所収の一曲である。メランコリックなメロディーにMrs Mのアンニュイなラップがのっていく。夏をテーマにした曲だが、過去を振り返ったり、未来のことを考えすぎたりせずに、今を楽しもうよというメッセージを込めて作った曲なのだという。でも、言いたいことはそれだけではないだろう。どこへ行ってもナンパしか頭にない男たちに対するオブジェクションである。

ヴァース1
気候も暖かいし
地平線も赤く染まっているし
ときどきこんなふうに見える景色は
私の心に染み渡る
夜になって　涼しくなるのが待ちきれない
少しずつ灼熱の太陽が　もうすぐ沈む
山の向こうに沈んでいくと　流星が見えるわ
そうじゃないの　夏の夜って　なんか素敵じゃん
なんか我慢できなくなって　ブルーな気分で家を出てしまう

そういう話だけをあたしはしているの
（中略）
どこに行っても状況は同じ
なんかどこか壊れた奴ら

フック
うざったいわ　みんな黙りなさいよ
黙れって言ってるじゃん
今、ちょうど気持ちがいいところなのに
心が満たされているっていうのに
これが　私が音楽聞いて感じる楽しさなのに
（後略）

Mrs Mは男性ラッパーのギンジン（Ginjin、本名G.Garid、一九九二〜）とデュエットを組むことが多い。ギンジンもアメリカ留学経験のある都会派のエリートだ。しかも彼はラッパーのツェツェーと同じ都心の二二〇ミャンガト地区の幼なじみ同士である。アメリカ留学時代にギンジンは、地元の先輩であるツェツェーからラップの手ほどきを受けた。ちなみに最初にMrs Mにギンジンとデュエットでラップすることを提案した

95　Mrs M - Ядараа ft Stewie /Lyric video/　https://youtu.be/YMHWdgI8qRg

のはプロデューサーのザヤー（TATAR）だった。

実はギンジンとMrs Mは姻戚でもある。二〇一九年八月、ザヤーのプロデュースで「この時期（ene möch）」[96]という曲を出したところ大ヒット（二〇二〇年一一月時点で四三〇万回再生）し、続けて曲を出すようになった。二〇二〇年五月に出したメッセージ性の強い「自立せよ！」も動画二六五万回再生（二〇二〇年一一月二〇日時点）を超えている。ＰＶでは、ウランバートル郊外の広大なゴミ廃棄場に立って歌うMrs Mとギンジンの姿があった。敵は説教臭い親世代だった。ゴミ廃棄場にあるのは、親世代が排出したとんでもない量のゴミの山である。それを踏みつけながら、二人の若いラッパーはラップを刻んでいく。

自立せよ！（*Biye Daa!*）　Ginjin & Mrs M（二〇二〇）

フック

M）うちらは畏れない　頭を下げたりしない

G）年は若いし　血もどろどろじゃない

モンゴル国の国民だ　目を覚ませ　復興せよ

ヴァース1

M）身体を整えてから[97]家の中を整えよ　それから政治を整えよ

一人ひとりが主体的に生きろって教えられた

でもひとつだけダメなことに　あたしは気づいた

G）今の俺たちの時代は　あんたたちからしたら未来だ
あんたたちに物質的な豊さはあるか？　ねえだろ
それならどうしたっていうんだ
思うに奴らは腹いっぱいになったんだ
でも俺らには乾いたパンだけだ　あんたたちに言われ続けたはずだが
M）幸せってのは、ドアをノックしてやってくるわけじゃない
約束したことがすべて簡単に叶うわけじゃない
どこかの家のわがまま娘のように　あたしは親にぶら下がって泣き言なんて言わない
天命のあるモンゴル人だなんて　裾をまくって言ったりしない
（後略）

この曲のリリックの冒頭は「うちらは畏れない（*bid aikhgüi ee*）」となっているが、ほぼ音的には「自立してない（*bie daakhgüi*）」とも聞こえる。掛詞であろう。リリックは全体として親に甘えて自立していない自分たちの世代への警鐘であると同時に、親世代への訣別の宣言である。モンゴルの中高年世代が大好きなチンギ

96　Ginjin - Ene Much ft. Mrs M (Official Music Video)　https://youtu.be/nPPPfsJv7HA
97　身体を整える（*bie zasakh*）とはトイレに行くという意味である。また「体を整えて、家の中を整えよ、家を整えたら政治を整えよ（*bie zasaj geree zas. Geree zassan bol töröö zas*）」とは、自分のことや家のことがちゃんとできないのに政治を語るなという意味の慣用句である。

ス・ハーンや「天命」といったナショナリスティックな言説に対しても、二人のラッパーは拒否を示す。

Mrs Mは、コロナ禍が終わったらライブもやりたいし、ギンジンとアルバムも出す予定があると語った。また、三年付き合った彼氏とそろそろ結婚しようと思っている。「母になりたいんだ。来年には必ず」と話した。将来の夢を尋ねると、「アンギルマー姉さんのような音楽プロデューサーになりたい」と語った。すでに彼氏と組んで若手のプロデュースも少しずつ始めているそうだ。

ちなみにアンギルマー（B.Angirmaa）もポピュラー音楽の歌手からプロデューサーに転じた人物である。彼女は、モンゴルポップ界を席巻した女性三人のユニット、キウィ（KIWI、活動期間二〇〇四〜二〇一四）をプロデュースしたことで知られる。リーダーのオカ（Uka、本名D.Ulambayar、一九八二〜）はソロ活動に転じ、今やモンゴル・ポップスの女王として君臨している。

自分がつくる音楽に関しても「私は変わっていくと思う」と語った。ヒップホップが好きな自分とは別に穏やかな音楽を愛する自分がいるのだという。ジャズやR&Bのような音楽である。そうした傾向について「少し年を重ねて落ち着いてきたのかもしれない」と話すMrs M。ラップでは「〜せよ」「〜するな」という厳しいメッセージの曲を多く歌ってきたが、もう人々は十分に怒りや苦しみを自覚している。だから美しいものに目を向けていきたいのだという。

理系女子NMN

二〇二〇年現在、Mrs Mと並んで人気を二分する女性ラッパーといえば、NMN（エネムエヌ）だ。本名、M・ノミン・エルデネ（Mönkhbatyn Nomin-Erdene）一九九三年一一月ウランバートル生まれの二七歳（二〇二〇年一一月時点）。Mrs Mとちょうど同い年である。ノミンとは、モンゴル語でラピスラズリ（瑠璃）のことである。モンゴルではこのラピスラズリが採れるということもあり、仏画などでふんだんに使われている。彼女のMCネームのNMNとは、自身のファーストネームの前半部分のノミン（Nomin）を略したものである。「名前を考えるのが、面倒くさかったので」と彼女は言った。ちなみにエルデネとは、宝の意味である。

NMNは高学歴だ。モンゴルの最高学府であるモンゴル国立大で遺伝子工学を専攻した。高校もモンゴル国立大付属バイガル・エヘ高の出身である。得意科目は数学だった。祖父母が数学の教師だったことも影響していたらしい。

幼い頃からヒップホップを聴いて育ったという。ICE TOP、Digital に TATAR。「とくに TATAR は私のアイドルでした」と語る。最初に行ったライブも TATAR だった。二〇〇六年六月一六日。日付までちゃんと覚えている。「TATAR は、モンゴルのヒップホップの中でも最初にすごくかっこいい韻踏みをしたグループだと思っています」という。とにかく TATAR のファンになってから、リリックを覚えて曲を聴きながら歌うようになったのだという。それもこの世界に入るきっかけだったのかもしれない。

ただし子どもの頃、転校を繰り返したせいか、人と関わるのも人前に出たりするのもあまり好きな方ではなかったという。二〇〇六〜七年、ノミンが高校生の頃、家にデスクトップのパソコンが入った。その頃、モンゴルでは各家庭にパソコンが入りはじめたんじゃないかな、とノミンは振り返る。もちろん都心の高層アパートの間での話であろう。ノミンはパソコンにはまり、家でネットサーフィンする毎日を過ごすようになる。

大学の専攻として遺伝子工学を選んだのもグーグル検索の薦めだった。「お金になる　大学の専門」と英語で検索したら、「遺伝子工学やナノテクノロジーが、将来性がある」と出てきたから選んだのだという。発想がネットジャンキーだ。「でも、それって世界レベルでの話で、遺伝子工学がいったいモンゴルで何の需要があるかなんて知らなかったんです」と笑った。そして大学時代は「優秀な学生ではなかったのですが、生物学から多くのことを学びました」という。

そんなナードな彼女がヒップホップの世界に入っていくきっかけは、ネット上でのラップ・バトルの存在を知ったことなのだという。

ウェブ上のラップ・バトル

ゼロ年代後半、アソールト・フォーラム（*Asult Folum*）というウェブ上の掲示板でラップ・バトル（*Asult Battle*）が行われていた。最初は、掲示板にリリックを書いて送り、それを以前に優勝した人たちが採点し、勝者を決めるというものだった。つまり掲示板による韻詩のコンテストだったといってもいい。さらにいうと、このバトルはフリースタイルというよりも、リリックを作りこんで競うというスタイルだった。ゆえに即興性よりもライムの完成度が重要だったようだ。ただしディスり合いのスタイルに関しては、フリースタイルを継承していた。二〇〇八年に優勝したラッパー、ロキット・ベイもNevalast名義で掲示板を通じてディスり合いをしていた様子が今もアソールトの掲示板に残っている。[98]

二〇〇九年、当時高校生だったノミンは、PC上でそのアソールト・バトルを読んでいるうちに興味が出てきたのだという。「私はモンゴル語の成績も良かったし、モンゴル文学も好きだったので、ラップのリ

NMN。2017年頃、本人提供。

リックを読んで彼らの言葉の選び方に興味を覚えました。言葉を選ぶために非常に頭を使うところが面白かったんです」とNMNは語る。関心の持ち方が非常に分析的である。

バトルはやがてビートにラップを録音して掲示板にアップロードする方式へと変わっていく。その頃、ノミンは、ラップに興味があることを掲示板に書き込んだ。それに反応したのが、掲示板のアドミンだったブーベイである。ブーベイはアメリカに留学中の大学生で、彼自身もラッパーだった。初心者のノミンに対してブーベイは、インターネットを通じてラップのリリックの作り方の基礎を手取り足取り指導してくれた。こうしてノミンは、サイバー空間でラップを学んだのだった。

「当時、モンゴルで女性ラッパーといえば、ジェニー姉さんの他に誰もいなかったんです。だから興味を持たれたんじゃないでしょうか」とノミンは話す。そこでブーベイの薦めに従い、コンピューターランド（PCショップ）にいってマイクを買うと、ネットからビートをダウンロードして、自分で作ったリリックにラップを録音していった。ブーベイは彼女の才能に驚き、バトルへの参加を勧めた。そこでノミンは紅一点、バトルに参加することになったのである。

彼女は勝つために「研究」をしたのだという。ウェブ上のバトルなので対面ではない以上、相手の容姿や服、どんなラップをやってきたのかなどを予め調べておく必要があった。でないと対戦相手について何もラップできないし、意味のないディスりになってしまう。しかも女性なので男性たちの中であまりに下品な言葉を使ってディスるのも憚られた。そこでまずは、エンドライム（脚韻）をきれいに揃えていくことを目指した。今考えると、聴くに堪えない可笑しなラップだったと本人はいう。しかし二〇一〇年、そこでなん

98 Nevalast Rokit bay で検索すると二〇〇七年頃の彼のラップがヒットする。

と優勝してしまう。ラッパーNMNの誕生だった。
アソールトという掲示板には、音楽がダウンロードできるページもあった。そこで作った曲をアップロードするようになった。二〇一〇年頃といえば、モンゴルではYouTubeで音楽を聴くよりダウンロードが主流だった。そのアップしていた曲を都会派ラッパーのツェツェーが聴いていた。そしてNMNに連絡が来たのである。一緒に曲をつくろう、と。二〇一二年のことである。

恋する女

こうして最初に作ったPVが「さよなら（Bayartai）」（二〇一二）[99]という失恋の歌である。ヴァース1をNMNが担当、その後で女性シンガーのハリウカがフックを歌う。そしてヴァース2をツェツェーがラップするという構成だ。冒頭からNMNの恋する女の叫びが反響する。

空間　時間　うちらの間に入ってきた　泥壁の閉鎖
隣にいたなら　抱きついて　直接体をすり寄せる
恋しくて狂いそう　心を落ち着かせようと　あなたの絵を描く
目覚めたらあなたがいるって勘違いした　布団をぎーっと引っ掻く
感覚　辛さの上に辛さを加えて
愛も恋もないけど　上っ面だけのあなたの甘い言葉が　私にとっては薬
二つの大陸の間で　二人の性格もそれぞれ違う　でも
愛だよ　愛しているから　すべてのことに　あたしは堪えられる

（後略）

遠く離れた異国にいる恋人への愛を歌ったリリックだ。ちなみにその頃、ツェツェーはアメリカに留学中だった。というわけで、この曲のPVは沈む太陽の写真に歌詞だけという簡単なものだった。

その後、ツェツェーとのコラボが続いたが、二〇一四年ヒップホップ・グループのOPOZITのラッパー、エネレルからライブでの共演を誘われる。そもそもNMNは非常にシャイな人間で舞台に立つことも考えていなかった。NMNはエネレルの熱烈なファンでもあった。そんな人からいきなり共演の連絡が来たので慌てたという。そもそもラップが好きなだけで、人前に出るのは好きじゃない。しかし憧れのラッパーからそう言われ、はじめて舞台に立つことにした。

翌年、エネレルとムンフジンという男性ラッパーとNMNの三人で出した「寝ないから（Untakhgüi）」（二〇一五）[100]が大ヒットする。この曲は、肉食系の恋愛が当たり前だったモンゴルで新しい若者の恋愛観を示したコミカルな曲である。エネレルがフックで「俺は一晩だけ相手をする男じゃない。だから君とは寝ないから」とつぶやく。その一方で、NMNも「私はあんたと寝ないから」と呼応していく。新手の草食系モンゴル人の登場だ。

ヴァース1（エネレル）

99　TSETSE ft NMN「BAYARTAI」LYRICS　https://www.youtube.com/watch?v=quQtuo_iwZk
100　Enerel NMN Munkhjin「Untahgui」

赤いバラにキャンドルの灯火
ウランバートルは窓の向こうでウィンクする
気持ちはどっちに向いているのか
本来俺はおとなしいマネキンのような奴
ところがだ　なんか妙だぞ
モンゴル民族の一人の男　エネレルがＴＶ番組に出演する
頭は爽快　ヒーモリ（男の運気）は立っている
（中略）
フック
俺は一晩だけの相手をする男じゃない
だから君とは寝ないから
そんな単純な男じゃないから　マジで寝ないから

ヴァース２（ＮＭＮ）
マジやばくない？
寝よう　横になろうって言っているみたい
これって　ホントに聖なる行為っていうの？
誰が証明するの？
モンゴル国民全員のサインをもらって公証役場で登記してよ

さっさと数週間、私を連れてあっちこっちデートに連れてって

知らないよ　私はMINT UB（ホテル）のVIPルームが
知らないよ　シャングリラの最上階の　VIPルームがまああだと思う
私は普通の子で　おとなしくてシャイだから　生まれたときから
あれ、マジでそうだったっけ？
私はモンゴルでは男の人の靴を最初に見るわ　きれいかどうか
あれ、今までそうだったけ？

マジ忙しい　美容院にペディキュア　マニキュア　毎日
そもそも教えられてきたわ　男の人の財布に手をふれちゃいけないと
でも、そんなの関係ない
普通のモンゴル人の女の子の優しい目線
ねえ　ちゃんと見てみなよ　その通りでしょ？
それでなんか欲情してきたんじゃないの？

フック
でも私はあんたと寝ない　あんた　わかってないわ
ナシ　本当にそういうのナシだから

だから寝ないって
（後略）

その後、ＮＭＮには男性アーティストとのコラボの仕事の依頼が増える。歌手のゾリグトのバラード「一緒に（khamtdaa）」（二〇一四）[101]では、男性歌手がメロディーを歌い、間奏で女性ラッパーのＮＭＮがラップするというモンゴルでも珍しいスタイルだったが、YouTubeで三六〇万回以上の再生を達成している。

二〇一六年は、ＮＭＮにとって「最もアクティブに活動した年」だったのだという。確かにツェツェーとのデュエット曲「With You」（二〇一六）がYouTube動画二〇〇万回以上の再生の記録を出している。あの「君と一緒にいるときは、ゴヨ！　ゴヨ！」というフックの曲である。

またエネレルとも「君が来るのを（Chamaig daa）」（二〇一六）[102]でコラボした。携帯でつくったＰＶだったが、四〇〇万回以上の再生を記録した。

そしてその年、最も話題となったのは、民族音楽ユニットのJONONとコラボした「ツァヒルバー（*Tsahilbaa*）」（二〇一六）である。どちらかというと男性ラッパーのサブ的存在だった彼女が、はじめてジョノンをバックに一人でラップしメインを張った曲だった。ツァヒルバーというのは、「火花を散らす」という意味の動詞「ツァヒラハ（tsakhilakh）」から作った造語である。とりあえず「火花」と訳しておこう。切ない恋心を歌った曲だ。なんと、たった三時間のレコーディングで仕上げた曲だという。

火花（Tsalhilbaa）　　NMN ft JONON[103]（二〇一六）

私は一度だけすべてを愛するために生まれた
もし断られたら　二度と心変わりはできない
一度好きになったら　最後まで行く
その人の命を愛する　一呼吸に命を捧げる
私たち二人は違う部分もあるけど、あなたも私と同じように笑う
私は光を届ける　言葉で　そして　まなざしで
（中略）
フック
私は電流を届けている　あなたに
今　世界のどこを探したって　あなたが一番必要な人
私は電流を届けている　あなたに
たった今　あなたの隣にいる人は光がないかもしれない
（後略）

---

101 Zorigt ft NMN Hamtdaa official MV　https://www.youtube.com/watch?v=X3t3OqTxd7w
102 NMN & NRL - CHAMAIG DAA [SNAP VIDEO]　https://www.youtube.com/watch?v=vxUVHklOrcY
103 NMN JONON tsahilbaa　https://www.youtube.com/watch?v=Kz55wcGzw8M

「天城越え」レベルの女の情念をささやくようにラップしたこの曲は五〇〇万回に迫る動画再生回数を記録した（二〇二〇年一一月時点）。今やNMNは押しも押されぬチルポップの女王だ。その後、二〇一八年にはソロ曲「簡単よ（Amarkhan）」[104]が七〇〇万回以上の再生を記録したが、この曲ではラップではなく歌声を披露している。PVでは、なんとNMNはノーメイクで登場し、「普通の女子」を演じている。

実はNMNは一枚もアルバムを出していない。ライブもほとんど行わない。相変わらず、人前に出るのはあまり好きではないらしい。「私は非常に繊細な性格をしているんです」と彼女は語る。そして舞台に立つと精神的に病むのだ、とも話した。

「モンゴルでは舞台に立たないと儲からないぞ」といろんな人から言われた。確かに人口の少ないモンゴルではCDの売り上げで稼ぐことは期待できない。したがってYouTubeにPVをアップロードし、それでライブに来てもらうというのが、基本的なビジネスモデルとなっている。つまりライブをやらない限り、まとまった収入は入ってこないのである。それに対して彼女は「でも海外にはライブをやらないアーティストがいます。もしモンゴルでだめなら、海外で音楽を発表する方法もあるのかな、と考えています」と語る。

またNMNはポリティカルなテーマは、歌わない。それについて尋ねると、あまり好きではないとのこと。「それにオーディエンスが望んでいないので」と一言で済ませた。

アウトロ

ジェニー、Mrs M、NMN。三人三様の人生である。シングルマザーとして格闘する女、ジェニーは宗教嫌いでありながら、自分流の輪廻転生論を心の支えに生きていた。ジェニーの生きる様は、現代的でありながらも、欧米的なフェミニストとは異なる、内陸アジアの遊牧世界の伝統を引き継いだ強い女性のあり方を示しているように見える。

あるいは言いたい放題だが芯のあるお嬢様、Mrs Mは男に媚びる女たちを斬る。彼女はヨーロッパで暮らしたからこそ、単に欧米に憧れブランド品を男にねだって真似事をする「フェミニン」な女たちが嫌だった。一方、ラップのテクニックに関心をもってラッパーになった理系女子NMNは恋に生きる。ただ恋愛に積極的だと言われることの多いモンゴル人イメージに対して、一石を投じるような草食系ラップを歌っているのは興味深い。いずれにせよ、彼女たちのラップから「モンゴル女性とは」といった単数形の語りを拒否する姿が透けて見えてくる。

実はモンゴルでプロとしてやっていけているラッパーは、数少ない。ジェニーは団地出身でゲル地区育ちではないが、ゲル地区派の系統のラッパーである。しかしMrs MとNMNは二人とも高層アパート育ちの都会派だ。Mrs Mはメッセージ性のあるリリックを作るが、NMNに至っては社会問題に関心を示さない。

つまり、現時点ではゲル地区から本格的な女性のポリティカル・ラッパーはまだ登場していない、ということになる。ゲル地区という周縁に加えて、女性。サバルタンは語ることはできないのか。あるいはアンダーグランドにもっと女性ラッパーたちがいるのか。そもそもゲル地区の女性たちがサバルタンなのかも含めて、今の私にはわからない。

モンゴルは日本に比べると、確かに女性の社会的地位は高い。しかし数値では見えてこない様々な問題に対処しながら彼女たちは生きているのは確かだ。もちろん彼女たち三人がモンゴル女性をレペゼンしているとは言えない。しかも結婚後や中年期の女性の喜びや悲しみは彼女たちが若いこともあり、ジェニーを除け

104 NMN - Amarhan prod.by Temuulenvav　https://www.youtube.com/watch?v=o47A7A0glFw

ば表現されていない。少なくとも都会で暮らすモンゴルの若い女性たちの怒りや悲しみ、恋する姿が彼女たちのラップを通して見えてくるのだとしたら、これもモンゴルのひとつのリアルなのだろう。

本章のもうひとつの裏テーマはMCITの最期であった。彼が残した辛辣な曲「敗北」。そして彼自身の遺言とも受け取られる「後で」。モンゴルのラッパーたちはどう受け止めたのだろうか。

第七章　越境

ヒップホップが生む声の共同体

MCIT の“最後の弟子”メヘ・ザハクイ。2018 年、Tugsbilig Orgil 撮影。本人・撮影者提供。

イントロ

ポール・ギルロイは、西洋の中にありながら西洋そのものではないという〈二重意識〉が存在する近代の黒人たちが行き交い、文化や国家、民族を超えた時空間「ブラック・アトランティック」を提唱したことで知られる。そのときギルロイが着目したものの一つが、大西洋を隔ててアメリカやイギリスとアフリカの間で海を越えて流通する黒人音楽（ジャズやヒップホップ、レゲエなど）だった。そこで歌われる奴隷制以降の黒人の抵抗や彼らが歩んできた歴史は、ナショナリズム的なパラダイムを超えた公共圏であった。このような大西洋――アトランティックを挟んだ黒人たちの公共圏を彼は「ブラック・アトランティック」と呼んだのだった（ギルロイ 2006［1993］）。

しかしギルロイの提示した「ブラック・アトランティック」という公共圏は、ヒップホップやレゲエに代表されるように、英語という「リンガ・フランカ」で歌われたがゆえに、生み出されたのではないだろうか。その背景には、植民地主義的、オリエンタリズム的な発想で英語を広めようとする言語帝国主義（フィリップソン 2000; 2013［1992］）があったことを言及せざるを得ない。フィリップソンがいみじくも指摘しているように言語帝国主義は、南北関係の主要な構成要素であり、文化帝国主義のその他の側面、特に世界的な教育の輸出と連動している（フィリップソン 2000:99）。

ポピュラー音楽のグローバル化といったとき、世界中の音楽の発信と受容の双方がグローバル化していることを意味しない。近年、K-POPの世界的な躍進はめざましいものがあるものの、基本的に世界に流通しているのは、ほぼ英語で歌われる英語圏のポピュラー音楽に限られている。そう考えるとブラック・アトランティックという公共圏は、英語の言語帝国主義に乗じることで、（たとえそれが不本意だったにせよ）形成されてきたという側面は否めないだろう。[105]

さらにこのような公共圏の形成は、八〇年代のＭＴＶ登場以降、アメリカやイギリスといった英語圏のポピュラー音楽が世界を寡占化（Monopolized TV）していくというプロセス（Banks 1997）により、加速化したといってよい。

これに対して欧米以外の周縁における現地語のポピュラー音楽は、当然にしてグローバル化はしないし、国家を超えた「公共圏」を形成しえない。どこの国に行っても、地元のローカルなポップスと欧米のポップス以外の第三国の音楽を聴く若者はごく少数派である。このような状況は、ＭＴＶが登場した八〇年代から何も変わっていない。

今や、世界中でサウンドスケープが、英語によって構成されつつあるといっても過言ではあるまい。どこにいても英語のポップスが聞こえない地域はない。我々は、好き嫌いに拘わらずグローバル化≒欧米化した音楽文化を「受容」するように仕向けられている。その一方で発信する権限はもっていない。プロローグで

105　実は「労働者階級の音楽」として始まった欧米のロックや黒人音楽のジャズは、六〇～八〇年代の日本では、大卒エリートの「教養」として受容されたのではないだろうか。つまり欧米のサブカルチャーは、日本のような周縁では「ハイカルチャー」として受容されてきた可能性が高い。そして六〇年代～八〇年代の若者にとって洋楽を聞いていること／聞けていること自体が、自らの持つ教養の高さやレコードを大量に買える財力のある比較的富裕層であることを示す威信財のような役割を果たしていた。

述べたとおり、ワールドミュージック・ムーブメントも一過性のブームとして終わった。むしろその状況は、八〇年代のワールドミュージック・ブームより後退しているといってもいいかもしれない。

もちろん欧米以外のポピュラー音楽を聴こうと思えばYouTubeがあるが、残念ながらYouTubeは聴きたい音楽とその関連動画しか表示されない。したがって世界のヒップホップヘッズたちがモンゴルのような国のヒップホップに辿り着く可能性はかなり低いといえる。

何よりもニューヨークやロンドンが築き上げてきたポピュラー音楽の都としての磁場は、文化帝国主義的なポピュラー音楽の産業構造を担保している。したがって欧米以外の国々のポピュラー音楽がなかなか「世界」に出ることができないのは、音楽のレベルの問題ではない。むしろ「英語帝国主義」とそれと平行して成立した文化帝国主義的なポピュラー音楽産業の構造の問題だというべきであろう。

いずれにせよ、こうした音楽文化の「受容」においてのみがグローバル化しているという状況は、モンゴルにおいても同様である。彼らは欧米のポピュラー音楽を毎日のように浴びている。しかしモンゴルのアーティストが発信する音楽がいったい、どれだけ世界で聴かれているだろうか。

実は現在、モンゴルのポピュラー音楽は、二つの意味で国境を越えた発信と受容が行われている。ひとつはモンゴル国の人口の四~六パーセントが海外に流出している状況において、海外に住むモンゴルの人々がモンゴル語のポピュラー音楽を消費や発信をしているというケースである。

ウェブ上のバトルに見られるように留学中のアメリカからラップを発信して、モンゴルに帰国後プロとなったツェツエーやロキット・ベイのようなケースもある。これは海外からの発信である。しかし多くの場合、海外で暮らすモンゴル人はモンゴル語のポピュラー音楽を受信する側である。

これに呼応するかのように、モンゴルのアーティストたちは海外にいるモンゴル人に向けた曲づくりをしたりする。例えば、演歌風のロック・バンド、ハランガのボーカルのハグワスレンは「月ほど遠い国から（*Sar shig khol nutag*）」（二〇〇九）というバラードで、海外に妻子をおいて出稼ぎに出る男の寂しさを歌い、大きな反響を得た。現在、この曲は海外在住モンゴル人のアンセムとなっている。あのICE TOPも「異国にいるモンゴル人たちよ（kharid baigaa Mongolchuud）」（二〇〇九）を発表している。この曲でICE TOPは、「異国にいてどうするんだ／モンゴルの地に帰ってこいよ／家畜もいる／昔ながらの景色もある」と海外にいるモンゴル人たちに郷愁を煽っている。

またモンゴルのアーティストたちが「海外ツアー」に出かける現象も見られるようになった。ただし海外のオーディエンス向けというより、現地で暮らすモンゴル人を対象にしたツアーである。モンゴルのアーティストが「シカゴ公演をした」「ソウル公演をやった」などという場合、あくまで現地のモンゴル人向けのライブをやったという意味であって「〝洋楽〟アーティストが日本ツアーをやった」というのとは、まったく意味が異なる。

そのような点では、日本人のミュージシャンが「ニューヨークのアポロ・シアターでライブした」という場合と状況が似ているのかもしれない。場所はニューヨークでも、オーディエンスの多くが現地の日本人であるパターンが少なくないからだ。そういうわけで実はBig Geeやデサント、ICE TOPといったグループは東京でライブをしたことがある。我々もうまく情報を掴めば、日本で彼らのライブを見ることができる。

以上のパターンはモンゴルの音楽が海外で発信・受容されているとはいえ、あくまで作り手も受け手も「モンゴル国民」である。これに対して、もうひとつのパターンは、モンゴルのポピュラー音楽が国境を越えて受容・発信されているパターンである。ただしその対象はモンゴル国外のモンゴル民族やモンゴル系の人々である。

広義のモンゴル「民族」はモンゴル国のみならず、中国・内モンゴル自治区や新疆ウィグル自治区、ロシアのブリヤート共和国やカルムィク共和国などに居住している。これは基本的にチンギス・ハーンおよびその子孫たちが打ち立てたモンゴル帝国の広大な版図に由来する。実はヒップホップを含むモンゴルのポピュラー音楽は、モンゴル国外のモンゴル民族にも聴かれている。そしてモンゴルのヒップホップはロシアと中国での「同胞」たちの音楽実践に深く影響を与えている。

そこでこの章では、モンゴルのみならず、中国やロシアのモンゴル人やモンゴル系民族のミュージシャンたちのラップを聴くことで、彼らがどのような社会・政治的なメッセージを訴えているのか、耳をそばたててみよう。とりわけ内モンゴルのポリティカル・ラップに注目することで、歌によっていかなる国家を超える／超えない公共圏が形成されているのかについても考察していきたい。ここでいう公共圏とは、アパデュライのいう「ディアスポラの公共圏」（アパデュライ 2004[1996]）であるといっていい。一三世紀のモンゴル帝国に由来する政治的な繋がりとしての「モンゴル」は、果たして文化的な「公共圏」となりうるのだろうか。

そもそもB・アンダーソンが論じたように、ナショナリズムは一般的に近代化の過程で印刷や出版の技術の向上によって、初めて遠く離れた地域に住む顔の知らない者同士が「同じ起源を持つ民族」に所属する「国民」≒民族として想像できるようになることを通して誕生する。アンダーソンはこれを「出版資本主義」と呼んだ（アンダーソン 1987）。

アンダーソンのナショナリズム論では、制定された国家語、つまり書き言葉の理解の範囲が及ぶ中で「想像の共同体」ができるとされている。日本の場合だと、アイヌや沖縄を取り込むことで肥大化した「日本国民」の共同体を生み出してしまった。

しかしモンゴルの場合、「モンゴル民族」という想像の共同体が、かつての帝国より小さく、しかもモンゴル国、ロシアのブリヤート共和国、カルムィク共和国、そして中国内モンゴル自治区など、国家横断的に分割されて想像されてしまったところに特徴がある。

大雑把に言うと、モンゴル高原の真ん中をゴビ砂漠が東西に横たわっている。その北側がモンゴル国で南側が中国領内の内モンゴル自治区である。モンゴル国の北にはバイカル湖がある。そのバイカル湖の周囲がブリヤート人（ブリヤート・モンゴル人）の居住地域である。とりわけバイカル湖の東岸地域から南にかけてブリヤート共和国は存在している。いずれの国家に所属するにせよ、現在、分散した「広義のモンゴル人」たちは、モンゴル国を除くと圧倒的なマイノリティとなってしまっている。

分断される「書き言葉」

内モンゴルやブリヤートのラップを聴く前に確認しておかねばならないことがある。この三カ国に分断された「モンゴル人」たちにとって、重要なのは、それぞれの地域で個別の書き言葉が制定されてしまったことである（荒井 2006）。

モンゴル人は、ロシア領内にいようと、清朝の統治下にあろうと、二〇世紀までチンギス・ハーンの時にウイグル文字を手本に作られたモンゴル文字（いわゆる縦文字）を使用してきた。ところが一九二四年、ソ連の影響のもとで成立した「モンゴル人民共和国」（現在のモンゴル国）においては、ロシアと同じキリル文字による正書法（書き言葉）がつくられていった。一九四一年三月、モンゴル語をキリル文字（ロシアの文字）化することが党と政府により決定され翌一九四二年一月には、文学者ダムディンスレンが定めたキリル文字の正書法が出版された。さらに一九四五年にはすべての出版と国家公務を一九四六年一月より新文字（キリル文字）にする決定がなされたのである（荒井 2006:185-186）。

一三世紀から使用されてきたウイグル式モンゴル文字の使用を辞めてキリル文字化するということは、モンゴル人民共和国民にとって古典が読めなくなることを意味する。すなわちこの政策の肝は、モンゴル文字を使い続けている内モンゴル地域とモンゴル人民共和国（旧外モンゴル）との間における情報の遮断である。もう一つ重要なのは、キリル文字化は、モンゴル古来のリテラシーのリセットだったといえよう（島村2019a:27）。

一方、中国の内モンゴル自治区では、伝統的なモンゴル文字による書き言葉が残った。ただし平行して漢語化が進められていくことになる。社会言語学者の岡本雅享によると、内モンゴル自治区成立当初は民族語教育がかなり重視されていたのだという。しかし一九五〇年代末「教育大躍進」の名のもとに漢語教育が進められ、文革期（一九六六～一九七六）にいたってはモンゴル語の授業や民族学校そのものが廃止されてしまう。さらにモンゴル族の教師も多く迫害を受けた（岡本2008:215-218）。

文革期を過ぎると、内モンゴルでモンゴル語の授業が復活したものの、モンゴル族の小中学生でモンゴル語を学ぶ者が減っていった。なぜなら「自治区」といえども圧倒的に漢民族が多い中、もはや言語環境が漢語になっていたからである。モンゴル語で学んでも就職もできない。また大学に行こうにもモンゴル語で学べるのは人文系のみ。特に理工系は漢語ができないと入学できない。さらに自治区に民族語や文字を保障する法規もない（岡本2008:229-232）。

さらに二〇一〇年の調査によると、モンゴル族の多い内モンゴル自治区シリンゴル盟でも、漢語に比べるとモンゴル語の授業がずっと少ないことがわかっている（Monkhbat 2014）。内モンゴルのモンゴル人は、母語消滅の危機と向かい合いながら生きているといえよう。

さてロシアのブリヤート人は、モンゴルとは別の民族（ナーツィヤ）であるとされたが、それと並行して

「ブリヤート語」の制定も行われた。社会言語学者の荒井幸康は、そもそもブリヤートを含めたモンゴル諸族は、モンゴル文字によって緩やかに束ねられていたが、二〇世紀前半、ソ連とその衛星国であったモンゴル人民共和国においてなされた別々の民族・言語政策により、別々の民族に別れていったことを明らかにしている。ブリヤート語は、バイカル湖の東西に伸びた彼らの居住地のうち中央に居住するホリ・ブリヤート方言をもとに文語が制定された（荒井 2006:167）。

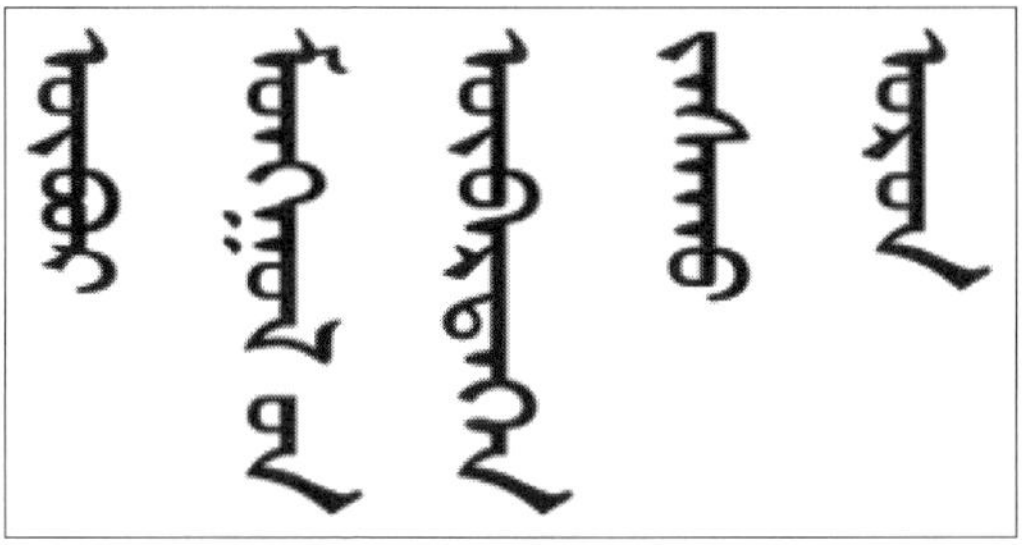

立体	大文字	А	Б	В	Г	Д	Е	Ё
	小文字	а	б	в	г	д	е	ё
斜体	大文字	*А*	*Б*	*В*	*Г*	*Д*	*Е*	*Ё*
	小文字	*а*	*б*	*в*	*г*	*д*	*е*	*ё*
音価		*a*	*b*	*v*	*g*	*d*	*ye*	*yo*

Ж	З	И	Й	К	Л	М	Н	О	П
ж	з	и	й	к	л	м	н	о	п
Ж	*З*	*И*	*Й*	*К*	*Л*	*М*	*Н*	*О*	*П*
ж	*з*	*и*	*й*	*к*	*л*	*м*	*н*	*о*	*п*
j	*z*	*i*	*i*(短)	*k*	*l*	*m*	*n*	*o*	*p*

モンゴル文字（上）とキリル文字（下）

しかし、ロシア・ブリヤート人たちの間ではブリヤート語が忘れられロシア語化が進んでいるといわれる。現在、ブリヤート共和国に住むブリヤート人たちのうち、若年層はロシア語化し、ほとんどブリヤート語を話すことができないといわれる。言語におけるロシア化は、西にいけばいくほど激しい（Dyrkheeva 1996:17-33）。このような中、ブリヤート語の復興をめざす動きがあるともいわれているが詳細は不明である。

いずれにせよ、ロシア側、モンゴ

ル国、中国内モンゴル自治区で異なる書き言葉が設定されてしまった中、彼らが共通の文語での情報がやり取りすることが困難になったのが、二〇世紀という時代だった。しかし言葉を声に出して話すと、お互いコミュニケーションがとれる。

ただしモンゴル国の場合、アイスクリームやTシャツといった外来語がロシア語由来の言葉であるのに対し、内モンゴルの場合、多くの外来語が中国語になってしまう。残念ながらモンゴル国の人間は、内モンゴルのモンゴル人の言葉の中に「中国性」を感じてしまう。

ロシアのブリヤート人の場合は、ロシア語の語彙の混入率がモンゴル国のモンゴル語より多い。したがって外来語を巡ってお互い通じない、といった問題も起きている。そんな中、ポピュラー音楽を通じて、彼らは何を歌っているのか。

〝南モンゴル人〟

内モンゴル出身のモンゴル学者楊海英は、内モンゴルの民族問題に関して積極的に発言することで知られている。楊は内モンゴルを中国の植民地だと断じた上で、以下のように中国への同化の拒否とモンゴル国への愛着を表明する。

内モンゴル国のモンゴル人は国籍上で仕方なく中国国民とならざるを得ないが、祖国はモンゴル国だ、との信念をいだく人々が多い。地理学上の内モンゴルは私たち内モンゴル人の故郷であるが、中国を祖国とみなすのには、強烈に違和感をおぼえる（楊 2013:11-12）。

しかし同じく内モンゴル出身のケンブリッジ大の人類学者、オラディン・ボラグが明らかにしたとおり、モンゴル国の人々は内モンゴルのモンゴル人を同じ「モンゴル民族」だとはみなしてこなかった（Bulag 1998）。実は彼自身もモンゴル国で中国人との「混血児（*erliiz*）」だと言われた経験を有している。実は、その切ない経験がきっかけでモンゴル国のナショナリズムに対する批判的研究を進めていったことを、ボラグは自著で告白している。

さて、ここで最初に紹介するラップは、「南モンゴル人」[106]という曲である。実は内モンゴル人自身は自分たちのことを「南モンゴル人」だと言わない。単純に自らを「モンゴル人」という。ところがモンゴル国の人々からは「南モンゴル人」と呼ばれている。

ピアノの悲しげなメロディーをバックにラッパー、オンツォグ・グロスは、「ハルハの連中は俺たちのことを『ホジャー』と呼ぶのさ」という切ないモノローグからラップを始めていく。ハルハとは、モンゴル国の多数派エスニック集団のことである。一方、ホジャーとは、モンゴル語の中国人に対する蔑称である。なんと、モンゴル国の人々は内モンゴルの同胞を中国人とみなしているというのだ[107]。ラッパーは、やるせない状況を認めながらも、ポジティブに生きていく方法を模索する。

106　本書では基本的に *Övör Mongol* は、「内モンゴル」と訳しているが、この曲に限って、この言葉すら差別的な意味合いを含んでいるという意味を込めてあえて「南モンゴル」と訳している。

107　私自身もモンゴル国に留学中、内モンゴルからの密入国者だと間違えられて警察に逮捕された経験がある。その際、やはり「ホジャー」と呼ばれた。詳しくは島村（2011:12-13）を参照のこと。

南モンゴル人（Övör Mongolchuud）　Ontsog Gross[108]（二〇一一）

モノローグ
ハルハの連中は　俺たちのことを「ホジャー」って呼ぶのさ
モンゴルがそのまま存在していることは世界が知っている
どんな時代なのかなんてわかっているさ
でも　俺たちのことを「南モンゴル人」だと呼ぶのさ

ヴァース1
若者たちよ　わが南モンゴル人たちよ
俺たちは「東モンゴル人」「西モンゴル人」なんて分ける必要なんてないぞ
自治区の中で幾つのモンゴルがあって　なぜ互いに軽蔑するのか
世界史の中で神聖で価値の高い一九四七年の独立
祖国の統一のために力を合わせて満州人の釜の飯

一九四九年　平和の礎となったクズのような未来を消費している
この未来のまま日が過ぎ去っていくなら
時代は俺たちを捨て去っていくぞ
俺たちの先祖の鐙にひっかかった文化（革命）の一〇年

非常事態の一〇年だった

現代の子どもたちは　二度とない素晴らしい時代だという
いにしえのモンゴルの首都　アルタン・ハーンの都
フフホトは昔のままだって

この土地の末裔は　日の当たらない生き方をしていると
聖なる祖先たちは怒っているぞ
今の今まで　声を上げずにおとなしく
膨大な人口の国の中に溶けてなくなってしまうというのか

フェルトの民（遊牧民）の存続にかかわる問題だぞ
あるいは将来、別の文化となってしまった歴史の続きを書くのか

フック
どこに行ったって　雲の合間に太陽が出てほしい
どこに行ったって　南モンゴル人なんだ

108　Ontsog Cross Ovor Mongolchuud で検索するとMVがヒットする。

そもそも歴史的に見てモンゴル人たちは「南モンゴル」「モンゴル」と区別して呼んでこなかった。実はこれらの呼称の起源は、一七世紀末、モンゴル高原を支配下に収めた清朝が、ゴビを挟んで北と南を「外モンゴル」「内モンゴル」と呼んだことに始まる。「内」「外」という区別は中国の北京から見てつけられた。つまり明らかに支配者のまなざしが反映された「他称」だったといってよい。もちろんモンゴル人たち自身は、「内蒙古」「外蒙古」という用語を使用しない。その代わり方角を用いて区別する。

内モンゴルの人々は、「外蒙古（現在のモンゴル国）」を「北モンゴル（*Ar Mongol*）」あるいは多数派集団の名前をとって「ハルハ（*khalkh*）」と呼ぶ。一方、内蒙古を「南モンゴル（*Övör Mongol*）」と訳しているが、普段は自分たちのことをモンゴル人としか言わない。

これに対してモンゴル国の人々は自分たちのことを自らの国を「モンゴル国（*Mongol uls*）」あるいは単純に「モンゴル」と呼び、「北モンゴル」とはほとんど言わない。つまり「南モンゴル」とは、ある種、彼らの置かれた状況がスティグマ化された呼称（他称）にほかならない。つまりモンゴル国の同胞が彼らを他者としてまなざすニュアンスが込められているのである。

前出のボラグによると、社会主義時代、モンゴル人民共和国では、多数派エスニック集団のハルハ人の言語や文化で「モンゴル性（Mongolness）」というものを構築した。その結果、モンゴル国＝ハルハの人々は、中国やロシアに分散した多様なモンゴル文化を「非モンゴル的」と排除するようになったのである（Bulag 1998）。ボラグはこのような現象を「ハルハ中心主義」と呼んで批判した。

しかもこの歌で登場するとおり、一六世紀のモンゴル帝国の都は、アルタン・ハーンが築いたフフホトだった。中国は、清朝時代、モンゴル人にとって満州人と共同で支配した「属国」であった。そんなかつての中心地から「南」や「中国」への転落。こうした悔しさを踏み越えて、二一世紀の内モンゴルのラッパーたちは、なんとかその先へ進もうとしている。

ヴァース1の二行目で語られている「東モンゴル人」と「西モンゴル人」に関しては、少し説明がいるだろう。内モンゴルは、伝統的に農耕化が清末に始まり農民が多い東モンゴル人と遊牧文化を最近まで維持してきた西モンゴルに分けられる。この東西のモンゴル人は事あるごとに対立してきた歴史がある。もはやモンゴル国の「同胞」からの差別はおいておいて、せめて内モンゴル内では団結しようというのがこの曲のメッセージである。

内モンゴルの首府フフホトの街並み。中国語の看板の上に小さなモンゴル文字が見える。内モンゴルの人々の置かれている立場を象徴しているかのようだ。2006年8月、著者撮影。

植民地的状況の中で

確かに現在、内モンゴル自治区は「中国領」である。しかし実は二〇世紀に至るまで同地には漢民族は、ほとんど住んでいなかった。内モンゴルは「中国」ではなかったのである。

内モンゴルへの漢族の流入プロセスは、一九世紀中ごろに遡る。アヘン戦争に敗北し経済的に苦しくなった清朝は、「移民実辺」政策によって漢人の内モンゴル地域への流入を奨励したのである。内モンゴル東部地域では加速的に漢民族が流入してきた。その結果、農耕を営むモンゴル人村落が形成されていった。彼らは漢人による土地の収奪から守るために自らが農耕民となっていったのである。さらに戦後中華人民共和国の成立によって「中国領」となると、内モンゴル地域への漢族の流入は加速していく。一方、内モンゴル西部の牧民たちは漢人の流入に対して、北へ後退することで遊牧を維持しようとした（ブレンサイン 2003）。

清朝崩壊後の内モンゴル地域は、はびこる軍閥と日本の関東軍の進出などに苦しんだ。一九三九年にチャハル部の徳王は、関東軍の援助の下に張家口に蒙古連合自治政府を成立させたが、これは東部地域をまとめたのみの「地方政権」であった。その後、日本が第二次世界大戦で降服すると、一九四七年に中国共産党の影響下でウランフー（烏蘭夫）を主席とする内蒙古自治区人民政府が成立する。この人民政府は、内モンゴル全域を統一し、その後、中華人民共和国内の内モンゴル自治区となる。

ウランフーは民族自決の夢を持っていたが、一九六六年、文化大革命が起こると失脚し、その夢は泡と消えてしまう（楊 2013b）。そしてモンゴル族を含む「少数民族」に対する大粛清が始まった。一九六六年当時、一五〇万人弱だった内モンゴル自治区のモンゴル人のうち、少なくとも三四万六〇〇〇人が逮捕され、二万七九〇〇人が殺害された。また一二万人に身体障害が残った。楊海英はこれを「モンゴル人ジェノサイド」だとしている（楊 2011a; 2011b; 2014）。

現在、内モンゴル自治区は「自治区」という名をもち、自治区の首席はモンゴル人が任命されるが、実際の権限は区の共産党書記にあり、そちらは漢民族が任命される。楊のいうとおり、内モンゴルは自治区とは名ばかりの植民地だといってよい。注意しなくてはいけないのは、この状況をもたらしたことに日本も深く関わっていたということだ。内モンゴルの三分の二は、戦前日本の植民地であったし、中華民国の植民地でもあった。そのような意味で二重の植民地だった。日本が戦争に負けて去った後、内モンゴルは中国の植民地となった（楊 2013a）。

このような植民地的状況の中、内モンゴルのアンダーグランドのラッパーたちの中には先鋭化していく者も登場する。実は以下の曲は「詠み人知らず」である。モンゴルのネット情報によると、内モンゴル師範大学の学生二人だという。悲壮感のあるアップビートに合わせて内モンゴル人に対して「蜂起せよ　内モンゴル人よ！」と叫ぶラップは、当然、中国では発表不可能どころか、逮捕されるレベルである。

二〇一〇年、中国版 YouTube と呼ばれる動画共有サイトにアップロードされたが、すぐに当局によって削除されたようだ。しかしこの動画を YouTube に転載した人間がいたので、我々は今も視聴することができる。

蜂起せよ！　内モンゴル人よ！（二〇一〇）[109]

ヴァース1
俺はこの世界を軽蔑している
この世界の暮らしはでたらめで涙すら出ない
そんなわけでいろんな悪い予感がする
出来る奴らは出来ない奴らを支配するあっちこっちのニュース
立ち上がった俺ら二人は　永遠に仲間だ　永遠の掟だ
社会的規範の闇の中で抑圧された　わが内モンゴル人たちよ

109　この曲を視聴したい場合、YouTube を uvurMongol_0001 で検索すること。

誰もが人より上に立とうとして　頭がおかしくなって血眼になっている
でも漢族の前では　ペコペコしやがって
自由よ　わが愛する大地よ

ヴァース2
一七世紀より始まって二一世紀にいたるまで抑圧されてきた
一〇代のガキのような　わが内モンゴル
今　立ち上がるときがきたんだぞ
でなければ　国は崩れそうだぜ
こうやって漢族どもに食われて　俺たちは命運が尽きそうだぜ
主チンギス・ハーンを祖にいだく　とんがった強者たるモンゴル人たちよ
今でも主チンギスは天から我々を　見ておられるぞ　眺めておられるぞ
俺たちの手の上で　大切なモンゴル民族が滅びそうだ
俺たちのふところの中で　モンゴルの血統が途絶えそうだ

フック
蜂起せよ！　抑圧されしわが内モンゴルよ！
蜂起せよ！　鞭打たれしわが内モンゴルよ！
蜂起せよ！　家畜にされたわが内モンゴルよ！

ヴァース3
モンゴルの血統をもつ俺たちに　呼びかけているのさ！　蜂起せよ！
兄弟たちよ　ハルハ（モンゴル国）は　俺たちのことをホジャーって呼ぶ
単にそう言っているだけだと俺は思いたい
でも実はそうじゃない　奴らの考えは俺たちとは逆なんだ
歴史を忘れて　俺たちのことを思い出すことすらしねえ
奴らだって　俺らだって先祖は蒼き狼
暮らしている場所だって　アジアの屋台骨だと言っても
奴らは俺たちのことを（中国の）連れ子のように思って　差別するのさ
（俺たちのことを）ホジャーの出自だと言って　そのまんま抑圧するのさ

ヴァース4
ロシア人の手に政治を握られていたくせに
何の違いはないぜ、俺たちはあくどい中国に政治を握られて
大草原を耕作地に変えられて、ますます俺たちは唇をかみしめる
事情を言えばこんなところになるぜ
俺たちは、運命共同体のモンゴル人だ
兄弟って言うもんなのか　俺たちは隣同士のモンゴル人だ

もう話している時間じゃない　蜂起せよ！
今は心をひとつにして　立ち上がる時を決めろ！

フック
蜂起せよ！　抑圧されし　わが内モンゴルよ！
蜂起せよ！　鞭打たれし　わが内モンゴルよ！
蜂起せよ！　家畜にされた　わが内モンゴルよ！

もう言葉も出ないくらい鬼気迫る激烈なラップである。彼らの切実さがビートも相まってひしひしと伝わってくる。こうした内モンゴルの若者たちの迸る思いは、中国ではもちろん、日本のニュースでも決して報道されない。

この曲がYouTubeにアップロードされたのは、二〇一〇年一一月のことだった。その後まもない二〇一一年一月三日、モンゴル国のとあるニュースサイトにこのラップを歌った二人の大学生が逮捕され、処刑されたとの情報が掲載された。真偽のほどはわからない。ただ不思議なことに、そのニュースは今では検索しても出てこなくなっている。モンゴルのラッパーたちの中には、彼らは元気で警察官になっているのを見た、と言う者もいた。真実は闇の中である。

内部の敵

中国では、「民族幹部」と呼ばれる少数民族出身の幹部を使って間接的に統治するという方法をとる。「民族幹部」は、少数民族の権益を代表する側面もあると同時に支配者である中国共産党／漢民族の意向を下に伝える役割でもある。いわば、コウモリのような存在である。また幹部の中には、様々な場面で賄賂を要求する者も少なくないと言われる。こうした民族幹部を庶民は信用できない。

内モンゴルで恐ろしいのは、モンゴル人同士がお互いに信じられないことだ。中には漢族と結託して同胞を陥れる者もいれば、どちらにも情報を流す二重スパイのような者もいる。残念なことに教師にもそのような人物がいる。

内モンゴルを代表するラップグループ、プアーマンは、このような内部の敵に対して告発をする。「敵」が学校の教師であったりするから、憤懣やるかたない。PVは、オボーと呼ばれる聖地（積み石塚）に集まった内モンゴルの人々が「モンゴルに栄光あれ！」と唱和するところから始まる。草原でゲルを前にプアーマンのリーダー、ベガーはラップを刻んでいく。

語る秘密（Khelekh Nuuch）Poorman[110]（二〇一二）

モンゴルに栄光あれ！　モンゴルに栄光あれ！　モンゴル万歳！

ヴァース1

このリリックを　俺は頭の中で洗練させて　モンゴルの大地を頭の中に埋葬して

110　heleh nuuch poorman で検索するとMVがヒットする。

呪われた奴らの　ロバのような頭の中を晒してやろう
こいつらの小さな秘密を歌にこめて　大きな声で叫んでやろう
ビョーキの教師たちは学生を搾取して金持ちになる
カネに取りつかれた父親の子どもに　この教えを説いてやっている
それでも一番前の席で　授業を聞いている学生のことを
考える教師がこの世界にいるのかよ？

ヴァース2
幹部になったからかよ　あのオフィスで働いて
柔らかい椅子に座っているからなのか？
国から貧しい人々への　支援金を交付されても
あいつらは全部　あっちこっちのポケットに入れちまう
アルガル（牛糞[111]）の煙が薫る　牧民のゲルで生まれたのに
街で長く暮らして　モンゴル人であることを忘れちまって
街に腰を下ろして　漢族のやり方で（中国風に、中国語で）
このモンゴルを消滅させるためにひたすら進む

フック
俺は　この俺は　まっとうなモンゴル人だ　永遠に

俺のプライドなんだから　俺の愛も永遠だ
呪われた奴らの　ロバのような頭の中を晒してやろう
こいつらの小さな秘密を歌にこめて　大きな声で叫んでやろう

国境を超える音楽

実は、内モンゴルのヒップホップはモンゴル国の影響で始まった。というのも内モンゴルに欧米風のポピュラー音楽が受容されたのは、モンゴル国のポップスを介してだった。

一九九二年、社会主義が崩壊するとモンゴルで生まれたロックやポップス、創作歌謡といったすべてのジャンルのポピュラー音楽が内モンゴルに怒涛の勢いで流入をしはじめた。当時の内モンゴルには、モンゴル語で聞ける音楽といえば、民族音楽を除くと、演歌のような創作歌謡か民謡しかなかった。そのような中、欧米の影響を受けたモンゴル国のポピュラー音楽は非常に洗練されているように思われたようだ。

瞬く間に海賊版のカセットやCDがつくられて区都フフホトやボガト(包頭)、ウランホトといった大都市で消費されるようになっていった。モンゴル国のCDのジャケットはキリル文字であったが、そのすべてがモンゴル文字に「翻訳」され、新たなジャケットがつくられた。九〇年代の歌姫サラントヤーにアリオナー、ロック・バンドのハランガにホルド、ニキトーン。そしてあのラップデュオのハル・サルナイ。ゼロ年代になるとICE TOPやTATARといったヒップホップも聴かれるようになった。そしてなんといってもゼロ年代

111　モンゴルの遊牧民は乾燥させた牛糞を燃料として使う。これをアルガルというが、燃やすと不思議と何ともいえない芳香がする。この薫りはモンゴル人にとって最も郷愁をさそうものだとされている。

のモンゴルを代表する歌姫セルチマーは、内モンゴルでも絶大の人気を誇った。

九〇年代からゼロ年代にかけて内モンゴルでポピュラー音楽といえば、モンゴル国一色であったといっても過言ではない。モンゴルで流行っていた曲は、そっくりそのまま内モンゴルに「輸入」されていた。そして彼らの歌を知らない内モンゴル人はいないといってもいいほどの人気だった。

これに対して、内モンゴルの歌手がモンゴル国で消費されることは稀だった。例外的に内モンゴルの人気歌手テンゲル（Tengger、一九六〇～）が、一九九〇年に民主化が始まったモンゴル人民共和国のエストラード音楽コンクールで優勝して、その名を知らしめた。彼の民謡調の名曲「モンゴル人（Mongol khün）」は、当時の多くのモンゴル国民も口ずさんだ。しかしテンゲルの成功例を除くと内モンゴル出身のミュージシャンで、モンゴル国でヒットしたという事例は皆無に等しい[112]。

内モンゴルのCDショップに並んだモンゴル国のアーティストのCD。すべてモンゴルのCDの海賊版だった。2006年、フフホトにて著者撮影。

ともあれ、ポピュラー音楽を通じて国境を隔てたモンゴル人の公共圏が形成されつつあったといえよう。ただし音楽の交流は双方向的ではなく、一方的に内モンゴルがモンゴル国へのラブコールを送り続けるという状況だった。楊海英が主張する「内モンゴルのモンゴル人にとっての祖国は中国ではなく、モンゴル国だ」というテーゼやボラグが言う「内モンゴルは故郷にいながらにしてのディアスポラだ」というロジックは、こうしたサウンドスケープによっても下支えされていると言ってもよいだろう。

ゼロ年代になると、モンゴル国の歌手が内モンゴルに招かれてコンサートをするケースも増えてきた。中国経済が急成長を遂げる中、石炭、鉄鉱石、レアアースといった地下資源が豊富な内モンゴルは、首都北京を中心とした大都市圏の後背地として自らも経済成長を遂げていく。

そうした中、モンゴル国から短期間のライブのために歌手を招聘するだけでなく、大ホテルでの宴会などのために、半年や一年契約でモンゴル人歌手を働かせるようなケースも登場した。二〇〇六年八月、フフホトで出会ったあるモンゴル国の女性歌手は、一年契約でフフホトに滞在していた。彼女いわく、とにかく内モンゴル人はモンゴル国の歌手に対して非常に敬意を持って対応してくれるとのことだった。ただし成金の中年男に追い掛け回されたこともあったという。ライブに通いつめ、そのたびに赤いバラの花束が届く。それには閉口したらしいが「給料もいいし快適だよ」と彼女は語った。

二〇〇九年一二月、あの女性アイドル歌手S・セルチマー（S. Serchmaa、一九八二〜）が内モンゴルの大富豪と結婚するというニュースが、国境を挟んだ二つの国のモンゴル人たちの間に駆け巡った（Factnews 2009）。少し前セルチマーは、内モンゴル自治区の区都フフホトでコンサートを行い、三万人の客を動員して話題になっていた。人口の少ないモンゴル国では考えられない数字である。なんと彼女は、二〇一〇年の一月一日、北京の超高級レストランを貸し切って結婚式をしたという。モンゴル国の若者は悔しがったが、内モンゴルでは熱烈に歓迎された。

112　他にモンゴル国でヒットした曲として、内モンゴルの歌手ブルネーバヤルが娘とデュエットした「三つの宝（Chandman' Erdene、吉祥三宝）」があげられる。

しかし残念ながら、結婚生活はそんなに長くは続かなかった。翌二〇一一年五月には二人は離婚し、セルチマーはモンゴルに帰国した（Ganchimeg 2011）。

内モンゴル・ラップの黎明期

さて内モンゴルのヒップホップは、モンゴル国から伝えられたといった。内モンゴルのラップ・ユニット、パルチザンによると、二〇〇三年頃、内モンゴルの大学の博士課程で学んでいたモンゴル国の大学院生二名と内モンゴルの若者二名がいっしょになってつくったのが内モンゴルで初めてのヒップホップ・グループなのだという。またモンゴルのネットテレビのAVEのインタビューに答えた多くのラッパーやDJたちは、モンゴル国からヒップホップを学んだと語る[113]。

例えば、元ラッパーで現在はフフホトでタトゥーの彫り師をしているオチという青年は、「二〇〇六年頃からハルハ（モンゴル国）のヒップホップを真似てラップを始めたんだ」と語る。内モンゴルで初めてラップのコンテストが開催されたのも二〇〇七年だったという。

一方、DJシューマン（本名 Sahiya）は、二〇〇八年にフフホトに来たICE TOPのライブを見て衝撃を受ける。ステージの上で縦横無尽に動きリリックを叫ぶICE TOP。「おお！　荒ぶるかな。荒ぶるかな！（*Öö! dogshin! dogshin!*）」[114]そう思ったという。そこでDJを始めることにした。今もよくモンゴルの曲からサンプリングしてトラックをつくっているという。影響を受けたのはICE TOPの他にもダイン・バ・エンへ、Lumino、CCB（Geeのユニット）だという。

モンゴルのラッパーたちを通して知ったヒップホップの世界。中国共産党の情報統制に阻まれて、内モンゴルは、ポピュラー音楽の世界における周縁中の周縁に位置していたといってよい。

ICE TOPはおそらく最初に内モンゴルへ行ったグループのひとつであろう。メンバーのIceman a.k.a. コビーの語るところによると、ゼロ年代末、内モンゴル人はヒップホップをほとんど知らなかったのだという。そうした中二〇〇八年、内モンゴルの人々からのたっての希望でICE TOPは、招聘された。「俺たちもヒップホップってものを内モンゴルのみんなに聞かせてあげようと思ったんだ」とコビーは語った。

しかしモンゴルからアーティストを招聘するのはそんなに簡単なことではない。とりわけICE TOPのようなポリティカルなラップを歌うグループを呼ぶには、それなりの戦術が必要だ。「だから俺たちを招聘するために内モンゴル側のスタッフは、自治区の文化庁から許可を取るために走り回っていたよ」とコビーは当時の思い出を語る。

フフホトに着くと、びっくりするくらい大歓迎を受けた。一番驚いたのは、内モンゴルの人々がICE TOPの曲をみんな知っていたことである。同じモンゴル民族であるとはいえ、外国でのライブで観客が一緒に歌ってくれるのは感動的だった。すっかり内モンゴルを気に入ったICE TOPは、その後、二回ほどライブのために内モンゴルを訪問したという。

ところでその当時、内モンゴルには自国のラッパーはほとんどいなかったようだ。そこでICE TOPは、内モンゴルの若者二人にラップの手ほどきをしたのだという。「よく俺たちの76なんかを真似して練習していたよ」とコビーは言う。

---

113 GROUND ZERO Vol1: Ovor Hip Hop　https://youtu.be/gskKjPk4ByE

114 この荒ぶると訳した「ドグシン（*dogshin*）」という語は仏教の憤怒尊の「憤怒」や「荒ぶる」大地の主などに使う用語である。

やがて彼らは「バリツァー（人質）」という名のラップ・ユニットを組み、ICE TOP流のポリティカル・ラップを歌いはじめた。ところが一〇年ほど前に急に連絡がとれなくなり、消息が途絶えたのだという。――まさか、その二人とは、あの「蜂起せよ！　内モンゴル人よ！」を歌った二名の学生だったのではないか。そんなことが頭を掠める。しかし真相は不明だ。

とまれ、内モンゴルの第一世代のラッパーたちが、モンゴル国のラップを手本にラップをはじめたのは確かであるようだ。さきほどのプアーマンたちもモンゴル国のラップを真似ることからラップを始めたとテレビのインタビューで答えていた。

ただし内モンゴルのラッパーたちは常に共産党当局との緊張関係の中でヒップホップを実践せねばならない宿命にある。内モンゴルのラップ・ユニット、パルチザンはラップ・コンテストで決勝に進んだとき、主催者から「決勝は中国語で歌え、中国語で歌うと全国放送でお前らを見てくれるぞ」と言われたのだという。パルチザンは断った。彼らはそのときのことをモンゴル国のインタビュアーに以下のように語った。[115]

「俺たちはモンゴル語で歌って決勝まで来たんだ。別に中国語をシカトしたんじゃない。でも中国語のラップ、かっこよく聞こえないんだ。それに他者の言語でラップをしたって意味がない。俺は単にバーで歌う歌手じゃないんだよ。ヒップホッパーだ。例えば、モンゴル料理の料理人はモンゴル料理をつくる。中華料理を作れといわれてもできない。それと同じだ。奴らは俺たちをなだめて中国語で歌わせようとした。でもそれを断って、優勝を勝ち取ったんだ」

俺たちはワン・ブラッド

こうした中、内モンゴルのラッパーたちと共演するモンゴル国のラッパーが現れる。デサントやジェニーたちである。二〇一一年夏、彼らは「フリースタイル」というライブに招かれてフフホトでライブをすることになったのである。その頃、すでにモンゴル国のヒップホップは内モンゴルでかなりの人気を得ていた。参加アーティストは、Desant、ジェニー、レクラム（現 Mekh ZakhQ）の三名。それに加えて周りのホーミーたちも連れてフフホトへ向かった。

現場は、その名も「ライブハウス」という名の箱だった。キャパ五〇〇名ほどのホールはドアが閉められないくらいのオーディエンスで満たされたのだという。ステージの上から見ると観客は押し合い圧し合いの状態だったが、嬉々とした目でこちらを見ている。「そういった微かなことからも俺たちをリスペクトしているのがよくわかったよ」Desant は当時のことをそう語った。

しかし内モンゴルのモンゴル人はモンゴル国の人々が彼らを「ホジャー」と呼ぶことを知ってしまっている。これについて Desant に尋ねると、「実は、内モンゴルで出会った人には必ず言っていることがあるんだ」、という。「それは『俺はあなた方をホジャーだなんて、思っていないよ』と言うことだ」と語った。

そして内モンゴルの同胞に以下のように話すようにしているのだという。

115 GROUND ZERO Vol1: Ovor Hip Hop https://youtu.be/gskKjPk4ByE

「これは時代の問題なんだ。もちろん南モンゴルと北モンゴルがくっついて一つの国になるなんて今は不可能だ。しかしできる限り、次の世代の子どもたちに『モンゴル人』だということを心に抱かせないと。完全に中国人にならないようにしなくてはならない。その最後の手段がこれ（＝ヒップホップ）なんだよ」

モンゴル人としてあり続けるためにヒップホップを実践しヒップホップを聴く。ヒップホップ・モンゴリアは着実に国境を越えつつあった。

二〇一二年三月二七日、デサントやジェニーたちは内モンゴルのラッパーたちと組んで室内でサイファーを行った。内モンゴルのミュージシャンたちは、ＤＪに加えてギターやベースなどの生演奏を担当する。そのタイトルは「ウランバートルからフフホトへ　ヒップホップはワン・ブラッド」[116]だった。このサイファーはYouTubeでも見ることができる。

六分が過ぎたころ、モンゴルのラッパー、Mekh ZakhQ（メヘ・ザハクイ）はレゲエのビートに乗りながら、力強いグルーブ感と押韻を武器にラップをつむいでいく。ちなみに彼は熱烈なMCIITの信奉者だ。

そんなメヘ・ザハクイが批判するのは、モンゴル語に英語や韓国語を混ぜてしゃべるのがおしゃれだと思っている人びとである。ラッパーは、世界の周縁で言語帝国主義の臭いを嗅ぎつけている。しかしこのリリックを内モンゴルで歌ったとき、それは中国語をしゃべり漢族に媚びる人びとへの強烈な批判にもなる。

壊れた口語でそのまま攪乱させるぜ
モンゴル語を知らないくせに　外国語に逃げるな
ねちっこい　汚ねえ言葉は　耳がこそばくなるぜ

赤ん坊や坊やどもが間違って　真似して大変になるぜ
母語できれいに話すってのは　美しいもんだぜ
生まれ故郷を見ずして皆　異国でぶらぶらしてやがる
我がモンゴル人の半分は　外国語で挨拶しやがる
そのくせにチンギス・ハーンの子孫だなんて　胸をはりやがる

（中略）

生まれつきの障害なのかよ　ふざけんな
ＦＭラジオを聞けば　なんとかモンゴル語で話していたぜ
イギリス人みたいにかっこつけ
サナー、ホンゴロー、ゾロー、バター、[117]
俺は歌いたい歌を歌うぞ、〝アルソー？〟[118]
言葉や知識を学んで、かっこつけて（外国語の）定型句を使いやがる
無作法な感じでしゃべるし、外国語をつかって偉そうにしやがる
自分の言葉でしゃべることができないくせに　遊牧民を嗤って偉そうにしやがる

116　CCB reclam desand... Freestyle Ulaanbaatar - Huh hot　https://youtu.be/pAFYmPPXrY0
117　サナー、ホンゴローといった並びは、モンゴル人の名前の愛称を連ねているだけである。
118　韓国語で「わかったか」の意味。

驚いたのはフックである。なんとデサントを中心にラッパーたちは以下のようにコーラスしたのである。ビートはレゲエの裏打ちのままだ。

フック
HipHop（≒ *Bid bol*〈俺たちは〉）　ひとつの血統（*neg tsos*）
HipHop（≒ *Bid bol*〈俺たちは〉）　ひとつの血統（*neg tsos*）
ウランバートルからフフホトへ　ウランバートルからフフホトへ

つまりフックでは「ヒップホップはひとつの血統だ」と歌っているのだが、それがまるで「bid bol」つまり「俺たちは」に聞こえる。俺たちはワン・ブラッド、俺たちは、ワン・ブラッド。ウランバートルからフフホトへ、ウランバートルからフフホトへ。疑うべくもなく確信犯である。とまれ、このサイファーでは、かりそめであるにせよ、モンゴル国の首都から内モンゴルの首府へと連なるヒップホップ＝民族の絆が現出したのだった。後にデサントは彼らが成し遂げたことを振り返りながら以下のように語った。

「このヒップホップという芸術を通じて、未来の若者たちに影響を与える。そしてたった一つのことでもいいから理解させる。これは、今の政治家には出来ないことなんだよ」

このようなモンゴル国と内モンゴルの人々の音楽を通した交流を可能にしたのは、いわゆるカセットやCDといった「複製技術」の存在である。YouTubeのような動画共有サイトがなかった九〇年代からゼロ年代にかけて、二〇世紀的な複製技術が果たした役割は計り知れない。モンゴルのロックやヒップホップは、海賊版カセットやCDが内モンゴルの区都フフホトで制作・発売されることで流通していったのである。

しかしインターネットが登場すると状況は変わる。まずモンゴルのアーティストはPVをYouTubeにアップロードする。当然、内モンゴルは中国領なのでYouTubeを視聴するのは難しい。そこで中国の動画共有サイト〝*Youku*（优酷网）〟へ変換され視聴され消費される。一方、内モンゴルのラッパーたちもYoukuへ動画をアップロードする。それがモンゴルで視聴されることは少ない。しかもポリティカル・ラップの場合、すぐに削除されてしまう。しかし運よくYouTubeへ転載されると、モンゴル国やその他の地域にいるモンゴル人同胞に歌が届くようになっている。

二〇二〇年現在では、内モンゴル・フフホト発のモンゴル国のラップがサウンドクラウドのMFRRZY[119]というアカウントでアップロードされており、内モンゴルの若者たちは自由にモンゴル語ラップを楽しんでいる。また中国版のLINE、微信（We Chat）には、モンゴル国のアーティストの曲を紹介する掲示板もつくられている。

今や、サイバー空間上で、相克や差異を含みながらも国境を超えたモンゴル語ラップの〝声の公共圏〟が形成されつつあるといえよう。

119　MFREEZY - Free Listening on SoundCloud　https://soundcloud.com/mfreezyofficial

ブリヤートのラッパー Dze

モンゴルの北には、南北六八〇キロメートル、東西幅四〇〜五〇キロメートルの巨大な三日月型の湖が横たわっている。バイカル湖である。古くからこの湖の周辺は、ブリヤートと呼ばれるモンゴル語系の言語を話す人々が暮らしてきた。とりわけ、バイカル湖東岸から南部にかけて位置するブリヤート共和国は、彼らが最も多く暮らす地域である。

ロシアという国は、不思議な構造をしている。「ロシア連邦」という正式名称が示すとおり、ロシアという国の中に「共和国」があるという入れ子細工のようなつくりとなっているのである。このような共和国がロシア国内に二二もあり、ブリヤート共和国もそうした「共和国」のひとつである。

ブリヤート共和国は、日本より若干小さい三五万平方キロの広さの国である。シベリアの針葉樹林帯ということもあり、そこに一〇〇万人足らずの人しか住んでいない。

そのうちブリヤート人は三分の一ほどで、ロシア人が多数派となっている。しかもロシア領内の「国」の大統領の任命権は、ロシア連邦大統領、つまりプーチンの手にあるので実態としては「州」に近い。そのブリヤート共和国では、ロシア語と並んで「ブリヤート語」も公用語とされているが、政治・経済・文化に関する社会生活がロシア語でなされているので、ブリヤート語が使われるのは、家庭内や友人たちとの間に限られている。

そのブリヤート共和国の首都ウラン・ウデ（人口四三万人）に一組の若いラッパーと歌手がいる。ラッパーは男性でアリハン・ゼー（Alihan Dze）という。一方、歌手は女性で、サリューナ（Saryuna）という。かれらは非常に精力的な音楽活動をしており、モンゴルでもその名は広く知られている。私は彼らに会いにブリヤート共和国へ行く計画を立てていた。しかし二〇二〇年にコロナ禍が発生し、その計画は水の泡となった。

ネットで調べてみても、二人の情報は限られている。ブリヤートのサイト、アリグ・オス（*Arig Us*）によると、アリハン・ゼーは本名をアルダル・ドガーロン（Aldar Dugaron）という。そのほかわかることといえば、二〇一六年頃からYouTubeに曲をアップロードしはじめたこと。ロシア語ではなくブリヤート語で歌い、ラップすること。そしてモンゴルのラッパーたちと積極的にコラボしていること、くらいである。

彼らの音楽は伝統的な文化をテーマにすることでも知られている。例えば、「鷲の舞（Burgedei Khatar）」（二〇一六）では、「相撲《ブフ》」がテーマとなっている。ブリヤート人は伝統的に祭りでモンゴル相撲をとる。勝者は「鷲の舞」と呼ばれる踊りを踊る。それが歌のタイトルである。この曲は、七〇～八〇年代、全ソ連のレスリング大会や国際大会で優勝したブリヤート人アスリート、ミハイル・エレバスキン（Mikhail Elebaskin、一九五八～二〇一六）へのオマージュなのだという（Sugar-Erdene 2016）。どうやらブリヤートにおいてもモンゴル同様に、柔道は「ジュードー・ブフ」、レスリングは「自由形ブフ」と、相撲《ブフ》のサブ・ジャンルとして理解されているようだ。

この曲のPVでは、バイカル湖に浮かぶオリホン島の美しい景色で始まる。島の岸壁に民族衣装を着て立つ老人。そこに祝詞詩人が「ブリヤートの功労力士、エヒレト氏族のイヒ・ショノ（大オオカミ）を祖先に持つ、フセトバータルの息子、ミハイルよ　万歳《ホリャーイ》！」という名乗り口上が響く。そして相撲やレスリングの練習をしている子どもや若者たちをバックにアリハン・ゼーはラップをしていく。ビートはヒップホップだが、リリックはまるで祝詞（マグタール）だ。

ヴァース1

英雄として生まれた男子　天上から祝福せよ

故郷を遠く旅立つ運命　しるしを見せよ
蒼天の下　育った土地から　望みをもって
バイカルの海の岸辺から　力士の道を進んでいった
（中略）
フック
ブルゲデイ・ハタル（鷲の舞）！　ブルゲデイ・ハタル！
天上から地を清める　激しい雨と風
ブルゲデイ・ハタル！　ブルゲデイ・ハタル！
格闘の勝者たち　ブリヤートの民の英雄だ！
（後略）

そのほか、アリハン・ゼーは、二〇一九年にはサリューナと組んで「安寧でいらっしゃるか（*Mend Amar*）」（二〇一九）[120]という曲も発表している。この曲のテーマは、ブリヤートの民俗舞踊「ヨーホル」だ。この曲のPVでは、手を繋いで民俗舞踊を踊る人々の映像と民族衣装にサングラスという格好のゼーとサリューナの映像がスイッチで登場する。そこで「集まっておいで　民の祭だ　人がたくさん　こっちへ来い！　来い！　来い！」とラップで煽っていく。

そんな彼らの曲はYouTube上でブリヤート語とモンゴル語の字幕が両方つけられている場合が多い。その結果、多くのモンゴル人のファンを獲得しているといわれる。私自身も三年程前、彼らの存在を知ったのは、そうしたモンゴル人のファンからだった。

ブリヤートの人々が「ロシア領内」に組み込まれたのは、一六世紀末に始まるロシアのシベリア進出（事実上の侵略）の結果である。シベリアはもともとアジア系の諸民族が暮らしていたが、ミンクなどの毛皮と鉱物資源を求めてやってきたロシア人に屈服していく。ブリヤート人は鉄砲を持つロシア人相手に熾烈な抵抗戦を試みたが、力尽きてロシアに降伏する。一七世紀末のことである。そこに至るまで、ロシア人によるブリヤート人の虐殺もあった。その後、かれらは帝政ロシアの臣民となる。そして二〇世紀、ソ連の時代を経てロシア連邦に帰属したまま現在に至っている。

　実は、ブリヤート人は、ロシアだけでなくモンゴル、中国に跨がって居住する離散の民である。二〇世紀初頭、一部のブリヤート人は、ロシア人による牧草地の収奪や、ロシア革命による内戦を避けて、集団で草原続きの国境を越えて、現在のモンゴル国領内や中国内モンゴル域内にまで移動した。したがって彼らは、ロシア・モンゴル・中国の三カ国に分断されて居住することとなった。

　一方、ロシアに残ったブリヤート人たちは、ソ連の社会主義体制の下、ロシア連邦においてモンゴル民族とは異なる別の「ブリヤート民族」としての地位が与えられた。

　一九二三年にソ連邦内のロシア共和国に成立した「ブリヤート自治共和国」は、その成立時には「ブリヤート・モンゴル自治共和国」と呼ばれていた。ところが一九五八年、ソ連邦最高幹部会議の決定により、「ブリヤート・モンゴル」から「モンゴル」の文字が奪われることになった。このことは、ブリヤート人が「モンゴル人」に包含されるエスニック集団でないことを公的に決定されたことを意味する。ソビエト大百科事典には、「この名前の方が、共和国の基幹住民の自称名によく合っている」とある。つまりその名前か

120 Alihan Dze & Saryuna - Mend Amar (ft. Heyul) (MGL subtitles)　https://youtu.be/ANGwdnlVOVo

ら、モンゴルが奪われたのは、「モンゴル民族」ではない、別の独立した民族（ナーツィヤ）として上から定義づけられたことを意味する（田中 1992:199-203）。

またソ連の体制下、ブリヤート人たちは、ロシア語で高等教育を受けると同時にソ連による近代化を経験した。その結果、モンゴル人よりもソ連的な意味で『文化的に』高度な民族であると自らを想像するようになった（渡邊 1997）。

しかし社会主義崩壊以降、シャーマニズムが国境を越えてモンゴル国人とロシアに住むブリヤート人を結びつける懸け橋のような役割を果たしている（島村 2011;2017c:2090）。そしてヒップホップも国境を越えている。ブリヤート人が「モンゴル人」としての自意識を再構築する可能性も否定はできないだろう。

モンゴルで共鳴するブリヤート・ラップ

実際、アリハン・ゼーとサリューナの二人はモンゴルのアーティストとのコラボが増えている。二人はDesant と組んでドリフト（カー・スポーツ）をテーマにした曲「エンパイア（Empire）」（二〇一六）[121] をリリースしている。またゼーとサリューナの名曲「ブヒー・デーレー（Buhy Deere、すべてにおいての意）」（二〇一六）[122] の公式PVは、動画再生三七万回（二〇二〇年一一月末時点）を超えた。二〇一九年八月にウランバートルで行われた夏フェス「XMF（*khuur Music Festival*）」に招待されたアリハン・ゼーとサリューナの二人は、「ブヒー・デーレー」を歌い、ウランバートルのオーディエンスを大いに沸かせた[123]。

ゼーとサリューナの最大のヒット曲は、「トンシット（Tonshit, Clap your hands）」（二〇一五）である。なんと動画再生回数は二五〇万回を超えている（二〇二〇年一二月一日時点）。ブリヤート人の人口はロシア国内全部合わせても五〇万人にも満たない。この再生回数は、多くのモンゴル人のオーディエンスが支持したからこそ獲得できた数字であろう。
そして大事なのは、この曲の中でゼーは、「ウラン・ウデ（ブリヤート共和国の首都）からウランバートルまで、そしてフフホト（内モンゴルの区都）にむかって」と歌っていることだ。彼らの歌の想像上の共同体も、明らかにパン・モンゴル的だ。ただしゼーは、モンゴル国の言葉でラップしないことにも留意しておく必要がある。彼はあくまでブリヤート語のラップにこだわっている。音楽の想像力は政治的な想像力と少し質が違うようだ。

トンシット（Tonshit, Clap your hands）　アリハン・ゼー Ft. サリューナ（二〇一五）

歌（サリューナ）
トンシット！　トンシット！（手を叩け！　手を叩け！）
メロディーに合わせて　指を合わせて
心にしたがって　心の中で歌い　心の中で想いながら
この曲だけが　あなたの曲なのよ

121 Desant ft. Dze & Saryuna - Empire (Official Music Video) https://youtu.be/J_yqDTMmfhI
122 DZE X SARYUNA - BUHYDEERE (official video)　https://youtu.be/b3AzkM4NO3I
123 ウランバートルでの彼らのライブの様子は下記動画参照。XMF 2019 - “Бухы Дээрэ”（DZE ft SARYUNA）　https://youtu.be/c9cvYHATWXQ

最初に入っていきな
ビートが始まった　合わせていったね
自分のやり方でメロディーの中に入りな
ここから来てこっちで決めな

ラップ（アリハン・ゼー）
かなり想いはある　俺の中には想いがつまっている
いつはじまったのか　いつ落ち着くのか　これは
いつも心惹かれる　いや心落ち着かなくなった
心を落ち着かせようと　手にはノート
それでRecボタンを押す
みんなが待っているのは　この曲だよ　この曲
ウラン・ウデからウランバートルまで
そしてフフホトへ向かって
俺がやってきたことは
リリースするのはtrue（真実）だけだ
ヒップホップ　ワン・ラブ（ウスチ）オルダ[124]も録音だ　レコードの針
曲は出ているか　見ているか　もちろん　ほんとに
（後略）

こうした繋がりを夢見る一方で、現実を見ると、ブリヤート人の置かれている状況は深刻だ。ブリヤート共和国でのブリヤート人人口の比率は三〇パーセントほどに留まっており、ロシア人がマジョリティとなっている。そもそもロシアには、ブリヤート共和国の他にウスチ・オルダ・ブリヤート自治管区やアガ・ブリヤート自治管区といった民族自治区があった。しかし二〇〇八年一月、前者はイルクーツク州に吸収合併され、同年三月、後者はチタ州と合併してザバイカル地方になり、二つの民族自治管区は消滅している。

二〇一八年一二月、アリハン・ゼーは、「トンシット」のリリックを実現させるかのように、中国・内モンゴル自治区でのライブを企画した。ゼーの名前は、内モンゴルのヒップホップ・ヘッズにも知られていたのである。彼の訪内モンゴルは、内モンゴル人たちも大歓迎だったといわれる。ネットニュースが伝えるところでは、ライブのチケットは前売りで完売していたようだ。しかし入国の直前にゼーは、中国の当局によって入国を拒否されてしまう。表向きはビザ申請書類の不備だと言っているが、どうやらラップ・ミュージックへの締め付けを強めたのではないかと記者は推測している（Batsaikhan 2018）。

アウトロ

以上、本章で見てきたのは、モンゴル、ロシア、中国の三カ国に分断された「モンゴル人」が書き言葉ではなく、ラップで叫ぶ「声」を媒介にして、一種の公共圏を生み出してきた姿だった。それは、声がつむぐディアスポラの公共圏としてのヒップホップ・モンゴリアといってもいい。文字や言語こそ異なる形で制度

124 ウスチ・オルダ・ブリヤート自治管区のこと。

化されたが、話し言葉ならお互いに通じる。そしてラップや韻踏みのかっこよさもお互いに理解できる。

しかしこのヒップホップ・モンゴリアが政治的な統一体へ発展する運動なのかといえば、そうとも言えない。モンゴル国、内モンゴル、ブリヤートのラッパーたちが一枚岩ではないことは、彼らが歌うラップや選ぶ言語などからしても理解できよう。さらに彼ら自身もDesantがいみじくも語るように全モンゴルの統一など不可能なことはじゅうじゅうに承知している。

二〇一八年五月、モンゴル、中国、ロシアに分断された「モンゴル人」のラッパーたちが集って歌った、壮大なエスノラップ曲のPV「トーノト（TOONOT）」（二〇一八）[125]が発表された。トーノトとは、「ゲルの天窓（トーノ）の下で暮らす者たち」という意味である。つまり国境を隔てても遊牧民だったことを忘れずにいよう、といった意味が込められているのである。

この企画は、スポンサーとなったアルタン・ドルノド社のT・アリオンボルド社長とICE TOPのメンバーたちが話し合ってつくったといわれている。なんとビデオクリップ（PV）の制作に二年の月日をかけたのだという。曲は「ラクダの隊商（Temeen Jingiin tsuva）」という民謡をトラックにしており、そこに国境を越えたラッパーたちが1ヴァースごとに順番にラップをつむいでいくという構成となっている。

PVは、あたかもラッパーたちが大モンゴル帝国の復活を夢見るような、ある種のモンゴル・ナショナリズムの連歌のような様相をしている。モンゴル国からはICE TOPやGee、Desantといった蒼々たるアーティストが参加している。参加アーティストを見ると、基本的にゲル地区派のラッパーが多い。女性ラッパーからはMrs Mに加えてなぜかジャズ歌手のホランがラップを披露している。一方、内モンゴルからプアーマン、ブリヤートからアリハン・ゼーが参加している。

内部に矛盾と愛着、理想と現実の中でラッパーたちの公共圏はどこへ向かうのだろうか。PVを見てみよう。

冒頭は、著名な俳優ツェレンドルジによるナレーションで始まる。

「永遠なる蒼天の力の下　平伏せよ　信ぜよ　恐れおののけ」

これは『モンゴル秘史（元朝秘史）』の冒頭の一部からつくった詞だ。雄大なゴビ砂漠の大パノラマをラクダの隊商が進む。民族衣装を着た女性が馬頭琴の伴奏をバックに歌うオルティン・ドーの澄み渡るような高音が響き渡る。

最初に登場するのは、遊牧民出身のラッパー、メトゥーネ（Metune、本名E. Temüün、一九八八〜）だ。モンゴル文学の父、D・ナッツァグドルジと同じトゥブ県のバヤンデルゲル郡出身だという彼は、自分の担当するヴァースを口承文芸のように「ゼー」で始めた。それがプロデューサーに気に入られ、編集で冒頭のヴァースに採用されたのだという。PVでは、チベット・モンゴル仏教の仮面舞儀礼チャムの踊りをバックにスキンヘッドのメトゥーネが登場する。馬の鞭を持ちながら、彼はあの反逆の詩人チョイノムの名著に言及して、モンゴルの韻詞を褒め称える。

ゼー！　ならず者の詩人たちの草原で　天は地を制すという教えの下で育ったんだ
『廃寺の風砕き石』の中に　巧みに隠して守ってきた
（中略）
荒ぶるモンゴル人のこの胸に　音の調べと詩を送ってきたのさ

125 - TOOHOT - TOONOT /Lyrics/ - MONGOLIAN HIP HOP RAP ARTISTS　https://youtu.be/Ke9F7DUTEbM

主なる大ハーン　チンギスの詔と共に
聖なる雪山に捧げものと共に　誇り高き
凄まじい歴史を　後世の俺たちに残してくれたんだ

メトゥーネの次に登場したのは内モンゴルのプアーマンだ。内モンゴル、オルドスにあるチンギス・ハーン稜のドーム状の建物をバックにラップをつむぐ。ちなみにこの稜にチンギスの遺体があるわけではない。ダルハドという人々がチンギスの遺品を祀ってきた稜である。

元気かい　わがモンゴルよ　俺は　南モンゴル人（内モンゴル人）
（中略）
幼児の頃からずっと　聖なる皇帝チンギスの　聖なる肖像を奉じてきた
このモンゴルという名は　俺たちの心の絆だ　歴史が知っている
俺たちゃモンゴル人　たった一人の主を頂く
だから俺たちの絆がどんなもんか　子孫もきっとわかるはずさ

プアーマンについで登場するのは、ブリヤートのアリハン・ゼーだ。復興した古刹イボルギンスキー寺院やウラン・ウデの街をバックに意味深なラップをつむぐ。「雨が止むまで　激しい雨の下で／天空からの恵みを受け取れ／天が降らすぞ／（中略）雷光が煌めき　火が灯る／来いよ！　来いよ！　新しい時代！／来いよ！来いよ！　見せてくれ！」と新しい時代を望みながらも「あの火を灯そうとするには方策が足りていないぞ」だという。まるで脳天気なモンゴル・ナショナリズムに警鐘を鳴らしているかのようだ。

ここで民謡のフックが入る。民族衣装を着た女性が「平らな草原の羚羊の群れに太陽が昇りゆくと　透き通るような光が放射されてきた（後略）」と歌う。

フックにつづいて登場するのは、あのツェツェーと同じクルーのヴァンキッシュ、ビャンバジャルガルだ。シャーマンでもある彼は、岩山に立つ。鷹匠のように鷹を携えながら、「鷲が宿営地の上をくるりと回る／ここにいる理由がわかったか／シャーマンの俺を勘違いしたのか／正しい心に努力が実る／勝利の祭典を祝うんだ」と民族文化を逍遥する。

舞台は変わって強大なゲル宮殿の中。民族衣装に身を包んだICE TOPのアイズクールとB.O.が上座から順に立ち上がり、ラップをかましていく。アイズクールは「ブリヤート人はたくさんいる　内モンゴル、カルムィク、トゥバ[126]、ハザール・モンゴル[127]　デード・モンゴル[128]／すべてのモンゴル人よ　ひとつになれ／モンゴル人は以前　皆　ひとつの民だった」と国境で隔たれたモンゴル人の団結を呼びかける。B.O.は、「すべてのモンゴル人よ／蒼天の下　クリルタイだ／（中略）／どこだって／誰だって／真に向けて握った手は相変わらず堅固だぜ／身体の元は　純粋なモンゴル人」と叫ぶ。

モンゴル民族歌舞団の踊り手を従えて登場したのはサングラスのラッパーMrs Mだ。彼女は「勇敢なる戦士たちの後ろには／賢妃の知恵がある／すべてのモンゴルの女性たちのために　万歳《オーハイ》！」とモンゴルの女

126　トゥバ人は南シベリアのテュルク系の言語を話す民族。明らかにモンゴル系ではないが、モンゴル系の民族だと思っているモンゴル人は少なからずいる。

127　アフガニスタンのモンゴル系民族。

128　青海省のモンゴル人。

性を言祝ぐ。最期のラインで「万歳！」といったとき千手観音のように彼女の後ろから手が出てくるのが楽しい。

モンゴル国の仏教の総本山ガンダン寺でラップするのは、女性ジャズ歌手のホランだ。「道が分かれて幾年経つとも／また一つになるやもしれぬ／今こそすべてを乗り越えよ／なぜならひとつのモンゴルだから／なぜなら我々はモンゴル人なのだから」と激烈なパンチライン。しかし映像では、鳩の大群に阻まれて大変そうだ。

次に草原で戦闘服に身を包んで登場したのはあのBIG Geeと盟友Desantだ。「それ　乗り越えろ／民族の波だ／過去を誇るんじゃなくて／自分たちで歴史を創ろうぜ／よし国境のはざまをビートで統一だ」とGeeは煽る。それに比べてDesantは「偉大なるハーンたちが巡った国々を旅したぞ／数百年の間、この足跡は消えやしない／多くの引き継ぐ者たちに／俺は感謝したい」と控えめだ。

そして噴出する炎の演出の中でラップするICE TOPのコビーが登場する。「命より価値ある祖国で暮らしそこで死ぬ／偉大なるモンゴル民族の幸せを／俺は見る」と叫ぶコビー。

次に登場するのは、疾走する馬群の中で一人立つデジタルのハリオンだ。「騎馬民族モンゴルの子孫／モンゴルの民は草原の者たち／わが遊牧民は血統だ／昇る太陽は昔から」と民族を逍遥する。

そして最期に大トリを務めるのは、S&Iのマンライだ。オボーと呼ばれる積み石塚は、天に祈る聖地だ。天に向かって両手を広げながら、マンライはモンゴル人が増え満ちることを祈る。

一人一人が集まって十人だ　十人が十人ずつ集まって百人だ
百人が百人ずつ集まって千人だ　千人が千人ずつ集まって一万人だ

一万人が一万ずつ集まって十万だ　十万人が十万ずつ集まって
百万人だ　百万人が百万ずつ集まって一千万人だ　一億　十億　百億だ
一兆人のモンゴル民族　集まり来たれかし

となりに一四億の人口を持つ中国。ところがモンゴル国は三三〇万人。切実な願いだろう。最後に荘厳なナレーションでＰＶは締めくくられる。名優ツェレンボルドの声である。

失うことを　怖れるな　民は隠れることを　さげずみ
多くの民草を従えた
（中略）
大地に火炎のごとく　天空の星々のごとく
常に上へ向かって　ともに行かんぞ　全身を捧げ　国を完全に回復しようぞ

ところが、ラッパーたちが思い描く想像上の統一モンゴルとは、別の次元で現実は進行していた。本書を執筆していた二〇二〇年九月、内モンゴル自治区の小中学校でモンゴル語を使う授業を大幅に減らし、標準語（漢語）教育を強化するというニュースが舞い込んできた。事実上のモンゴル語教育の廃止である。楊によると、内モンゴルでは、中国本土から数千人の中国語教師が内モンゴルに派遣され、モンゴル語の教師は失職し、清掃員などにさせられているという。

ラッパーたちが夢みた国境を越えた想像の共同体――おそらくこれもヒップホップ・モンゴリアなのであ

ろうが――は、幻の「演劇空間」だったのかもしれない。そしてその舞台の幕は今、将に閉じられようとしている。

エピローグ

ライブでMCITの映像をバックにラップするDesant。2020年10月、TOONOTレコード提供。

ヒップホップ・モンゴリアをめぐる旅は今、終わりを告げようとしている。

グローバルな政治・経済の周縁に位置するモンゴルで拡大する貧富の格差や政治腐敗。大気汚染により悪化する生活環境。こうした状況に苦しみながらも、同時にグローバル化によってもたらされたヒップホップに対する憧れが織り交じる。そのような中、ラッパーたちによってつむぎだされてきた世界を我々は見てきた。最後に今一度、ヒップホップ・モンゴリアを振り返りながら、将来の展望を記しておきたい。

ポスト社会主義時代のウランバートルには、欧米から押し寄せる新しい文化としての「ヒップホップ」に魅せられながらも、自身の文化として飼いならそうと苦闘するラッパーたちの姿があった。ビートの流用、頭韻から脚韻への脱却、新たな韻踏み技法の開発。

なんとか自分たちの文化と接続しながら、そして時には自他の文化をモザイクのように組み合わせながら、モンゴルのヒップホッパーたちは、新たな文化を生み出そうとしてきた。

その通奏低音となってきたのは、貧しいゲル地区派と比較的裕福な都会派の対立である。アメリカのヒップホップではイーストコーストとウェッサイの東西抗争が有名である。銃社会アメリカでは、殺し合いに発展していく。あの2Pacもビギーもそうやって命を落とした。

一方、モンゴルは銃社会ではない。殺し合いも起きていない。もっともゲル地区派と都会派の間で殴り合いのけんかくらいの問題は、起きていたことだろう。そもそも日常的にゲル地区の少年が都会の少年を殴ってカツアゲしたり、その逆があったりしたくらいだから。ただ暴力的な抗争に関してラッパーたちは多くを語らない。

ゲル地区と都会派の抗争は、貧富の格差の問題であった。二〇一七年、ゲル地区の母子家庭で育ったタンデルZはテレビのインタビューで以下のように答えていた。「一般的に貧富の格差はなくなったほうがいい。俺が前に言った『金持ちの家の小僧』っていうのは、俺たちがやっていることを軽蔑するようなリリックの曲を出すんだ。何の意味もない変な外国語でラップしたりするし。そんなことするのならアメリカに行って歌うべきだろう[129]」

しかしゲル地区派と都会派のビーフは、貧富の格差だけが問題ではない。ラシャ―ント町一八番地に始まるゲル地区の人びとが高層アパートの人々へ持つ劣等感や悲しみ、そして差別に対する怒りは、貧富の差よりも、むしろライフスタイルの違いにあったといえる。

歌の中の少年が、遊牧民が食べてきた乳製品を近代的なアパートメント暮らしの少女に差し出すところから、あの失恋は始まっていた。一方、都会派のラッパー、ツェツェーは、都心に住んでいるからって金持ちじゃないと怒る。アメリカに留学してもバイトばかり。もちろん、ゲル地区の暮らしより少しは豊かではあるが、都会派だって生活は決して楽でない。

つまりモンゴルのヒップホップにおける基本的な対立の構図は、貧富の差もさることながら、遊牧という伝統的な暮らしと「近代」的な都市生活のライフスタイルをめぐる相克でもあったといってよい。

もちろん、ウランバートルのゲル地区に暮らす人々は遊牧民ではない。しかしゾドと呼ばれる寒害・干害

129 Зэвүүн яриа-Залуу репер Thunder буюу Өлзий-Учрал 2017/04/15 https://youtu.be/lGi5LKHPQiU

で家畜をなくし、仕事を求めて都会に来た者も少なくない。また都会へのあこがれや子どもの進学といった理由で来た者たちもいた。こうしてウランバートルの人口は社会主義崩壊以降、三〇年ほどの間に人口が五〇万人から一五〇万人近くへと約三倍に膨れ上がった。もちろん純粋な人口増もあったが、地方から都市への人口の流入がウランバートルの肥大化をもたらしたのは確かだ。ゲル地区は少し前まで遊牧民だった人々のゲットーなのである。

このような地方からやってきたニューカマーと親の代からウランバートルで暮らしてきた者たち——多くは都心の集合住宅で暮らしている者たちの間では、さまざまな文化的な軋轢を生み出した。それは、一種の美学をめぐる争いでもあった。ゲル地区派はモンゴル語にこだわるのに対し、都会派は英語を多用する。ゲル地区派は、頭韻を大事にする。都会派はエンドライム（脚韻）を重視し、ゲル地区派のライムを偽物だとする。

またゲル地区には、かつて闇市場があった。民主化以降、公認の市場となったが、そこは、人、モノ、カネ、そしてヒップホップのような海外からの音楽といった情報の集まる結節点だった。同時に有象無象の者たちが集まり、スリや強盗といった犯罪も多発する混沌とした空間だった。

都心で比較的平穏な暮らしをする人々を後目に、ゲル地区の少年たちは自分たちが生きている世界を時には否定し、時には肯定しながら、その緊張の中で自己を造り上げていった。MCITやGee、Desantといったゲル地区派のラッパーたちに共通する美学的センスは、ゲル地区に対する否定と肯定が入り混じった複雑な感情によって、つむがれていったといってよい。こうしたゲル地区派からすると、都会派は本物のモンゴル文化を忘れて外国文化に現を抜かす人間に見えてしまう。

二〇一七年五月、都会派第一世代のLuminoが「いなかに出よう！（Khödöö gar' yal.）」[130]という曲をリリースした。ＰＶでウランバートルの郊外の観光地、テレルジでバギーを疾走させる映像。スーパーで大量に食料品を買い込み、美女に囲まれてバーベキューをし、スポーツ・フィッシングを楽しむ。「いなかへ出よう／楽しもうぜ！」と叫ぶMCBEATZたち。このＰＶでは、明らかに都会の人間が草原や森を「観光地」目線で見ているのが特徴である。

　これに対して、遊牧民出身のラッパー、Desantは、本来のモンゴル的な草原の楽しみ方をヒップホップで提示する。翌年三月「風に当たろう（Salkhilya）」（二〇一八）[131]をリリースする。そもそもモンゴル語では「いなかへ出よう」という表現はなかった。当たり前だ。遊牧民だったので皆「いなか」――草原に暮らしていたからだ。

　本来は「風に出よう（*salkhind garya*）」「風に当たろう（*salkhilya*）」というのが伝統的な表現だ。ゲルを出て、馬に乗って気晴らしに出かけるときに使う。九〇年代、都会の人々もピクニックに行くとき、この「風に出よう」という表現を使うのが当たり前だった。「いなかに出よう」は、とりわけ、いなかに住む人間からすると違和感そのものである。

　真冬の真っ白な大雪原を空から映した映像でＰＶは始まる。真っ白な大地で「風に当たろう」と歌うデサント。毛皮の民族衣装デールを着て馬に乗り、座ってカギたばこを交換し談笑する。いわゆる遊牧民本来の「風の当たり方」を圧倒的な映像美で表現してみせた。

　一方、都会派のラッパーたちは、こうした遊牧民的な美的センスが許せない。二〇一八年、ある曲がモン

130　Lumino - Хөдөө гаръя! - Hudu garay!　https://youtu.be/anU7nwSnq-E
131　Desant x Pioner, Degi - Salhilay (Official Music Video)　https://youtu.be/w2RSrNaOfE

ゴルで物議をかもした。地方出身者（すなわちゲル地区住民）を小馬鹿にした「お前にそっくりだ（Yag Chamshig）」（二〇一八）[132]という曲である。都会の人間は、「下品」で都会のルールを守れない人間をオルク（ゴブリン、地方出身者の掛詞）と呼んで軽蔑する。

この曲のPVでは、坊主頭に太鼓腹の「オルク」がゴミを草原に平気で捨てる、エレベータのボタンの押し方を知らなかったり、立小便する、信号無視をする、行列で前の人に息が吹きかかるくらい近い距離で並んだり、酒を飲んですぐ政治の話に熱くなってけんかする、といったことがコミカルな映像とともに皮肉られる。そしてPVに登場する坊主頭の太鼓腹の男——つまりオルクが、映像の中で、ゲル地区で暮らし時々草原へ帰っている姿が描かれる。オルクとは、いなかから来たニューカマーであり、そんな彼らが自分たちのウランバートルを汚しているとでも言いたいのだろう。

しかし実は、上記のような「粗野さ」は、九〇年代のウランバートルでは普通にあったことだった。オルクの姿は、かつてのウランバートルの「都会派」の自画像であったといってもよい。おそらく、この曲をつくった都会派の若者たちも薄々気付いている。

この曲のフックの部分には、「俺はモンゴル人　根っからの荒くれ者のモンゴル人（***Bi bol Mongol khün bileg tankhai Mongol khün***）」というリリックが登場する。これはかつて九〇年代初頭に流行った、遊牧民のことを歌った創作歌謡「いなかの人（Khödöönii khün）」のサビの部分「俺は本物のモンゴル人／根っからの荒くれ者のいなかの人間だ（***Bi jinkhene Mongol Bileg tankhai khödöönii khün***）」が元ネタである。すなわち、都会派の曲の制作者は、いなか者を「オルク」と呼んで冷やかしながらも、どこかで草原に暮らすいなか者——遊牧民こそが「本物のモンゴル人」だということを知っている。

そもそも都会派といえども、少し遡ればみな遊牧民だった。都会派にとって、ゲル地区派の生きる姿は完全な他者というよりも、自分たちのアイデンティティの根幹で重なる部分でもある。だから余計に許せない。

今や遊牧民はモンゴルの総人口の一〇パーセントにも満たない。遊牧民たちは二〇世紀、一〇〇年をかけて徐々に都市定住化していった。個人の経験で見た場合、その一〇〇年の社会変化を遊牧民は一〇〇日で学習しなくてはいけない。日本の地方の若者が上京するのとは、状況が違う。

遊牧から都市定住化へ。文明レベルの大転換によって引き起こされる軋み。ゲル地区派と都会派のラッパーたちは、お互いがかつての／これからの自分の自画像であるということを薄々知っていながら、対立をする。モンゴルのヒップホップは、こうした文明転換の摩擦音でもあった。

しかし／だからこそ、ゲル地区派と都会派は車の両輪のように稼働し、新しい文化や技法を生み出してきたといえる。民族音楽とヒップホップの融合。Quiza は、頭韻と脚韻に加えてイン・ライムも重ねていくことで韻だらけのラップの技法を産みだしている。そして時代の軋みがシャーマニズムと反響することで降りてくる ICE TOP の韻やジェニーのような輪廻転生を歌うライム。

これらはモンゴル文化と欧米から来た文化の弁証法的な関係の中で生み出されたといっていい。有り体な言い方だが、ヒップホップ・モンゴリアは、単なるヒップホップでもなければ、単なるモンゴリアでもない。ヒップホップ・モンゴリアなのである。

本書の冒頭で私は「モンゴルはポピュラー音楽の世界において二重に周縁の地である」と述べた。二重の周縁とは、第一に文化帝国主義的な欧米中心というポピュラー音楽の産業構造によって生じる周縁性のこと

132　Orcool - Yag Cham Shig ft. Cartiin Bie　https://youtu.be/po51HsGalu0　またこの手の曲として Made in Ulaanbaatar（二〇一五）という曲もある。

である。この時代遅れの産業構造が強固なので、モンゴルを含む非欧米諸国はいつまでも周縁に甘んじなくてはならない。もう一つは、旧社会主義国という周縁配置である。旧社会主義国は欧米（西側）にとって「敵国」であったがゆえに、ポピュラー音楽の世界では、アフリカの欧米の旧植民地よりも周縁的位置に置かれてきた。

しかし周縁であったがゆえに、資本主義の論理が世界を覆いつくす以前の非商業主義的な文化（〝反〟ではないにせよ）が出現できたという点もあったのではないだろうか。ポスト社会主義期、急速にグローバルな資本主義経済の論理や価値観がモンゴルの都市社会に浸透していく一方で、ローカルな論理とぶつかり合い拮抗する中で生み出される抵抗が表出する瞬間がある。

一方、アメリカにおいて一九六九年のウッドストックの経験を通してわかってきたのは、若者のサブカルチャーとしてのロックの「反商業主義の精神」すら商品化されていくという現実だった（毛利 2012:72-73）。現代の日本でも秋元康は、欅《けやき》坂46というアイドルグループをプロデュースする際に若者の同調圧力に対する反抗心を巧妙に商品化している。今や資本主義は、若者の反抗のエネルギーを商業主義へ回収していく無限ループ化機能を標準装備しているといってよい。

しかしポスト社会主義モンゴルという時空間は、この無限ループが形成される直前の時空の裂け目であった。そこでつむぎだされたラップは、ある種の普遍性を持つ抵抗文化となりえたのではなかろうか。MCITの「大統領への手紙」やICETOPの「76」、Geeの「何のために」といった曲のリリックは、国境を越えた普遍的な価値を持つポリティカル・リリック／ラップの至宝だと思う。おそらくどこの国のオーディエンスが聞いても、胸に突き刺さるリリックではないだろうか。

こうした「周縁文化」としてのモンゴル文化は、〝新しい〟文化として海外で認識される可能性を秘めている。

　現在、世界中で最新の情報が共有されるデジタル・グローバリゼーションが進んでいる。グローバルな情報共有が進行していくと、理論上、最終的にはネット上にもはや〝新しい〟ものがなくなってしまう。すると伝統性やローカリティ、つまりかつて時代遅れや周縁的な存在だったものたちが、新しいカルチャーを生み出すキーワードになっていくことだろう。なぜなら「時代遅れ」なものはネットに上がってきづらい。だから〝新しい〟。エスニシティやトラディショナリティこそが、アヴァンギャルドなのである。口承文芸やシャーマニズムに連なるモンゴル語の響きや韻踏みの技術も、むしろ世界と戦う武器だといえる。

　もうひとつ言うならば、社会主義時代に醸成されたソ連―ロシアの文化との融合や連なりも〝新しい〟文化を生み出す重要な文化資源である。西側にはまだ知られていない素晴らしい音楽や文化が旧ソ連圏にはたくさんある。キリル文字を共有し人的ネットワークを持っている彼らは、我々日本人よりずっと早く旧ソ連圏の文化にアクセスできる。

　このような「新しさ」がかつてのポストモダニズムと異なるのは、デジタル時代の文化の担い手のあり方である。デジタル時代のユースカルチャーの担い手は、先進国の知識人や芸術家ではなく、最先端の文化を吸収しながらも戦略的に自らの文化と融合させ発信する者たちであろう。かつての非欧米出身の芸術家や知識人たちは「先進国」に留学し、そこで活動することで新しい文化を生み出してきた。

　しかしデジタル・グローバリズム時代のアヴァンギャルドな人びとは、物理的に「先進国」に移動することなく、ローカルにいながらにして最新の情報を発信する。インターネットがこれだけ普及した現在、おそらく「先進国」へ移住するのでなく、ローカルにとどまり続けるほうがクリエイティブな発想や作品作りができるのではないか。モンゴルのラッパーたちを見ていると、そんなことすら考えさせてくれる。

パワフルな女性ラッパーの活動が目立つのもモンゴルの特徴だ。どちらかというとミソジニスト的傾向のあるヒップホップ業界において、彼女たちのあり方は新しいラップミュージックを切り開く可能性を秘めているだろう。本書で紹介したジェニーやMrs M、NMNといったラッパーたちは、それぞれ毅然として生きている。モンゴルは女性の社会的地位が高いことが知られているが、彼女たちが置かれているリアルな状況に関して、日本に伝わってくる質的情報がほとんどない。宗教は嫌いだけれど、仏教的な輪廻転生思想を持つジェニー、欧州で暮らした経験があるからこそ、表面的な欧米風の「フェミニティ」の真似を拒否するMrs M。非常にスマートでナードなNMN。少なくとも、単数形に収斂されない女性たちのあり方がラッパーたちのライフストーリーを通して幾ばくかは、提示できたのではないかと思う。

またライムやフローの作り方といった技術面においても、モンゴルの女性ラッパーは特筆に値する。一〇年以上前、ジェニーの高速ラップを聴いたときに驚かされたが、こうして本書を書いている間にも、コロナ禍の中、異界から現れたような変幻自在なフローをつむぐNENE[133]（本名 Bat-Ochiryn Batdelger、二〇〇二〜）という女性ラッパーが現れた。まだ一〇代だが、とにかくラップの技法がすさまじい。そして耳から離れないフロー。

ヒップホップ・モンゴリアは、モンゴル国を超えてロシアのモンゴル系のブリヤート人や中国・内モンゴル自治区のモンゴル人とのつながりを生み出す、想像のディアスポラ共同体でもあった。モンゴル国のヒップホップはブリヤートや内モンゴルと共鳴し、三カ国の「モンゴル人」ヘッズたちがヒップホップを通じて連帯する世界が現出した。ただし、それは政治的な共同体とは異なる、内部に相克や差異を包含しつつもラップでの対話を通じた「声の共同体」であった。

しかし二〇二〇年九月、中国政府は内モンゴル自治区に対してモンゴル語教育の廃止を決定した。モンゴル語が公教育から姿を消し、同地においてモンゴル語はおろか、民族が生き残っていけるのか、という岐路に立たされている。このような状況の下、ヒップホップを通じたディアスポラの共同体はどうなっていくのか。

思うにヒップホップ・モンゴリアは、今一度、ギルロイのブラック・アトランティックやクリフォードのディアスポラ論に知恵を借りながら、自らの戦術を鍛えなおすしかないだろう。

ポール・ギルロイは、「変わりゆくが同一のもの（changing same）」という概念を提唱する。これは絶えず、異種混淆化され、あるいはそのプロセスにあるが、しかしつねにそこに存在する何かであるという（ギルロイ 2006［1993］）。すなわち広大な時間にわたって保持されてきた、集団的なアイデンティティのさまざまな記憶や実践のことだ。これをクリフォードはひとつの「民族《ピープル》」の継続性を、その第一の「根拠」であり、土地や人種、親族に訴えることなく把握しようとする試みだと語る（クリフォード 2002［1997］:302）。

したがってクリフォードが指摘するとおり、大事なのは、起源としての「ルーツ（roots）」ではなく、経路としての「ルーツ（routes）」なのである。ディアスポラ文化は、しばしば敵対的な状況の中で、伝統を選択的に存続させ、再発見し、それらを新たな異種混淆的に「カスタマイズ」させ、「ヴァージョンアップ」させる（クリフォード 2002:298）。すなわち、排他的に固定化されたディアスポラ・アイデンティティ（自己同一性）ではなく、可変的なディアスポラ・アイデンティフィケーション（自己同一化）こそが重要で（クリフォード 2002:303）、そこに植民地主義的ヘゲモニーに対する可能性を見いだしうるのではないか。

133　二〇二〇年六月リリースのNENEのSugar Mamaという曲のフローは本当にすさまじい。しかも韻をほとんど踏んでいない。必聴。NENE - Sugar Mama (Official Music Video)　https://youtu.be/Y68iR5wgDZs

おそらく黒人たちと異なり、モンゴル人は中国人との関係性において、外見がスティグマ化されることはない。それは植民地的状況において同化を加速する負の条件でもある。

これから内モンゴルの人々は、自らの書き言葉を奪われてしまう以上、「口承文芸」の伝統をいかに存続させるかが鍵となるだろう。

自らの文化をカスタマイズし、ヴァージョンアップさせる戦術を練るということ。その際、ロシア語化が進行する中で、母語を留めようと尽力するアリハン・ゼーらブリヤートのラッパーたちの経験との対話も助けになるかもしれない。「ヒップホップ・モンゴリア」は、きっと、これで終わりではない。ラッパーたちがいる限り、きっとまた息を吹き返す、未完の想像の共同体だ。

*

本書を書き終えようとしていた二〇二〇年一一月三〇日。MCIT へのトリビュート曲が YouTube にアップロードされた。タイトルは「LIFE GOES ON」。あの 2Pac の名曲と同タイトルだ。クレジットは、Mekh ZakhaQ ft. MCIT, Zaya, Ebo。

メヘ・ザハクイ（「技に限界なし」の意味）[134] は、あの内モンゴルでのサイファーの時に登場したラッパーである。MCIT の最後の弟子（*otgon shav'*）でもある。さっそく人づてに彼のフェイスブックに辿り着き、メッセンジャーで連絡をとった。メヘ・ザハクイは、一九九〇年、ダルハン生まれのゲル地区育ち。二〇一〇〜二〇一二年頃、頻繁に MCIT と会い、音楽や人生について薫陶を受けたと語る。

現在、彼はアメリカ・シカゴで働いている。二年前に渡米し、タクシーの運転手や寿司屋で働くことで生計を立ててきた。そして今般のコロナ禍で寿司屋の職を失ったとき、MCITの思い出が募ってくる自分に気づいた。そんな中、二〇一一年頃、MCITが録音したラップの声がよみがえる。当時、二人でアルバムを作ろうとしていたが、MCITは二〇一二年一二月に亡くなり、計画は水泡に帰した。

しかし彼の手元にMCITのラップの音声が残っていた。彼はシカゴのアパートで一人、曲作りに没頭しはじめたのだという。ところがMCITのラップに合うビートが見つからない。

TATARのザヤーに相談したところ、意外にも彼自身もこのトリビュート曲に参加したいという。実はザヤーは若いころ、MCITにトラック・メイキングの方法を習っていたのだという。ザヤーも密かにMCITをリスペクトしていたのだった。さらにザヤーの呼びかけで若手人気ナンバーワンのラップデュオ、VandeboのEBO（本名 Erdeneboldiin Bold）も参加した。ビートは、結果的にカザフ人の友人のSA（Asal Arman）のものを採用した。

出来上がった曲はしっとりとしたスロー・ナンバーだ。まずMCITの二〇一一年録音のラップで始まる。それに続くリリックは、フックとヴァースは、まるで天国にいるMCITに話しかけるような内容だ。

とりわけメヘ・ザハクイの最後のヴァースはモンゴルのヒップホップの歴史が散りばめられている。「曇った空（Burkheg tenger）」は、モンゴル初のヒップホップ曲だし、「出口なし（Garakh gartsgüi）」はホヨル・フーとICE TOPのユニット名。「毎日（Ödör tutam）」は、ダイン・バ・エンへの初アルバム、つまりモンゴル

134 メヘ・ザハクイは、本名B・ツェデンダムバ（Bayasgalangiin Tsedendamba）という。一九九〇年ダルハン市生まれ。一四歳の時、ウランバートルに出てきてゲル地区で青春時代を過ごした。国立文化芸術大の演劇科に入学するも兵役にとられ一年で中退、除隊後に映画芸術大の作曲学科に再入学して二年学んだという経歴の持ち主。

で初めてのヒップホップ・アルバムの名前である。そして亡くなったラッパーたちの名前が告げられ、いつまでも忘れないと歌われる。「俺はR.I.Pという言葉は嫌いなんです」とメヘ・ザハクイは語った。この曲のリリックの最後には、「MCIT兄さんに天《テンゲル》の庇護があらんことを」と書かれていた。

Life Goes On（二〇二〇）[135]　Mekh ZakhaQ ft. MCIT, Zaya, Ebo

ヴァースー（MCIT）

一度有名になったからには　次の世代に手本を見せるの　これ正解
かなり多くの人と知り合ったからには　背筋を伸ばして立って男らしく話すの　これ正解
何年か　ものを成し遂げたからには　やりとげたすべてを誇りにするのも　これ正解
来たる未来を想像したからには　今日　歌をつくるの　これ正解
口に出して言えない言葉を言わせようとした　後輩たちが誰のところへやってくるか
どれだけ目標を明確にするのが難しいことか　すべてわかっている
幼き少年の頃は、愛に飢えることなく　生きていけるものさ
今　青年期になって　たった一人　孤独であることに気づくものさ
壮年期を迎え　自分に未来がどれくらい残っているのか知るものさ
自分の言葉を自分で評価　やらないことをきびしく精査
やる仕事は登録決定　口論からは避難決定

※フック（Mekh ZahaQ）
いつまでも償えない心
いつまでも満足しない望み
与えることを知らない頭
いつまでも迷い続けるこの世で
人生は続いていく
口では話せない心情　抑えきれない望み
口に出せない言葉を　思い出さずに酔ってしまおう
人生は続いていく

次にザヤーのヴァースだ。「調子はどうだい？　俺は朝起きたそんとき／いい夢が途切れて目が覚めた／そうだ　俺のやっている仕事は一番　最高だよ／モンゴルはすべてがヒップホップ　始まりの場所の歴史もヒップホップ」とまるでMCITに語りかけるようだ。そして「以前はエンドライム／あれこれ探した／（中略）／でもカッケー若手もいるぞ／なあ　奴らについてまた話そう」とかつての頭韻―脚韻を巡る論争を振り返りながら、天国にいる先輩に語りかける。

そしてEBOのヴァースだ。「これが人生なんだって／後でわかるようになった／なんて言わねえけど／ちょうど今　俺の状況は／すべてが完全に調和している／俺には歌がある／ウータン・クランより後／ヒッ

135 Mekh ZakhQ - Life Goes On ft Mcit, Zaya, Ebo (Official Audio)　https://youtu.be/hUiUXIeDZc8

プホップは聴かなくなったが／理解するよう頑張っては来たよ」と自身の努力を振り返る。最期はメヘ・ザハクイのヴァース４で曲が締められる。先輩ラッパーたちの歩みをメヘ・ザハクイは、メローに歌い上げる。

ヴァース４（メヘ・ザハクイ）
曇った空は　曇った空は　晴れたんだ
外は暑いな　太陽が照っている　こんな日が俺は好きだ　お前も好きだろ
毎日毎日　俺にはなんかが起こる　俺の最高の一〇人　出口なしなのに
このゲームを始めた　民族テレビの「ヒット」で俺は見た
ダライ[136]、MCIT、ナバ[137]、ダウカ[138]、MAY ONE[139]
これらもずっとあんたたちを思い出していく　いい思い出ばかりをな
祖国に愛　家族にも愛
女性たちにも愛　愛を抱いていくぞ　男の愛
ひとつの愛だ　エンフタイワン　こっちの世界じゃ
まあなんとかやってる　すべてが平穏（タイワン）
メヘ・ザハクィは　モンゴルのヒップホップを愛してる　最初から終わりまでだ
一時期　金髪が立つまで　言葉をつむぐぞ
心臓の鼓動が止まるその時まで
貧しいモンゴルが豊かになるまで

男も女も皆がんばれ　ギリギリまで

※フック

MCITの人生が去来する。彼の闘いは、ポスト社会主義を生きるモンゴル人の闘いそのものだった。「敗北」というリリックを書いて去っていったMCIT。彼は本当に負けたのだろうか。そうではあるまい。

モンゴルの置かれた政治経済的状況は、相変わらず厳しい。しかし多くのラッパーたちが声を挙げている。BIG GeeにDesant。都会派だがMCITリスペクトしつづけるザヤーにギンジン。[140] そして愛弟子のジェニーとメヘ・ザハクイ。ネオリベまで射程に入れたWolfism。強い正義感と倫理観を持つフェミニストのタンデルZ。辺境出身のポリティカル・ラッパー、PACRAP。こうした今をざわめくモンゴルのラッパーたちは、みんな彼のまいた種で育った、彼の子どもたちだといっていい。モンゴルのヒップホップは今や世界に響く力を持っている。そのきっかけをつくったのは、他でもないMCITエンフタイワンだ。

136　FUNK BEATのメンバー。本名Sh. Dalaijargal（一九八四～二〇〇六）才能あるラッパーだったが二二歳の若さで病死した。
137　ダイン・バ・エンへの最後の加入メンバー。二〇一七年に病死。
138　伝説の音楽番組「ヒット」の司会者、故ダワーニャムの愛称。
139　マヨーンと読む。Mon Ta Repのラッパー。二〇一八年病死。
140　ギンジンもMCITへのオマージュ曲を発表している。Ginjin - Letter 2 MCIT (Official Audio)　https://youtu.be/OecSbxPGais

これは敗北ではない。勝利だ。MCITの、そしてモンゴルのラッパーたちの勝利に違いない。

あとがき

文化人類学を専攻する自分が果たしてヒップホップの本を書けるのか。二〇一九年六月、はじめて青土社からお話をいただいたとき、少し考えた。確かに論文や記事を少し書いたことはある。モンゴルのヒップホップも大好きだ。しかしあくまで本業はシャーマニズム研究などを中心とした文化人類学だと思っていたし、今もそう思っている。

しかし二〇一八年一〇月、ヒップホップに関する調査を通じて知り合ったジェニーに彼女の壮絶な人生とMCITという類い希なる人物の話を聞いたとき、何らかの形で彼らの人生は書き留めておかなくてはならない、と思うようになった。しかしまさか、一冊の本にまでまとまるとは私自身も思いもよらぬことだった。

まずはこうした思いを喚起させてくれたGennieことBorolyn Duramsurenさんに感謝の言葉を伝えたいと思う。そしてジェニーとともに私の招きに応じて来日し、滋賀県立大学での研究講演をしてくれたQuizaことBabuugiin Battsengelさんにもお礼を申し上げたい。彼の天才的な韻踏みを目の前で聴くことができたのは幸せなことだった。

本書は、多くのアーティストのインタビューによって成り立っている。彼らの話す一言、一言が私にとって輝く言葉たちであった。ABC順に記して謝意を表したい。

AGAR（4ZUG）、ANAR BEATZ、B. Dolgion、BADGAA（ICE TOP, S&I）、BIG Gee、DEGI、Don Dior、Desant、DJ OG、ICEMAN a.k.a. KOBE（ICE TOP）、JASON、MANLAI（ICE TOP, S&I）、MARKA（Khar Tas）、Mekh ZakhaQ、MC

Aav、MITUUNE、Mrs M、NMN、SKITZO（LUMINO）、TEMUULEN、UUREE。

　とりわけDesantとTOONOTレコードのDEGI社長（ラッパーでもある）には、対面のインタビューだけでなく、本書の執筆中、チャットでのインタビューに対応してもらったり、写真を提供していただいたりと、多くのサポートをいただいた。本当に感謝している。またICE TOPのMANLAI氏にはインタビューの後、彼らの二〇周年記念ライブ（二〇一七年九月）に招待していただいた。最高の経験だった。*Bayarlalaa.*

　それからMCITの父B.Dovuuchii氏と母のOyuntsendさんには、貴重な故人の思い出を語っていただいた。本当に素晴らしい息子さんでした。

　また女流作家のL. Selemgemさんには口承文芸やチョイノムについて貴重な話を伺った。彼女の話を聞くことで口承文芸とヒップホップの連続性がより形を帯びてきた。グラフィティ・アーティストのMazaalai、B.Birguun-naran、D.Dashkhuuの三人には、インタビューだけでなく現場も見せていただいた。結果的に本書ではグラフィティの話まで触れることが出来なかったが許していただきたい。ちなみにフーディーをかぶったチョイノムのグラフィティは若きB.Birguun-naranさんの手による作品である。また音楽番組『ヒット』の元アシスタント司会者JASMIN（HIT）にも感謝したい。

　そして古くから知っているシャーマンのTs.Otgonsurenさんと長くドライバーとして支えてくれた、シャーマンでもあるN.Ganbaatarさんにも謝意を伝えたい。ウェブ上のAsuult掲示板の創立者である、オーストラリア在住のG. Khantulga氏やアソールト・バトルの常連であったShijir Batchuluun氏にもゼロ年代のウェブ・バトルについていろいろと伺った。ダイン・バ・エンへの天才ラッパーNabaの後輩で警察官のP.Bayaraaさんにも多くのエピソードを話していただいた。また、インタビューの書き起こしなどでは留学生のD.UlamtsengelさんとB.Baljinnyam君のお世話になった。多謝。

ところで二〇一八年以降、日本では地震に台風、そしてコロナ禍とさまざまな災厄に見舞われた。当初、二〇一八年九月に内モンゴルでフィールドワークをしようと思っていたが、台風で関西空港が水没し、渡航を断念せざるを得なくなった。なんとか二〇一九年九月、二週間ほどモンゴルでラッパーたちのインタビューを行った。しかしコロナ禍によって二〇二〇年三月に予定していたロシア・ブリヤート共和国でのフィールドワークも不可能となった。本来は、二〇二〇年五月頃にモンゴル国で追加のフィールドワークを行う予定であったがこれも不可能に。こうした中、チャットやフェイスブックのメッセンジャーを通じた通話などを通じて追加のインタビューを行うことで不足した情報を得るよう努めた。

ただ対面でないと話してくれないことも少なくない。コロナ禍の中、どうしても話を聞きたかった方々に関しては、長年、私の調査コーディネーターを務めてくれている〝モンゴルの妹〟、オトゴンチメグさん(B.Otgonchimeg)に頼んでインタビューの代行をしてもらった。私が質問項目を書いて送り、アーティストに質問してもらう。それを録音し、送ってもらう。このような形でICE TOPのコピーとバドガー、女性ラッパーのMrs MとNMNのインタビューを取った。もちろん先方は私からの質問であること、と日本で書籍を出版予定であることをきちっと伝えて許可を取った上でインタビューをしたことを断っておきたい。

オトゴンチメグさんは、現在、人類学者や海外マスコミのコーディネートを務めるBlack Shaman社の社長だが、実は若い頃、歌手をしていた。だからモンゴルの音楽業界に顔が利く。実はMrs MやNMNはマスコミ嫌いで有名だ。そんな彼女たちを口説き落としてインタビューしたのは彼女の功績である。しかもMrs MとNMNから本に使用する写真も快く提供していただいた。二人の女性アーティストに感謝すると同時に、オトゴンチメグさんに特別な感謝の意を伝えたい。

また古くからの友人である音楽プロデューサーのU.Unenkhuu氏には、アーティストを紹介していただいたほか、インタビューにも付き合ってもらったりもした。彼の変わらぬ友情にもありがとうを言いたい。

忘れてはいけないのは、映画『モンゴリアン・ブリング』の監督のBenj Binks氏である。この映画は、本書執筆の上で強力なインスピレーションを与えてくれた。またこの映画のポスターを扉絵として使用させていただいた。ビンクス監督に特別な感謝の意を捧げたい。また翻訳家の玉川千絵子さんと京都情報大学院大学助教の田中恵子さんには、ビンクス監督に許可をいただく労を取っていただいた。彼女たちはこの映画の日本公開（2018年6月）の主催団体5thElementの主要メンバーである。記して謝意を表したい。

映画の公開にあたって、私の映画紹介記事を掲載していただいたシノドスの芹沢一也編集長／社長にも感謝したい。この記事がきっかけで本書が生まれたといっても過言ではない。

本稿の執筆中、モンゴル研究の仲間からも有益なアドバイスをいただいた。東京外国語大学の言語学者、山越康弘さん、大阪大学の音声学者、植田尚樹さん。そして長崎大学の宗教学者の滝澤克彦さん。ありがとうございました。

私が勤める国立民族学博物館には、様々な地域やテーマを専門とする研究者が集う場所だ。同僚の民族音楽学者の岡田恵美さんには、音楽の素人である私がする質問につきあっていただき、貴重なコメントをいただいた。またアフリカ・カメルーンのヒップホップを研究する矢野原佑史さん（京都大学）とのコミュニケーションは至福の時間だった。矢野原さんは人類学者であると同時にヒップホップを実践してきたという異色の人物である。彼との会話で得られたインスピレーションは少なくなかった。お二人とも、どうもありがとうございました。それから、元ゼミ生で今は音楽業界に勤める清水さくらさんには、日本のラップミュージックについて〝レクチャー〟していただいた。

そして私がモンゴルに興味を持つきっかけを与えてくださったのは、ジャズミュージシャンの坂田明さんだった。一九九四年のモンゴル・ロケでずっと気になっていたことを本書で書けたと思っている。もちろんそれが坂田さんのお目に適うかどうかは心許ないが、人生の恩人に変わらぬ感謝の意を伝えたい。

もう一人、素敵な帯文を書いていただいたライムスター宇多丸さんにも謝意を伝えたい。おそらくご本人は覚えておられまいが、実は彼と私は30年ほど前の「元トモ」だったりする。

最後となったが、本書の執筆をオファーしてくれたのは青土社の若き編集者、前田理沙さんである。編集者として、時には私を突き放し、時には褒め殺しをしながら、まんまと脱稿まで追い詰められた、もとい導いて下さった。彼女の的確なアドバイスには驚かされることも少なくなかった。クールな装幀を担当してくださったのは、コバヤシタケシさんだ。深く感謝申し上げる。

本書のフィールドワークの一部は、科研費基盤研究B「モンゴルをとりまくエスノスケープとアイデンティティの重層的動態に関する実証的研究」（代表：滝澤克彦）によって可能となった。また本科研と私の前任校である滋賀県立大学の共催で、ラッパーのQuizaとGennieを招聘し研究公演を行うと同時に、ラッパーたちも参加した研究会「モンゴル・ヒップホップをめぐるエスノスケープの現在」（二〇一八年一一月一九日）が開催できた。ここに記して謝意を表する。

本書を締めくくるにあたり、タイトなスケジュールの中、土日も執筆に明け暮れる私の我儘に理解を示してくれた妻に礼を言うことを許していただきたい。そして遊びたくても遊んであげられなかった三人の子どもたちにごめんねと言いたい。いずれ小さな子どもたちが大人になって、父の仕事に少しでも理解を示してくれるならば、こんなにうれしいことはない。

二〇二〇年一二月　　　　　　　　　　島村一平

参考文献

日本語

青木隆紘 2008「「モンゴル音楽」の20世紀小史――モンゴルの国音楽文化研究に向けて」『日本とモンゴル』第四二巻二号、pp.77-99。

――2010『モンゴル国における国民音楽の成立――モンゴル国における「民族楽器オーケストラ」の問題を中心に』東京外国語大学大学院修士論文。

青木雅浩 2011『モンゴル近現代史研究：1921-1924年――外モンゴルとソヴィエト、コミンテルン』早稲田大学出版部。

アパデュライ、アルジュン（門田健一訳）2004（1996）『さまよえる近代――グローバル化の文化研究』平凡社。

荒井幸康 2006『「言語」の統合と分離――1920-1940年代のモンゴル・ブリヤート・カルムイクの言語政策の相関関係を中心に』三元社。

アンダーソン、ベネディクト（白石隆・白石さや訳）1987（1983）『想像の共同体――ナショナリズムの起源と流行』リブロポート。

安藤晴美 2017「モンゴル人のヘルール〈口喧嘩〉の技法」島村一平（編）『大学生が見た素顔のモンゴル』サンライズ出版、pp.117-155。

磯部涼 2012『音楽が終わって、人生が始まる』アスペクト。

――2017『ルポ川崎』サイゾー。

いとうせいこう／磯部涼 2017「自転車に乗ってどこまでも」いとうせいこう・Zeebra・般若・漢 a.k.a.Gami・ANARCHY・KOHH・MARIA・T-Pablow『日本語ラップ・インタビューズ』青土社。

井上昭洋 2004「伝統の創造」小松和彦・田中雅一・谷泰・原毅彦・渡辺公三（編）『文化人類学文献事典』弘文堂、pp.803-804。

猪又孝（編）2010『ラップのことば』ブルース・インターアクションズ。

――2014『ラップのことば2』スペースシャワーネットワーク。

今井冴香 2017「「伝統」という概念のゆらぎ――モンゴル舞踊をめぐる「伝統」観の世代間格差」島村一平（編）『大学生が見た素顔のモンゴル』サンライズ出版、pp.209-232。
今福龍太 2003（1991）『クレオール主義　増補版』筑摩書房。
岩田伸人 2009「モンゴルの資源開発に関わる一考察」『青山経営論集』第四巻三号、pp.32-44。
岩下朋世 2020『キャラがリアルになるとき――2次元、2.5次元、そのさきのキャラクター論』青土社。
宇多丸 2016「日本語ラップの進化と"B-BOYイズム"の確立」リアルサウンド編集部（編）『私たちが熱狂した90年代ジャパニーズヒップホップ』辰巳出版。
宇多丸・高橋芳朗・DJ YANATAKE・渡辺志保（著）NHK-FM「今日は一日"RAP"三昧」制作班（編）2018『ライムスター宇多丸の「ラップ史」入門』NHK出版。
植田尚樹 2019『モンゴル語の母音――実験音声学と借用語音韻論からのアプローチ』京都大学学術出版会。
内田敦之 1997「現代若者文化――希望と不安のはざまで」小長谷有紀（編）『暮らしがわかるアジア読本　モンゴル』河出書房新社、pp.138-144。
海野未来雄 1999「現代文化としてのモンゴル文学」『「モンゴル文学を味わう」報告書（アジア理解講座　1997年度第1期）』国際交流基金アジアセンター、pp.143-150。
梅棹忠夫 2006（1965）『文明の生態史観』中央公論社。
エドワーズ、ポール（池城見菜子訳）2011（2009）『HOW TO RAP――104人のラッパーが教えるラップの神髄』Pヴァインブックス。
エリアーデ、ミルチャ（堀一郎訳）1974『シャーマニズム――古代的エクスタシー技術』冬樹社。
エンヒジン、バヤルフー 2014「政治における腐敗と反汚職の活動――賄賂撲滅の困難さ」小長谷有紀・前川愛（編）『現代モンゴルを知るための50章』明石書店、pp.58-61。
大野純 1973「「マチネ・ポエティク」論」村野四郎ほか（編）『講座・日本現代詩史』右文書院、pp.197-221。
大和田俊之 2011『アメリカ音楽史　ミンストレル・ショウ、ブルースからヒップホップまで』講談社。
岡田和行 1991「反逆の詩人レンチニー・チョイノム」『東京外国語大学論集』第四二号、pp.201-223。
――― 2003「モンゴルの民主化と詩人チョイノムの復権」芝山豊・岡田和行（編）『モンゴル文学への誘い』明石書店、pp.278-

291。

樗木佳奈 2017「比較してみた日本とモンゴルの歴史教科書——元寇・ノモンハン事件・第二次世界大戦」島村一平編『大学生が見た素顔のモンゴル』サンライズ出版、pp.259-280。

オング、ウォルター・J（桜井直文・林正寛・糟谷啓介訳）1991（1982）『声の文化と文字の文化』藤原書店。

漢 a.k.a. Gami 2015『ヒップホップ・ドリーム』河出書房新社。

上村明 1999「生活に密着した口承文芸と韻文」『アジア理解講座 1997年度第1期「モンゴル文学を味わう」報告書』国際交流基金アジアセンター。

——2001「モンゴル国西部の英雄叙事詩の語りと芸能政策——語りの声とことばのない歌」『口承文藝研究』第二四号、pp.102-117。

——2007「文学という修練、歌うナショナリズム——J・バドラーについての覚書」日本モンゴル学会紀要第三七号、pp.3-15。

川越いつえ 2014「音節とモーラ」菅原真理子（編）『音韻論』朝倉書店、pp.30-57。

川原繁人 2006「音韻論的ラップの世界——改訂版」http://user.keio.ac.jp/~kawahara/pdf/%E9%9F%B3%E9%9F%BB%E7%9A%84%E3%83%A9%E3%83%83%E3%83%97%E3%81%AE%E4%B8%96%E7%95%8C.pdf（二〇二〇年一一月二〇日最終取得）

——2017「日本語ラップの韻分析再考 2017——言語分析を通して韻を考える」『日本語学』第三六巻一一号、pp.2-12。

ギルロイ、ポール（上野俊哉・毛利嘉孝・鈴木慎一郎訳）2006（1993）『ブラック・アトランティック——近代性と二重意識』月曜社。

クリフォード、ジェイムズ（毛利嘉孝・柴山麻妃・有元健・島村奈生子ほか訳）2002『ルーツ——20世紀後期の旅と翻訳』月曜社。

グロフ、スタニスラフ（菅靖彦・吉福伸逸訳）1988『自己発見の冒険1（ホロトロピック・セラピー）』春秋社。

小長谷有紀 1992『モンゴル風物誌——ことわざに文化を読む』東京書籍。

——1997「アルター 学問を捨てたわ。ブタをひきずったのよ、生きるために」小長谷有紀（編）『暮らしがわかるアジア読本 モンゴル』河出書房新社、pp.154-159。

——2002「モンゴル人による建設とは？」小長谷有紀（編）『遊牧がモンゴル経済を変える日』出版文化社、pp.38-40。

——2003「生まれ変わる遊牧論——人と自然の新たな関係を求めて」『科学』第七三巻五号、pp.520-524、岩波書店。

——2004『モンゴルの二十世紀——社会主義を生きた人びとの証言』中央公論新社。

後藤明夫（編）1997『Jラップ以前——ヒップホップ・カルチャーはこうして生まれた』TOKYO FM 出版。

コンドリー、イアン（上野俊哉監訳・田中東子・山本敦久訳）2009『日本のヒップホップ——文化グローバリゼーションの〈現場〉』NTT出版。

佐々木宏幹 1984『シャーマニズムの人類学』弘文堂。

Zeebra（大野俊也編）2018『ジブラの日本語ラップメソッド』文響社。

島村一平 2008「文化資源として利用されるチンギス・ハーン——モンゴル、日本、ロシア、中国の比較から」滋賀県立大学人間文化学部研究報告『人間文化』第二四号、pp.7-34。

——2009「ハイカルチャー化するサブカルチャー?——ポスト社会主義モンゴルにおけるポピュラー音楽とストリート文化」『国立民族学博物館調査報告』第八一号、pp.431-461。

——2011『増殖するシャーマン——モンゴル・ブリヤートのシャーマニズムとエスニシティ』春風社。

——2014「シャーマニズムの新世紀——感染病のようにシャーマンが増え続けている理由」小長谷有紀・前川愛（編）『現代モンゴルを知るための50章』明石書店、pp.280-285。

——2015a「感染するシャーマン——現代モンゴルのシャーマニズムにおける逆転する社会関係、分裂する共同性、微分化するモラリティ」藤本透子（編）『現代アジアの宗教——社会主義を経た地域を読む』、春風社、pp.187-244。

——2015b「鉱山を渡り歩くシャーマン——モンゴルにおける地下資源開発と『依存的抵抗』としての宗教実践」、棚瀬慈郎・島村一平（編）『草原と鉱石——モンゴル・チベットにおける資源開発と環境問題』明石書店、pp.77-108。

——2016a「二一世紀モンゴル民族衣装考（前編）甦る大モンゴル帝国の栄華?——民族衣装の祭典「デールテイ・モンゴル」」『季刊民族学』第四〇巻四号、pp.3-25、千里文化財団。

——2016b「地下資源に群がる精霊たち——モンゴルにおける鉱山開発とシャーマニズム」電子ジャーナル『シノドス Synodos Academic Journalism』http://synodos.jp/international/17441（二〇一六年八月二六日配信、二〇二〇年一一月三〇日最終取得）

——2016c「シャーマニズムという名の感染病——グローバル化が進むモンゴルで起きている異変から」電子ジャーナル『シノドス Synodos Academic Journalism』http://synodos.jp/international/16228（二〇一六年二月二四日配信、二〇二〇年一一月三〇

日最終取得）

――2017a「社会主義が／で生み出した英雄・チンギス・ハーン――モンゴル人民共和国におけるチンギス表象とナショナリズム形成にかかる一試論（1941～1966年）」『歴史学研究』第九五九号、pp.36-50。

――2017b「二一世紀モンゴル民族衣装考（後編）「晴れ着デール」の誕生から「匈奴デール」へ――グローバル化とナショナリズムを着る」『季刊民族学』第四一巻一号、pp.81-98、千里文化財団。

――2017c「モンゴル高原」竹内啓一（総編集）秋山元秀・小野有五・熊谷圭知・中村泰三・中山修一（編）『世界地名大事典2アジア・オセアニア・極Ⅱ（ト-ン）』朝倉書店、pp.2089-2090。

――2018a「化身ラマを人類学する！」『季刊民族学』第四二巻二号、pp.4-5。https://synodos.jp/international/21503（シノドスとの共同運航便）（二〇一八年五月一一日配信、二〇二〇年一一月三〇日最終取得）

――2018b「困ったときのラマ頼み――呪術実践としての現代モンゴル仏教」『季刊民族学』第四二巻二号pp.43-44。

――2019a「秘教化したナショナリズム――モンゴル人民共和国におけるチンギス・ハーン表象の誕生と挫折、秘教化（1921～1953）」『日本モンゴル学会紀要』第四九号、pp.19-34。

――2019b「モンゴル文化と女性――家事と育児をめぐって」『乳房文化研究会2018年度講演録』乳房文化研究会、pp.11-32。

鈴木裕之1999『ストリートの歌――現代アフリカの若者文化』世界思想社。

――2014「ワールドミュージック」国立民族学博物館（編）『世界民族百科事典』丸善出版、pp.482-483。

関根康正2008「「ストリートの人類学」という構想」大阪市立大学都市文化研究センター（編）『都市文化理論の構築に向けて』清文堂出版、pp.181-191。

――2009「「ストリートの人類学」の提唱――ストリートという縁辺で人類学する」関根康正（編）『国立民族学博物館調査報告』第八〇号、pp.27-44。

滝口良・坂本剛・井潤裕2017「モンゴル・ウランバートルのゲル地区における住まいの変容と継承――都市定住に適応する遊牧の住文化に着目して」『住総研研究論文集』第四三号、pp.173-184。

滝口良・八尾廣2018「序論　モンゴル固有の都市形態としてのゲル地区」滝口良（編）『近現代モンゴルにおける都市化と伝統的居住の諸相――ウランバートル・ゲル地区に見る住まいと管理の実践』東北大学東北アジア研究センター、pp.1-19。

滝澤克彦2015『越境する宗教　モンゴルの福音派――ポスト社会主義モンゴルにおける宗教復興とキリスト教の台頭』新泉社。

DARTHREIDER 2017『MCバトル史から読み解く　日本語ラップ入門』KADOKAWA。

田中克彦 1992『モンゴル――民族と自由』岩波書店。

―――― 2009『ノモンハン戦争――モンゴルと満洲国』岩波書店。

田山茂 1963「モンゴル・オイラート法典(3)」『遊牧社会史研究』第一九号、pp. 5-6。

チョイノム、リンチニー（岡田和行訳）2003「モンゴル現代詩への誘い4 リンチニー・チョイノム」芝山豊・岡田和行（編）『モンゴル文学への誘い』明石書店、pp.30-35。

出口顯 2017「ブリコラージュ、進化、メーティス――文化と自然の統合」『現代思想』第四五巻四号、pp.151-169。

デラプラス、グレゴリー 2014「ヒップホップ事情――歌詞に表現された倫理と美学」小長谷有紀・前川愛（編）『現代モンゴルを知るための50章』明石書店、pp.296-302。

特木尓宝力道（鈴木敬夫・孟根巴根訳）2010「『モンゴル・オイラート法典』から見る17世紀のモンゴル族の婚姻・家族制度」『札幌学院法学』第二七巻一号、pp.35-53。

中村とうよう 1986『大衆音楽の真実』ミュージックマガジン。

―――― 2005『中村とうようの収集百珍』ミュージックマガジン。

Neralt 2015「ライムタイプ―押韻の分類／THE 8 RISE」http://neralt.com/rhyme-type/（二〇二〇年一〇月六日最終取得）

ノル、リチャード（島村一平訳）2019「不可視の現実をつくるということ」『季刊民族学』第四三巻一号、pp.86-95。

ハーナー、マイケル（高岡よし子訳）1989『シャーマンへの道――「力」と「癒し」の入門書』平河出版社。

長谷川町蔵・大和田俊之 2011『文化系のためのヒップホップ入門』アルテスパブリッシング。

花渕馨也 2005『精霊の子供――コモロ諸島における憑依の民族誌』春風社。

バルト、ロラン（篠沢秀夫訳）1967（1957）『神話作用』、現代思潮新社。

平山開士 2017「柔道・レスリングは、モンゴル相撲の一部なのか？――ウランバートルのモンゴル相撲の事例から」島村一平（編）『大学生が見た素顔のモンゴル』サンライズ出版、pp.281-304。

フィンダイゼン、ハンス（和田完訳）1977（1957）『霊媒とシャマン』、冬樹社。

フィリップソン、ロバート（臼井裕之訳）2000「英語帝国主義の過去と現在」三浦信孝・糟屋啓介（編）『言語帝国主義とは何か』藤原書店、pp.96-110。

――（平田雅博ほか訳）2013（1992）『言語帝国主義――英語支配と英語教育』三元社。
深井啓 2020「「匈奴ロック」がやってくるヨーウェ、ヨーウェ、ヨー！――ロックバンド The Hu が表象するモンゴル」https://www.ide.go.jp/Japanese/IDEsquare/Column/ISQ000008/ISQ000008_012.html（二〇二〇年一一月三〇日最終取得）
藤井麻湖（真湖）2003『モンゴル英雄叙事詩の構造研究』風響社。
フフバートル 1999「「内蒙古」という概念の政治性」『ことばと社会――多言語社会研究』第一号、pp.40-59。
細川貴英 2015『声に出して踏みたい韻――ヒット曲に隠された知られざる魅力』オーム社。
ブルデュ、ピエール（今村仁司・港道隆訳）1998（1980）『実践感覚Ⅰ』みすず書房。
ブレンサイン、ボルジギン・赤坂恒明（編）2015『内モンゴルを知るための60章』、明石書店。
ブレンサイン、ボルジギン 2003『近現代におけるモンゴル人農耕村落社会の形成』風間書房。
――2017「内モンゴル自治区」竹内啓一（総編集）秋山元秀・小野有五・熊谷圭知・中村泰三・中山修一（編）『世界地名大事典1アジア・オセアニア・極Ⅰ（ア～テ）』朝倉書店、pp.207-208。
前川愛 2014「ジェンダー」小長谷有紀・前川愛（編）『現代モンゴルを知るための50章』明石書店、pp.192-196。
真下厚 2011「『歌の起源を探る 歌垣』への招待」岡部隆志・手塚恵子・真下厚編『歌の起源を探る 歌垣』三弥井書店、pp.1-5。
増田聡・谷口文和 2005『音楽未来形――デジタル時代の音楽文化のゆくえ』洋泉社。
松田素二 1996『都市を飼い慣らす――アフリカの都市人類学』河出書房新社。
マニュエル、ピーター（中村とうよう訳）1992（1986）『非西欧世界のポピュラー音楽』ミュージックマガジン。
三尾稔 2015「「環流」するインド」三尾稔・杉本良男（編）『現代インド6 環流する文化と宗教』東京大学出版会、pp.3-24。
南田勝也 2019「洋楽コンプレックス」南田勝也編『私たちは洋楽とどう向き合ってきたのか――日本ポピュラー音楽の洋楽受容史』花伝社、pp.7-39。
宮脇淳子 2008『朝青龍はなぜ強いのか――日本人のためのモンゴル学』ワック。
毛利嘉孝 2012『増補 ポピュラー音楽と資本主義』せりか書房。
八木風輝 2018「音楽学校として機能する劇場――改良楽器とモンゴル国カザフ民俗楽器オーケストラの事例から」『総研大文化科学研究』第一四号、pp.109-126。

安田昌弘 2003「ポピュラー音楽にみるグローバルとローカルの結節点」東谷護（編）『ポピュラー音楽へのまなざし——売る・読む・楽しむ』、勁草書房、pp.80-101。

矢野原佑史 2018『カメルーンにおけるヒップホップ・カルチャーの民族誌』松香堂書店。

山口昌男 2000（1975）『文化と両義性』岩波書店。

山田真司 1998「一人で歌う二重唱——モンゴルのホーミー」『日本音響学会誌』第五四巻九号、pp.680-685。

山田陽一 1991『霊のうたが聴こえる——ワヘイの音の民族誌』春秋社。

——2017『響きあう身体——音楽・グルーブ・憑依』春秋社。

楊海英 2009a『墓標なき草原——内モンゴルにおける文化大革命・虐殺の記録（上）』岩波書店。

——2009b『墓標なき草原——内モンゴルにおける文化大革命・虐殺の記録（下）』岩波書店。

——2011『続・墓標なき草原——内モンゴルにおける文化大革命・虐殺の記録』岩波書店。

——2013a『植民地としてのモンゴル——中国の官制ナショナリズムと革命思想』勉誠出版。

——2013b『中国とモンゴルのはざまで——ウランフーの実らなかった民族自決の夢』岩波書店。

——2014『ジェノサイドと文化大革命——内モンゴルの民族問題』勉誠出版。

ルイス、ヨアン・M（平沼孝之訳）1985（1971）『エクスタシーの人類学』法政大学出版局。

ルハグヴァスレン 1998「モンゴル遊牧民の20世紀」『季刊民族学』第二二巻三号、pp. 42-47。

レヴィ・ストロース、クロード（大橋保夫訳）1976『野生の思考』みすず書房。

ロッサビ、モーリス（小長谷有紀監訳、小林志歩訳）2007『現代モンゴル——迷走するグローバリゼーション』明石書店。

若松寛 1993「解説」若松寛（訳）『ゲセル・ハーン物語』平凡社、pp.408-426。

渡邊日日 1997「民族の解釈学へのプロレゴメナ——セレンガ・ブリヤート、1996」井上紘一（編）『民族の共存を求めて 2——民族の問題と共存の条件』北海道大学スラブ研究センター、pp.106-153。

——1999「ソヴィエト民族文化の形成とその効果——「民族」学的知識から知識の人類学へ」『旧ソ連・東欧諸国の20世紀文化を考える』北海道大学スラブ研究センター、pp.1-31。

——2010『社会の探究としての民族誌——ポスト・ソヴィエト社会主義期南シベリア、セレンガ・ブリヤート人に於ける集団範疇と民族的知識の記述と解析、準拠概念に向けての試論』三元社。

モンゴル語・ロシア語・英語

Anderson, Jim and Buchhave, Helle, 2018, Getting to equal in Mongolia's labor market (and leadership market) in *World Bank Blog*. https://blogs.worldbank.org/eastasiapacific/getting-to-equal-in-mongolia-labor-market（二〇二〇年一〇月二七日最終取得）

Ariunzaya, Ts., 2019, Gadaadad Manai 180 myangan Irgen Amidardag. *NEWS MN.*（2019. 8.1）https://news.mn/r/2175004/（二〇二〇年一〇月二九日最終取得）

Badraa, J, 1998, *Mongol Ardyn Khögjim,* Ulaanbaatar.

Banks, Jack, 1997, *Monopoly Televison: MTV's Quest to Control the Music.* Oxford: Westview Press.

Batsaikhan, Kh., 2018, Buriad Repperiin Övörmongold khiikh baisan togloltyg genet tsutsaljee. *eagle. mn.*（2018.12.25）http://eagle.mn/r/53893?fbclid=IwAR2PCv8d2Lq9i5rDjbzJYo6j8WNdr33MOJAjjG2a439aA4-tqm9pUSjyklU（二〇二〇年一一月三日最終取得）

Bira'Sh' and Tsedev, D.（eds'）, 1999, *Mongolyn Soyolyn Tüükh Gutgaar bot'* Ulaanbaatar: ADMON'

Bradley, Adam, 2017（2009）, *Book of Rhymes: the Poetics of Hip Hop* (revised and updated). NewYork: Basic Civitas.

Bulag, Uradyn E., 1998, *Nationalism and Hybridity in Mongolia.* Oxford, New York: Clarendon Press.

Byambadulam, Ch., 2012, Böö E.Mönkhbat möngöör zasal khiilgüüleegui gej J.Bayarsaikhany mashinyg delverjee. *Ödöriin sonin.*（2012.1.3）http://top.mn/2alt（二〇一四年一一月二四日最終取得）

Choinom, Renchinii, 1989, *Sümtei Budaryn chuluu*, Ulaanbaatar.

———1991, *Khonotsyn khüükhdüüd*, Ulaanbaatar:khöngön khevlekh üildver.

Desant（Ganbold, Gandiin）, 2018, 無題（二〇一八年四月一四日のフェイスブックでの投稿）. https://www.facebook.com/thisisdesant/posts/2063415543940648（二〇二〇年一一月十八日最終取得）

Dolgion, B., 2019, «Ineemseglel» khamtlagiin ankhny ner «Telyonok» buyu «Tugal» baisan. *Deedsiin Amidral.* https://deedsiinamidral.mn/%D0%B1-%D0%B4%D0%BE%D0%BB%D0%B3%D0% B8%D0%BE%D0%BD-%D0%B8%D0%BD%D1%8D%D1%8D%D0%BC%D1%81%D1%8D%D0%B3%D0%BB%D1%8D%D0%BB-%D1%85%D0%B0%D0%BC%D1%82%D0%BB%D0%B0%D0%B3%D0%B8%D0%B9%D0%BD-%D0%B0%D0%BD/（公開日不明、二〇二〇年一〇月三〇日最終取得）

Driscoll, Christopher M., Pinn, Anthony B., and Millar, Monica R. (eds.), 2020, *Kendric Lamar and the Making of Black Meaning.* Arbinton and

New York: Routlege.

Dyrkheeva, G. A., 1996, O Sovennosti Funktsionirovaniya Buryatskogo i Russkogo Yazikov v Respublike Buryatiya i Buryatskikh natsionalinykh okrugakh. S.S. Zoltoeva (red.) *Problemy Buryatskoi Dialektologii,* pp.17-33, Ulan-Ude: BNTsION, SOAN.

Dulguun, Bayarsaikhan, 2019, Marriage is not for the faint of heart. *UB Post* .（2019.11.15）http://theubposts.com/marriage-is-not-for-the-faint-of-heart/（二〇二〇年一〇月二七日最終取得）

Enkhchuluun, Ch., 2014, Av esvel ög /Khörög/. *Erdenet Info.*（2014.11.17）http://erdenetinfo.mn/niitlel/2866（二〇二〇年一一月一五日最終取得）

Erdene, B., 2011a, "S and I" khamtlagiin duuchin Badgaa Arab zaluug khutgalan khönööj 13 jiliin yal sonsloo. *Zindaa.mn.*（2011.7.20）https://news.zindaa.mn/4q4（二〇二〇年一一月一五日最終取得）

———2011b, Böö bolokh geed butslamtgai khaluun usand shalzarch ukhjee. *Zindaa.mn.*（2011.8.31）http://news.zindaa.mn/6r9（二〇二〇年一〇月二四日最終取得）

Factnews, 2009, Duuchin Serchmaa shine ony ekheer «Khökh süld» grupiin ezen Juramttai khurimaa khiikheer tovlojee. *Factnews.mn.*（2009.12.06）http://factnews.mn/477?fbclid=IwAR2op59koO-_GRsEVdmsrMgNhFIbH9IUIov6gacvyg2EiL3AqNYu0by3JS8（二〇二〇年一二月二日最終取得）

Galaarid, G. B., 2010, *Galaarid Büteeliin Emkhetgel 4 Böö Mörgöliin Tukhai Bichiverüüd*, Tsalig: Ulaanbaatar.

Gerelt, 2013, Böögiin uls buyu bidnii mukhar süseg. *Gerelt.tk.*（2013.1.16）http://g-star.miniih.com/index.php/home/post/1996（二〇一四年一二月二四日最終取得）

Ganchimeg, M., 2011, Duuchin Serchmaagiin Nökhör ankh taniltsuulsan Ööjgiid taagüi khandakh boljee. *Factnews.mn.*（2011.5.19 ）http://factnews.mn/6fi（二〇二〇年一一月三〇日最終取得）

Ginjin, 2019, *Uchirtai Urilga-Rapper Ginjin*、Star TV Mongolia https://www.youtube.com/watch?v=OIfbtd-4nYI（二〇二〇年一一月七日最終取得）

Hamayon, Roberte, 1993, Are "Trance" "Extasy" and Similar Concepts Appropriate in the Study of Shamanism? *SHAMAN* 1(2): 3-25.

Idamsürüng, 1934, "Ulus-un töb tyiater-un jüčügčid-ün angqadu ɣ ar dotu ɣ adu uralda ɣ an yamar bol ɣ san tuqai üjügen temdeglel", *Mong ɣ ul arad-un ündüsün-ü soyul-un jam 2*, Ula ɣ anba ɣ atur.

IOM iInternational Organization for Migration j, 2017, IOM in your country Mongolia https://www.iom.int/countries/mongolia（二〇二〇年一一月二六日最終取得）

Humphrey, Caroline, 2002, *The Unmaking of Soviet Life: Everyday economies after socialism*. Ithaca and Cambridge: Cornell University Press.

Kara, György, 2011, Alliteration in Mongolian Poetry. In Jonathan Roper(ed.) *Alliteration in Culture*. Palgrave Macmillan: Basingstoke and New York, pp.156-179.

Kawahara' Shigeto, 2007, Half rhymes in Japanese rap lyrics and knowledge of similarity. *Journal of East Asian Linguistics* 16(2):113-144.

Khanbogd（Ömnögov'Aimag Khanbogd Sum）, 2013, *Galba Nutag*.

Khongormaa,B, 2007, "Mongol khuvtsas delkhii ezlekh bidnii oron zai". http://fashion.blogmn.net/33658/（二〇〇七年二月一六日配信、二〇二〇年一〇月二四日最終取得）

Khüreljantsan, J., 2004, *Ardchllyn khaluun ödrüüd*. Ulaanbaatar: Khevleliin üildver surgaltyn töv.

Luhrmann, T. M., 2012, *When God Talks Back: Understanding the American Evangelical Relationship with God*. New York: Vintage.

Lovor, G., 1975, Khüükhdiin aman zohiolyn togroomyn üg khelleg, *Aman Zokhiolyn Sudlal* 9:97-111.

Marsh, Peter K., 2006, Global Hip-Hop and Youth Cultural Politics in Urban Mongolia. In Henry G. Schwarz(ed.) *Mongolian Culture and Society in the Edge of Globalization*. Bellingham: Western Washington University, pp.127-160.

MCBEATZ（D. Temuujin）, 2011, *The Secret of Rap*, Ulaanbaatar: Ulaanbaatar Print.

MG Radio, 2019, "Oroin mend nevtrüüleg" Rapper QUIZA" https://youtu.be/TV_WZhGm2vk（二〇一九年六月一〇日配信）

Monkhbat, Borjigin, 2014, A case study of Language education in the Inner Mongolia,『千葉大学ユーラシア言語文化論集』第一六号、pp.261-266°

Noll, Richard, 1985, Mental Imagery Cultivation as a Cultural Phenomenon: The role of visions in Shamanism. *Current Anthropology*, 26(4): 443-461.

———1983, Shamanism and Schizophrenia: A State-specific Approach to the "Schizophrenia-metaphor" of Shamanic States. *American Ethnologist*, 10 (3): 443-459.（タイトル不詳）,Notstoi medee, 2009 No23/369

Nyamsuren, G, 2014, B. Orgil："ICE TOP" Khamtlag minii bakharlhal. *Sonin. mn.* http://www.sonin.mn/news/culture/23646（二〇一四年一月二九日配信、二〇二〇年一一月一〇日最終取得）

Oyny Inovats, 2019, "Mongol uls dah' ajlyn bairny bekgiin daramtyn nokhtsol baidal sudalgaa"Khuul' Zuin Sudalgaany Buteeliin Tsahim San. https://legaldata.mn/b/589

Pattison, Pat, 2014, *Pat Pattison's Songwriting: Essential Guide to Rhyming: A Step-by-step Guide to Better Rhyming for Poets and Lyricists*. Barklee: Barklee Printing Publication.

Pew（Pew Research Center）, 2017, Mongolians in the U.S. Fact Sheet（2017.9.8）https://www.pewsocialtrends.org/fact-sheet/asian-americans-mongolians-in-the-u-s/（二〇二〇年一一月二六日最終取得））

Shimamura, Ippei, 2014, *The Roots Seekers: Shamanism and Ethnicity among the Mongol Buryats*. Yokohama: Shumpusha Publishing.

Stalin, I.V., 1952, *Sochineniia tom 7*. Moscow: Gosudarstvennnoe izdatel・stvo politicheskoi literatury.

Sugar-Erdene, M., 2016, Buriad bökhchüüdiin süld duu khit bolj baina. *UBLIFE*.（2016.10.05）http://ub.life/p/2211（二〇二〇年一一月三〇日最終取得）

Tengis, M', 2019, Don Dior：Bi Möonkh amidral, mönkhiin net toriig khusch baina. *Eguul.mn*.（2019.11.07）https://eguur.mn/44344/（二〇二〇年一〇月三一日最終取得）

Tserensodnom, D., 1975, Kholboo Shülgiin garlyn asuudald, *Aman Zokhiolyn Sudlal* 9: 129-134, Ulaanbaatar: Institute of Language and Literature, Mongolian Academy of Science, pp.129-134.

———2012 *Mongol Aman Zokhiolyn Tailbart Deej Bichig*. Ulaanbaatar: Shinjilekh Ukhaany Akademiin Khel Zokhiolyn Khüreelen.

UNICEF, 2018, *MONGOLIA'S AIR POLLUTION CRISIS: A call to action to protect children's health February 2018* https://www.unicef.org/mongolia/Mongolia_air_pollution_crisis_ENG.pdf

U.S. Department of State, 2017, U.S. Relations With Mongolia https://www.state.gov/u-s-relations-with-mongolia/（二〇一七年一一月一四日配信、二〇二〇年一一月二六日最終取得）

Wikipedia, 2020, Tsetse(repper) https://mn.wikipedia.org/wiki/Цэцэ_(рэппер)（二〇二〇年一一月一九日最終取得）

Zandaa, 2017, Mongolyn khamgiin Shildeg Hip Hop, Rep uran büteelchid. *Arav.mn* http://www.arav.mn/n/gl（二〇一七年九月二五日配信、二〇二〇年一一月一九日最終取得）

著者　島村一平（しまむら・いっぺい）

1969年愛媛県生まれ。国立民族学博物館准教授。文化人類学・モンゴル地域研究専攻。博士（文学）。早稲田大学法学部卒業後、テレビ番組制作会社に就職。取材で訪れたモンゴルに魅せられ制作会社を退社、モンゴルへ留学する。モンゴル国立大学大学院修士課程修了（民族学専攻）。総合研究大学院大学博士後期課程単位取得退学。滋賀県立大学准教授を経て2020年春より現職。2013年度日本学術振興会賞、地域研究コンソーシアム賞、2014年度大同生命地域研究奨励賞をそれぞれ受賞。著書に『増殖するシャーマン——モンゴル・ブリヤートのシャーマニズムとエスニシティ』（春風社、2011年）、『憑依と抵抗——現代モンゴルにおける宗教とナショナリズム』（晶文社、2022年）、編著に『大学生が見た素顔のモンゴル』（サンライズ出版、2017年）などがある。

ヒップホップ・モンゴリア
韻がつむぐ人類学

2021年 2 月24日　第1刷発行
2023年 2 月15日　第2刷発行

著者　島村一平
発行人　清水一人
発行所　青土社
〒101-0051　東京都千代田区神田神保町1-29　市瀬ビル
［電話］03-3291-9831（編集）　03-3294-7829（営業）
［振替］00190-7-192955

組版　フレックスアート
印刷・製本　シナノ印刷
装幀　コバヤシタケシ

ISBN 978-4-7917-7351-0　C0039